# CICÉRON

## TUSCULANES

### LIVRES III - V

**COLLECTION DES UNIVERSITÉS DE FRANCE**
*publiée sous le patronage de l'ASSOCIATION GUILLAUME BUDÉ*

# CICÉRON

## TUSCULANES

### TOME II
### LIVRES III - V

TEXTE ÉTABLI
PAR
GEORGES FOHLEN

TRADUIT
PAR
JULES HUMBERT

Cinquième tirage

PARIS
LES BELLES LETTRES
2011

*Conformément aux statuts de l'Association Guillaume Budé, ce volume a été soumis à l'approbation de la commission technique, qui a chargé MM. H. Bornecque et A. Rivaud d'en faire la révision et d'en surveiller la correction en collaboration avec MM. G. Fohlen et J. Humbert.*


*95 boulevard Raspail, 75006 Paris*
*www.lesbelleslettres.com*

*Première édition 1931*

*ISBN : 978-2-251-01084-7*
*ISSN : 0184-7155*

# LIVRE III

## ARGUMENT ANALYTIQUE

Préface. La philosophie est la médecine de l'âme. Pourquoi elle est indispensable ; les préjugés, une éducation mauvaise ont éteint en nous la lumière naturelle (1-6).

Sujet proposé : le sage est-il inaccessible au chagrin (7) ?

Toutes les passions sont folie, et il est remarquable que, bien avant Socrate, les Romains en ont jugé ainsi, comme le montre l'étymologie du mot *insania* (8-11).

Sans doute le chagrin est redoutable, mais cette constatation doit seulement nous inciter à nous en affranchir à jamais (12).

Plan de la conférence : 1° le maître argumentera à la façon des Stoïciens ; 2° puis il développera le sujet oratoirement (13).

Première partie : démonstration technique.

Le chagrin exclut le courage (14), le bon usage de la raison (15), la tempérance (16-18), toutes vertus du sage. Le chagrin comporte la colère (19), la pitié et l'envie (20-21), tous vices dont le sage est exempt.

Deuxième partie : démonstration oratoire.

Le chagrin est proprement une maladie, d'où son nom

latin, *aegritudo* (22-23). La cause du chagrin est l'opinion, comme celle de toutes les autres passions (24) ; c'est l'opinion neuve d'un grand mal, jointe à la volonté d'en souffrir (25). Exemples de terribles chagrins : Thyeste, Æétès (26-27). Le malheur inattendu paraît plus grand, et il est bon de se tenir prêt à toute éventualité (28-31). Thèse d'Épicure : le chagrin est inévitable, du moment qu'on se croit sous le coup d'un mal, et prévoir les maux est même un mauvais calcul ; remèdes proposés par Épicure : s'arracher à la pensée de ses maux, évoquer des biens par l'imagination et le souvenir (32-33). Réfutation : la prévision des maux à venir en affaiblit l'effet (34) ; les remèdes d'Épicure sont inopérants (35), car les biens auxquels il nous convie ne sont pas ceux de l'âme (36-37), mais ceux du corps (38-42) ; est-ce l'évocation de ces biens qui soulagera le chagrin de Télamon ou d'Andromaque ? (43-45). Sans doute Épicure ne fut point voluptueux, mais il y a contradiction entre sa morale pratique et sa morale théorique (46-51). Thèse des Cyrénaïques ; pour qu'il y ait chagrin, il faut que le mal soit inattendu. Réfutation : l'effet de la surprise est seulement de faire paraître les maux plus grands (52) ; la preuve, c'est que dans l'apaisement produit par le temps, ce qui agit, ce n'est pas le temps même, mais la réflexion (53-54). La méthode de consolation qui consiste à énumérer des exemples de chagrin analogues produit le même effet que le temps ou plutôt la raison (55-58). Justification de cette méthode contre Carnéade (59-60).

Jusqu'ici, il n'a été question que du rôle de l'opinion du mal dans le chagrin ; mais l'élément le plus terrible du chagrin, c'est l'idée que s'y soumettre est un devoir ; exemples (61-65). Mais une émotion violente et aussi l'habitude du malheur empêchent le chagrin de se manifester ; dès lors il est visible que le chagrin est volontaire (66-70). Critique de la thèse de Crantor, que le chagrin

est naturel (71-73). Critique de la thèse péripatéticienne des passions moyennes (74).

Retour à la thèse stoïcienne du chagrin opinion neuve. Méthodes de consolation à recommander de ce point de vue (75-79).

Conclusion (80-84).

# SIGLA CODICVM

### MEMORIA X

R = Parisinus Regius 6332 (IX. s.).
K = Cameracensis 842 (IX. s.).
V = Vaticanus 3246 (IX. s.).
G = Gudianus 294 (X. s.).
P = Palatinus 1514 (X. s.).
M = Ambrosianus T 56 sup. (XI. s.).
B = Bruxellensis 5351 (XII. s.).
H = Hadoardi excerpta quae leguntur in Vat. Reg. 1762 (IX. s.).
Gr = Gryphianus (perditus).

### MEMORIA Y

recuperatur ex correcturis Vaticanis ($V^2$ $V^c$ $V^3$)
ex recentioribus codicibus (ç).

Φ = consensus omnium codicum.
cet. = omnes codices, excepto uno uel altero qui ante aut post affertur.

# LIVRE III

# LIVRE TROISIÈME

**Préface. La philosophie est la médecine de l'âme.**

I 1 Comment faut-il, Brutus, expliquer ceci : composés d'une âme et d'un corps, nous avons, pour traiter et prévenir les maladies du corps, créé une science dont nous reconnaissons l'utilité en faisant honneur aux dieux immortels de son invention (1), tandis que la médecine de l'âme n'a été ni aussi désirée avant d'être inventée, ni aussi cultivée après qu'on en a eu connaissance ; elle n'a pas obtenu la sympathie et l'estime d'autant de gens, elle est même suspecte et odieuse au plus grand nombre. Ne serait-ce pas que nous jugeons par l'âme du malaise et de la douleur du corps, tandis que le corps ne nous renseigne pas sur les maladies de l'âme ? Il s'ensuit que l'âme est appelée à se prononcer sur son état, quand précisément c'est la faculté de juger qui est malade. 2 Que si la nature nous avait créés tels que nous puissions la voir à plein d'une vue directe, et ainsi parfaitement guidés par elle accomplir le parcours de notre vie, il n'y aurait guère eu lieu pour personne de se mettre en quête d'une méthode scientifique. En réalité, ce sont de très faibles étincelles qu'elle a placées en nous, et les mau-

1. Apollon et son fils Esculape.

# LIBER TERTIVS

I 1 Quidnam esse, Brute, causae putem, cur, cum constemus ex animo et corpore, corporis curandi tuendique causa quaesita sit ars atque eius utilitas deorum inmortalium inuentioni consecrata, animi autem medicina nec tam desiderata sit ante quam inuenta, nec tam culta, posteaquam cognita est, nec tam multis grata et probata, pluribus etiam suspecta et inuisa ? An quod corporis grauitatem et dolorem animo iudicamus, animi morbum corpore non sentimus ? Ita fit, ut animus de se ipse tum iudicet, cum id ipsum quo iudicatur aegrotet. 2 Quodsi talis nos natura genuisset, ut eam ipsam intueri et perspicere eademque optima duce cursum uitae conficere possemus, haut erat sane quod quisquam rationem ac doctrinam requireret. Nunc paruulos nobis dedit

1 quidnam... — Brute *om.* *RK* ‖ cur *om.* *K* ‖ cur igitur... — 6 philosophia *habet* *H* ‖ ars atque eius *Man.* : ars eius atque *X*φ (areius atque $K^1$).

2 haut $V^c$ : aut $GK^1RV^1$ haud $K^2B\varphi P$ ‖ rationem ac doctrinam $V^2\varphi$ : — ne ac — a *X*.

vaises mœurs comme les préjugés qui nous faussent l'esprit ont vite fait de les éteindre, au point que nulle part ne se manifeste la lumière naturelle. Sans doute, nous apportons en naissant les germes des vertus, et, s'ils étaient à même de se développer, l'instinct suffirait à nous indiquer le chemin du bonheur ; mais en fait, sitôt que nous venons au jour et sommes admis (1) dans nos familles, nous nous trouvons immédiatement dans un milieu entièrement faussé et où la perversion des jugements est complète, si bien que nous avons, on peut le dire, sucé l'erreur avec le lait de nos nourrices. Et quand nous sommes remis à nos parents et sans transition confiés à des maîtres, c'est alors que nous nous imprégnons d'erreurs si diverses que la vérité fait place à la chimère et l'instinct même aux préjugés accrédités.

II 3 Là-dessus arrivent les poètes, et comme ils en imposent par une fausse apparence d'érudition et de science, on les écoute, on les lit, on les apprend par cœur, et ils laissent dans les esprits une empreinte ineffaçable. Mais quand vient à s'en mêler le peuple, comme s'il était un maître de l'ordre le plus éminent, et avec lui la multitude dont l'accord est parfait quand il s'agit de prendre parti pour le vice, alors les opinions fausses nous gâtent complètement et nous rompons avec la nature, si bien que ceux qui ont prononcé qu'il n'y avait rien de meilleur pour l'homme, rien de plus désirable, de plus éclatant que les honneurs, les commandements, la popularité, nous paraissent avoir vu parfaitement l'idéal de la nature. Or tous les honnêtes gens sont entraînés vers lui, et tandis qu'ils recherchent cette véritable beauté à laquelle la nature aspire exclusivement, ils s'agitent dans un profond néant et poursuivent, non une image bien modelée de la vertu, mais une vague ébauche de la gloire. Car la

1. Allusion à un usage romain : le père soulève de terre l'enfant nouveau-né et manifeste ainsi le désir de l'élever.

igniculos, quos celeriter malis moribus opinionibusque deprauati sic restinguimus, ut nusquam naturae lumen appareat. Sunt enim ingeniis nostris semina innata uirtutum, quae si adolescere liceret, ipsa nos ad beatam uitam natura perduceret. Nunc autem, simul atque editi in lucem et suscepti sumus, in omni continuo prauitate et in summa opinionum peruersitate uersamur, ut paene cum lacte nutricis errorem suxisse uideamur. Cum uero parentibus redditi, dein magistris traditi sumus, tum ita uariis inbuimur erroribus, ut uanitati ueritas et opinioni confirmatae natura ipsa cedat. II 3 Accedunt etiam poëtae, qui cum magnam speciem doctrinae sapientiaeque prae se tulerunt, audiuntur, leguntur, ediscuntur et inhaerescunt penitus in mentibus ; cum uero eodem quasi maxumus quidam magister populus accessit atque omnis undique ad uitia consentiens multitudo, tum plane inficimur opinionum prauitate a naturaque desciscimus, ut nobis optime naturae *uim* uidisse uideantur qui nihil melius homini, nihil magis expetendum, nihil praestantius honoribus, imperiis, populari gloria iudicauerunt. Ad quam fertur optumus quisque ueramque illam honestatem expetens quam unam natura maxime *an*quirit, in summa inanitate uersatur consectaturque nullam eminentem effigiem uirtutis, sed adumbratam imagi-

2 deprauati *BV*¹φ : — tis *cet.* ‖ semina *cet.* : — ta *G* ‖ redditi dein *V* : reddit idem *G* reddit ideur *R* redditi idem *HPK* (demu ss. *K*²) redditi demum *BGr* ‖ tum ita... — cedat *habet* Non. 416 ‖ confirmatae φ*Non.* : — ta *X* ‖ natura *cet.*: — ae *K*.

3 accessit *V*c : *om.* *X*, accedit *ante* eodem *add.* *multi* φ ‖ naturae uim uidisse *Madvig de finibus* 3, 11, 62 : naturam inuidisse Φ ‖ ad *cet.* : at *K* ‖ unam φ : una *X* ‖ anquirit *Moser* : inq. Φ.

gloire est chose qui a de la masse et du relief, et non une simple apparence : c'est l'éloge unanime des gens de bien, l'expression fidèle de la pensée des hommes qui se connaissent en mérite éminent ; elle est le retentissement de la vertu à laquelle elle répond comme son écho. Et, parce qu'elle accompagne généralement les belles actions, il ne faut pas que les gens de bien la réprouvent.
4 Quant à cette contrefaçon de la gloire, qui n'a ni raison ni réflexion et le plus souvent est l'apologiste du crime et du vice, la popularité, elle en brouille le dessin magnifique en singeant le beau moral. C'est parce qu'ils étaient aveuglés de la sorte que des hommes même qui avaient le goût des grandes choses, mais ne savaient ni où les trouver ni quelle était leur nature, ont les uns anéanti leur patrie, les autres causé leur propre perte (1). Encore ceux-là du moins avaient-ils un idéal, et s'ils se sont trompés, c'est moins par intention que par suite d'une erreur de direction. Mais que dire de ceux qu'anime la passion de l'argent ou l'amour effréné des plaisirs, ou dont l'âme est bouleversée au point qu'ils sont tout près de la folie — [et c'est là le sort de tous ceux qui ne sont pas sages] — aucun traitement ne leur est-il applicable ? Alléguera-t-on que les maladies de l'âme sont moins dangereuses que celles du corps ? Ou faut-il admettre qu'il y a des traitements pour le corps, tandis que pour l'âme il n'existerait point de médecine ?

III 5 Mais d'abord il existe des maladies plus dangereuses et plus nombreuses dans l'âme que dans le corps, et du reste celles-ci sont insupportables précisément parce qu'elles s'étendent à l'âme et la tourmentent ; or, à ce que dit Ennius, « une âme malade est toujours égarée, incapable de résignation et d'endurance, et ne

1. Tout ce passage sur la popularité semble bien viser César.

nem gloriae. Est enim gloria solida quaedam res et expressa, non adumbrata ; ea est consentiens laus bonorum, incorrupta uox bene iudicantium de excellente uirtute, ea uirtuti resonat tamquam imago. Quae quia recte factorum plerumque comes est, non est bonis uiris repudianda. 4 Illa autem, quae se eius imitatricem esse uolt, temeraria atque inconsiderata et plerumque peccatorum uitiorumque laudatrix, fama popularis, simulatione honestatis formam eius pulchritudinemque corrumpit. Qua caecitate homines, cum quaedam etiam praeclara cuperent eaque nescirent nec ubi nec qualia essent, funditus alii euerterunt suas ciuitates, alii ipsi occiderunt. Atque hi quidem optuma petentes non tam uoluntate quam cursus errore falluntur. Quid ? qui pecuniae cupiditate, qui uoluptatum libidine feruntur, quorumque ita perturbantur animi, ut non multum absint ab insania, [quod insipientibus contingit omnibus], his nullane est adhibenda curatio ? utrum quod minus noceant animi aegrotationes quam corporis, an quod corpora curari possint, animorum medicina nulla sit ?

III 5 At et morbi perniciosiores pluresque sunt animi quam corporis ; hi enim ipsi odiosi sunt, quod ad animum pertinent eumque sollicitant, « animusque aeger », ut ait Ennius, « semper errat neque pati neque perpeti

3 incorrupta *cet.* : et *ante* i. *add.* V$^c$ || excellente *cet.* : -ti *ex* te V$^1$ || imago *PV*$^1$ (*exp.* gloriae) : im. gloriae *cet.* || non est *cet.* : ea *H* est *in r.* V$^c$.

4 quid... — feruntur *om. H* || quid qui $K^cR^2V^2B^2P^2$ : quidque $GR^1V^1$ quiqui $K^1$ || quod... — insipientibus *del. Bake* || his *cet.* : is *H* || nullane *cet.* : nulla *G*.

5 Ennius : *sc.* 392.

cesse jamais de désirer. » Et ces deux maladies — pour ne point parler des autres —, le chagrin et le désir, en est-il donc dans le corps qui puissent être plus violentes ? Comment d'ailleurs admettre que l'âme soit incapable de se guérir elle-même, quand la médecine même du corps est une création de l'âme, quand aussi, tandis que la complexion physique est de grande importance lorsqu'il s'agit de la guérison du corps, et qu'il ne suffit pas toujours de se laisser soigner pour se rétablir, il suffit que l'âme veuille guérir et se conformer aux enseignements de la sagesse pour que sa guérison ne fasse aucun doute ? 6 Assurément il existe une médecine de l'âme, la philosophie. Pour en avoir le secours, il n'y a pas, comme pour les maladies du corps, à s'adresser au dehors, et nous devons déployer toutes nos ressources et toutes nos forces pour nous mettre en état de nous soigner nous-mêmes. Au reste, en ce qui concerne la philosophie en général, j'ai assez dit, je pense, dans mon *Hortensius*, combien elle méritait d'être recherchée et cultivée, et d'autre part je n'ai guère cessé depuis de discuter et d'écrire sur les questions philosophiques les plus importantes. Quant à cet ouvrage-ci, il contient l'exposé des discussions que j'ai eues avec des amis dans ma villa de Tusculum. Les deux journées précédentes ont été consacrées à la mort et à la douleur, et notre entretien du troisième jour fournira la matière de ce troisième livre. 7 Sitôt en effet que nous fûmes descendus dans mon Académie, alors que déjà les heures chaudes du jour touchaient à leur fin (1), je demandai à l'un des assistants un sujet de discussion. Et voici comment les choses se passèrent :

1. Il y a trois parties du jour : *antemeridianum*, *meridianum*, *postmeridianum tempus*. L'entretien ayant lieu au mois de juin, il faut en placer le début entre trois et quatre heures du soir.

potest, cupere numquam desinit. » Quibus duobus morbis, ut omittam alios, aegritudine et cupiditate, qui tandem possunt in corpore esse grauiores ? Qui uero probari potest ut sibi mederi animus non possit, cum ipsam medicinam corporis animus inuenerit, cumque ad corporum sanationem multum ipsa corpora et natura ualeat nec omnes qui curari se passi sunt continuo etiam conualescant, animi autem, qui se sanari uoluerint praeceptisque sapientium paruerint, sine ulla dubitatione sanentur ? **6** Est profecto animi medicina, philosophia ; cuius auxilium non ut in corporis morbis petendum est foris, omnibusque opibus uiribus ut nosmet ipsi nobis mederi possimus elaborandum est. Quamquam de uniuersa philosophia, quanto opere et expetenda esset et colenda, satis, ut arbitror, dictum est in Hortensio. De maxumis autem rebus nihil fere intermisimus postea nec disputare nec scribere. His autem libris exposita sunt ea quae a nobis cum familiaribus nostris in Tusculano erant disputata. Sed quoniam duobus superioribus de morte et de dolore dictum est, tertius dies disputationis hoc tertium uolumen efficiet. **7** Vt enim in Academiam nostram descendimus inclinato iam in postmeridianum tempus die, poposci eorum aliquem qui aderant causam disserendi. Tum res acta sic est :

5 omnes *B*$V^2$ : omnis *X* ‖ sunt Φ : sint *Tregder* ‖ conualescant *cet.* : — unt $G^1$.
6 opibus uiribus *cet.* : et uir. $V^c$φ uir. *om.* *Gr.*

**Toutes les passions sont folie.**

IV J'estime que le sage est susceptible de chagrin.

— En diras-tu autant des autres formes de la passion, celles de la crainte, du désir, de la colère ? Car c'est bien là ce que les Grecs appellent πάθη, et j'aurais pu dire maladies, ce qui serait la traduction littérale, mais ne répondrait pas à notre usage. En effet, pitié, envie, exaltation, joie, c'est d'une façon générale tous les mouvements de l'âme en révolte contre la raison que les Grecs qualifient de maladies ; pour nous, je pense, ces mouvements étant aussi caractérisés par le trouble de l'âme, il serait logique de les appeler passions, tandis que maladies ne serait pas conforme à l'usage. Que t'en semble ?

— 8 C'est aussi mon avis.

— Penses-tu donc que le sage est sujet à ces troubles là ?

— Parfaitement, je le crois.

— Assurément cette fanfaronne de sagesse ne doit pas être prisée bien haut, puisqu'aussi bien elle est voisine de la folie.

— Que veux-tu dire ? Appelles-tu folie n'importe quel ébranlement de l'âme ?

— Sans aucun doute, et je ne suis pas le seul, car — je l'ai constaté souvent avec admiration — nos aïeux même en ont jugé ainsi bien des siècles avant Socrate, de qui dérive toute notre philosophie relative à la conduite et aux mœurs.

— Comment cela ?

— Le mot *insania* (folie) (1) désigne une maladie

1. Il est impossible de rendre par des équivalents exacts les mots *insania*, *amentia* et *dementia*, *furor*, que Cicéron définit dans ce passage. Mais le sens ressort assez des explications de l'auteur. J'observerai seulement que *insania* est folie au sens large, *furor* folie au sens propre.

IV Videtur mihi cadere in sapientem aegritudo.

Num reliquae quoque perturbationes animi, formidines, libidines, iracundiae ? Haec enim fere sunt eius modi quae Graeci πάθη appellant ; ego poteram morbos, et id uerbum esset e uerbo, sed in consuetudinem nostram non caderet. Nam misereri, inuidere, gestire, laetari, haec omnia « morbos » Graeci appellant, motus animi rationi non obtemperantis, nos autem hos eosdem motus concitati animi recte, ut opinor, perturbationes dixerimus, morbos autem non satis usitate, nisi quid aliud tibi uidetur.

8 Mihi uero isto modo.

Haecine igitur cadere in sapientem putas ?

Prorsus existimo.

Ne ista gloriosa sapientia non magno aestimanda est, siquidem non multum differt ab insania.

Quid ? tibi omnisne animi commotio uidetur insania ?

Non mihi quidem soli, sed id quod admirari saepe soleo, maioribus quoque nostris hoc ita uisum intellego multis saeculis ante Socratem, a quo haec omnis quae est de uita et de moribus philosophia manauit.

Quonam tandem modo ?

Quia nomen insaniae significat mentis aegrotationem et morbum, id est insanitatem et aegrotum animum, quam appellarunt insaniam. 9 Omnis autem perturbationes animi morbos philosophi appellant

7 relique (*sic*)... — usitate *(libere) habet H* || eius modi *cet.* : huius *ss.* $V^c$.

8 socraten *KRP* : socrante $G^1$ (n. del[a]) — tem *B*ç || id est-insaniam Φ : *del. Bentl.*

9 omnis... — insaniunt Φ : *del. Bake.*

chronique de l'esprit, c'est-à-dire un état opposé à la santé *(insanitas)* et maladif de l'âme, d'où le nom d'*insania*. 9 Or, tous les troubles de l'âme, les philosophes les qualifient de maladies, et ils affirment que nul parmi les non-sages n'échappe à ces maladies. Mais celui qui est malade n'a pas la santé, et l'âme de tous les non-sages est malade ; donc tous les non-sages sont fous. Or nos ancêtres considéraient que la santé de l'âme consiste dans un état de tranquillité et de stabilité ; l'état de la pensée où ces qualités faisaient défaut, ils l'ont appelé *insania*, parce qu'ils estimaient que le trouble de l'âme, comme celui du corps, est incompatible avec la santé. V 10 Une autre preuve de leur pénétration, c'est qu'ils ont nommé *amentia* et aussi *dementia* (démence) l'affection d'une âme où la flamme de l'intelligence s'est éteinte. Ces désignations supposent chez ceux qui les créèrent un jugement identique à celui de Socrate, dont les Stoïciens ont conservé exactement la tradition, à savoir que quiconque n'a pas la sagesse n'a pas la santé. En effet l'âme atteinte d'une maladie — et, je viens de le dire (1), les philosophes appellent maladies les mouvements désordonnés dont nous parlions — n'a pas plus de santé qu'un corps atteint de maladie. Il s'ensuit que la sagesse est la santé de l'âme, tandis que l'absence de la sagesse en est comme la maladie que nous appelons folie et aussi démence. Ajoutons qu'ici le latin a beaucoup plus de précision que le grec, et c'est là un avantage de notre langue que nous constaterons en bien d'autres endroits (2) ; mais nous y reviendrons, allons au plus pressé. 11 Je disais donc que la nature et les propriétés de l'objet que nous vou-

1. Voir plus haut, III, 4, 7.
2. Voir notamment, II, 15, 35, III, 8, 16 et 10, 22.

negantque stultum quemquam his morbis uacare. Qui autem in morbo sunt, sani non sunt, et omnium insipientium animi in morbo sunt; omnes insipientes igitur insaniunt. Sanitatem enim animorum positam in tranquillitate quadam constantiaque censebant; his rebus mentem uacuam appellarunt insaniam, propterea quod in perturbato animo sicut in corpore sanitas esse non posset.

V **10** Nec minus illud acute, quod animi adfectionem lumine mentis carentem nominauerunt amentiam eandemque dementiam. Ex quo intellegendum est eos qui haec rebus nomina posuerunt sensisse hoc idem quod a Socrate acceptum diligenter Stoici retinuerunt, omnis insipientes esse non sanos. Qui est enim animus in aliquo morbo (morbos autem hos perturbatos motus, ut modo dixi, philosophi appellant), non magis est sanus quam id corpus quod in morbo est. Ita fit ut sapientia sanitas sit animi, insipientia autem quasi insanitas quaedam, quae est insania eademque dementia; multoque melius haec notata sunt uerbis Latinis quam Graecis, quod aliis quoque multis locis reperietur. Sed id alias, nunc, quod instat. **11** Totum igitur, id quod quaerimus, quid et quale sit, uerbi uis ipsa declarat. Eos enim sanos quoniam intellegi necesse est, quorum mens motu quasi morbo

9 omnis... — 10 dementiam *habet H* ‖ sanitatem enim *cet.* : enim *om. H* ç ‖ posset *Ernesti* : possit Φ.

10 qui est ç : quis est *X* ‖ morbos... — motus (*sine* hos) *habet H* ‖ insipientia... — dementia (*sine* quaedam) *habet* Non. 122 ‖ sed id *cel.* : id *om. H* ç

11 totum... — moueatur *habet H* ‖ sit *cel.* : fit *V*.

lons définir ressortent pleinement du sens même : étant donné que le mot de santé doit s'entendre nécessairement d'un état de la pensée tel qu'il ne s'y produit pas de trouble et pour ainsi dire d'accès maladif, il est nécessaire d'appeler folie *(insania)* l'état opposé. Aussi est-ce une expression parfaite, celle qui est usuelle en latin : ils ne sont plus maîtres d'eux-mêmes, disons-nous de ceux dont aucun frein ne retient le désir ou la colère — je dis colère, bien que justement la colère soit une forme du désir, puisqu'on la définit par le désir de se venger — ; or, lorsqu'on dit de quelqu'un qu'il n'est plus maître de soi, on entend précisément dire qu'il n'est plus sous le contrôle de l'esprit, à qui la nature a donné la souveraineté de l'âme tout entière. Quant au grec μανία, je serais embarrassé pour dire d'où vient le mot, mais, pour la chose en soi, nous la caractérisons mieux que ne font les Grecs ; en effet nous ne confondons pas la folie *(insania)* dont le nom, lorsqu'on la confond avec la sottise, a une acception fort étendue, avec la folie furieuse *(furor)*. Les Grecs, eux, voudraient bien en faire autant, mais les mots les trahissent : ce que nous entendons par *furor*, ils l'appellent μελαγχολία, tout comme s'il n'y avait pas autre chose pour déranger l'esprit que la bile noire, et que ce ne fût pas le cas d'une irritation, d'une crainte, d'une douleur particulièrement violentes, car c'est bien à cet ordre de causes que nous songeons, quand nous parlons de la folie furieuse d'Athamas, d'Alcméon, d'Ajax, d'Oreste (1). Celui qui vient à tomber dans cet état,

1. Athamas avait épousé Ino. Celle-ci chassa Phryxus et Hellé, enfants qu'Athamas avait eus d'un premier mariage. Fou de douleur, Athamas crut voir Ino métamorphosée en lionne (cf. Ovide, *Fastes*, 6, 489). Alcméon, comme Oreste, tua sa mère pour venger son père et fut poursuivi par les Furies. Ajax disputa à Ulysse les armes d'Achille, et, furieux de voir que les Grecs donnaient la préférence à son rival, se donna la mort.

perturbata nullo sit, qui contra adfecti sint, hos insanos appellari necesse est. Itaque nihil melius, quam quod est in consuetudine sermonis Latini, cum exisse ex potestate dicimus eos qui ecfrenati feruntur aut libidine aut iracundia ; quamquam ipsa iracundia libidinis est pars ; sic enim definitur iracundia : ulciscendi libido. Qui igitur exisse ex potestate dicuntur, idcirco dicuntur, quia non sint in potestate mentis, cui regnum totius animi a natura tributum est. Graeci autem μανίαν unde appellent, non facile dixerim ; eam tamen ipsam distinguimus nos melius quam illi. Hanc enim insaniam quae iuncta stultitiae patet latius a furore disiungimus. Graeci uolunt illi quidem, sed parum ualent uerbo ; quem nos furorem, μελαγχολίαν illi uocant ; quasi uero atra bili solum mens ac non saepe uel iracundia grauiore uel timore uel dolore moueatur ; quo genere Athamantem, Alcmaeonem, Aiacem, Orestem furere dicimus. Qui ita sit adfectus, eum dominum esse rerum suarum uetant duodecim tabulae ; itaque non est scriptum « si insanus », sed « si furiosus es*cit* ». Stultitiam enim censuerunt constantia, id est sanitate, uacantem posse tamen

11 nullo *BPV*[11] nulla *cet.* || dicimus... — ex potestate *om.* *H* || ecfrenati *cet.* : hecfr. *G* (h *del.* G[2]) haec fr. *V* effr. *R*[rec]*V*[rec] || appellent ç : — ant *X* || ipsam *RVB* : ipsa *cet.* || stultitiae *K*[2]*V*[c]*BGr* : — a *cet.* || latius *cet.* : nos *post* l. *add.* *V*[c] || disiungimus *cet.* : distinguimus *R* || itaque... — cadere possit, insania non *habet* Non. 443 || insanus sed si furiosus Φ : ins. et fur. *Non.* || escit *Bouhier* : esse incipit ç esset *Non.* || itaque stultitia censuerunt... — possit insania *habet* *H* || constantia *V*[1] (in *et* m *exp.*) : inconstantiam *cet.* (— a *G*) ; insaniam enim censuerunt constantiam, id est sanitatem tamen posse tueri *Non.*

les Douze Tables lui ont interdit la disposition de ses biens ; aussi le texte ne porte-t-il pas : s'il est fou *(insanus)*, mais s'il est fou furieux *(furiosus)*. Nos ancêtres ont estimé en effet que la sottise, état d'esprit dépourvu d'équilibre, c'est-à-dire de santé, est cependant à la hauteur des devoirs moyens et des fonctions ordinaires de la vie courante ; ils ont jugé au contraire que la folie furieuse *(furor)* est un aveuglement de l'esprit qui s'étend à toutes choses. Sans doute cet état est plus grave que la folie *(insania)* ; il est cependant tel que le sage est susceptible de tomber dans la folie furieuse, mais non pas dans la folie. C'est d'ailleurs là une autre question ; revenons à notre sujet.

**Le sage est-il accessible au chagrin ?**

VI 12 Tu as dit, ce me semble, qu'à ton avis le sage était susceptible de chagrin.

— C'est en effet mon opinion.

— Il est humain de penser ainsi, car nous ne sommes pas de pierre, et il y a dans nos âmes un élément d'essence tendre et inconsistante sur lequel le chagrin peut produire un ébranlement comparable à celui de la tempête. Aussi cette parole du fameux Crantor (1), l'un des plus illustres philosophes de notre Académie, ne manque-t-elle pas de finesse : « Je ne partage aucunement, dit-il, l'avis de ceux qui vantent une prétendue insensibilité, laquelle n'a ni réalité ni raison d'être. Puissé-je ne pas tomber malade, mais si cela arrivait, je ne voudrais pas être insensible, qu'il s'agisse d'une opération ou d'une amputation. Car votre insensibilité est un avantage que vous payez fort cher, par la barbarie de l'âme,

1. Philosophe académicien (fin du IV^e^ siècle). Cicéron l'estimait beaucoup ; cf. V, 37, 107. La *Consolatio* qu'il écrivit après la mort de sa fille s'inspirait d'un ouvrage de Crantor sur le chagrin.

tueri mediocritatem officiorum et uitae communem cultum atque usitatum ; furorem autem esse rati sunt mentis ad omnia caecitatem. Quod cum maius esse uideatur quam insania, tamen eius modi est, ut furor in sapientem cadere possit, non possit insania. Sed haec alia quaestio est ; nos ad propositum reuertamur.

VI **12** Cadere, opinor, in sapientem aegritudinem tibi dixisti uideri.

Et uero ita existimo.

Humanum id quidem, quod ita existumas. Non enim e silice nati sumus, sed est naturale in animis tenerum quiddam atque molle, quod aegritudine quasi tempestate quatiatur, nec absurde Crantor ille, qui in nostra Academia uel in primis fuit nobilis, « Minime », inquit, « adsentior iis qui istam nescio quam indolentiam magno opere laudant, quae nec potest ulla esse nec debet. Ne aegrotus sim ; si, inquit, fue*rim*, sensus adsit, siue secetur quid siue auellatur a corpore. Nam istuc nihil dolere non sine magna mercede contingit inmanitatis in animo, stuporis in corpore ». **13** Sed uideamus ne haec oratio sit hominum adsentantium nostrae inbecillitati et indulgentium mollitudini ; nos autem audeamus non solum ramos

11 furorem autem Φ : autem *om. Non.*

12 sed humanum id... quatiatur *habet H* ‖ e silice $V^c$ : silice *cet.* ‖ naturale φ $V^1$ (bi *exp.*) : naturabile *X* ‖ in nostra φ $V^{rec}$ : nostra *X* ‖ quae $V^2B$ : qui *cet.* ‖ ne aegrotus sim φ : nec aegrotassem. Si *X* (a *post* t *apertum in V*) ‖ si, inquit, fuerim *Philipson* : si inquit fuerat *X* (fuat $V^2$ si *exp. et* s. is qui *ss.* $V^{rec}$) si inquit fuero *Sey.* ‖ non sine... — corpore *habet* Aug. *ciu.* 14, 9.

13 sed uideamus... — fore *habet H.*

par l'atonie du corps ». 13 Mais prenons garde que ce langage ne soit celui de gens qui flattent notre faiblesse et favorisent notre lâcheté ; ayons plutôt l'énergie, non seulement d'ébrancher l'arbre de nos misères, mais d'en arracher jusqu'aux radicelles. Encore se peut-il qu'il en reste quelque chose, tant sont profondes en nous les racines de la sottise ; mais il n'en restera rien que ce qu'il faudra laisser. Sur ce point en tout cas sois bien convaincu que, si notre âme n'est pas guérie — et c'est une chose que la philosophie seule peut faire — nos maux n'auront point de fin. Suivons donc notre dessein, confions-nous aux soins de la philosophie ; nous serons guéris, si nous le voulons. Au surplus, j'étendrai le champ de la discussion, et, sans me borner au chagrin, par lequel nous commencerons d'ailleurs, je traiterai de la passion en général — passion est le mot que j'ai employé — ou, si l'on adopte la définition des Grecs plutôt que la mienne, de la maladie de l'âme en général. Et d'abord, si tu le veux bien, discutons à la manière des Stoïciens, qui aiment à procéder par raisonnements brefs et serrés ; nous reprendrons ensuite la forme libre qui nous est familière.

**Le chagrin exclut nombre de vertus.**

VII 14 Celui qui est courageux a aussi confiance en soi — j'emploie *fidens* et non *confidens* parce que l'usage donne à ce mot un sens défavorable, ce qui d'ailleurs est injustifié, puisque *confidere,* dont il vient, a un sens favorable. Or celui qui a confiance en soi n'est pas accessible à la crainte, car la confiance en soi ne va pas avec la crainte. Mais celui qui est capable de chagrin l'est aussi de crainte. En effet les choses dont la présence donne du chagrin sont celles-là même dont la menace et l'approche causent de la crainte. Il s'ensuit que le chagrin est incompatible

amputare miseriarum, sed omnis radicum fibras euellere. Tamen aliquid relinquetur fortasse ; ita sunt altae stirpes stultitiae ; sed relinquetur id solum, quod erit necessarium. Illud quidem sic habeto, nisi sanatus animus sit, quod sine philosophia fieri non potest, finem miseriarum nullum fore. Quam ob rem, quoniam coepimus, tradamus nos ei curandos ; sanabimur, si uolemus. Et progrediar quidem longius ; non enim de aegritudine solum, quamquam id quidem primum, sed de omni animi, ut ego posui, perturbatione, morbo, ut Graeci uolunt, explicabo. Et primo, si placet, Stoicorum more agamus, qui breuiter astringere solent argumenta ; deinde nostro instituto uagabimur.

VII **14** Qui fortis est, idem est fidens, — quoniam confidens mala consuetudine loquendi in uitio ponitur, ductum uerbum a confidendo, quod laudis est. — Qui autem est fidens, is profecto non extimescit ; discrepat enim a timendo confidere. Atqui, in quem cadit aegritudo, in eundem timor ; quarum enim rerum praesentia sumus in aegritudine, easdem inpendentes et uenientes timemus. Ita fit, ut fortitudini aegritudo repugnet. Veri simile est igitur, in quem cadat aegritudo, cadere in eundem timorem et infractionem quidem animi et demissionem. Quae in quem cadunt, in eundem cadit ut seruiat, ut uictum, si quando, se

**13** altae *RBV*[2] : alta *GKH* ‖ primo iam si... — **16** uacabit *habet H.*

**14** qui... — a timendo fidens *habet* Non. 443 ‖ fidens Φ : confidens *Non.* ‖ atqui R[2] φ : atque *cet.* ‖ cadat *cet.* : cadit *G* ‖ in quem... — animi *habet* Non. 122 ‖ eundem Φ : eum *Non.* ‖ quidem *cet.* : quandam *in mg. R*[rec]φ ‖ infractionem *cet.* : in *exp. V*[rec].

avec le courage. Il est donc vraisemblable que celui qui est capable de chagrin l'est aussi de crainte, et, qui plus est, d'abattement, d'affaissement moral. Celui qui est capable de ces faiblesses est aussi capable de se plier à l'esclavage, d'avouer, à l'occasion, qu'il est vaincu. Et celui qui se résigne à cela se résigne aussi forcément à être un poltron et un lâche. Or l'homme courageux est incapable d'éprouver ces sentiments ; donc il ne sera pas non plus capable d'éprouver du chagrin. Mais il n'y a pas de sagesse sans courage ; donc le sage sera incapable d'éprouver du chagrin. **15** De plus, pour être courageux, il faut avoir l'âme grande ; mais, pour avoir l'âme grande, il faut être invincible ; pour être invincible, il faut mépriser les choses humaines et les considérer comme étant au dessous de soi. Or personne ne peut mépriser ce qui peut lui causer du chagrin. Il en résulte que jamais l'homme courageux ne peut ressentir de chagrin. Mais la sagesse ne va pas sans le courage ; donc le sage est incapable de chagrin. Et de même qu'un œil trouble n'est pas en bon état pour remplir sa fonction, de même encore que les autres organes et le corps tout entier, lorsqu'ils sont dérangés, sont au-dessous de leur tâche et de leur fonction, ainsi une âme trouble n'est pas à même de s'acquitter de sa fonction. Or la fonction de l'âme est de bien user de la raison, et l'âme du sage est toujours en état d'en tirer le meilleur usage : l'âme du sage n'est donc jamais troublée. Mais le chagrin est un trouble de l'âme : le sage en sera donc toujours exempt.

VIII **16** La tempérance fournit aussi un argument plausible. L'homme tempérant est appelé par les Grecs σώφρων, la vertu correspondante σωφροσύνη, et pour mon compte je la désigne tantôt par tempérance, tantôt par modération, quelquefois même par sens de la mesure. Mais je crois bien que logiquement on devrait

esse fateatur. Quae qui recipit, recipiat idem necesse est timiditatem et ignauiam. Non cadunt autem haec in uirum fortem; igitur ne aegritudo quidem. At nemo sapiens nisi fortis; non cadet ergo in sapientem aegritudo. **15** Praeterea necesse est, qui fortis sit, eundem esse magni animi; qui autem magni animi sit, inuictum; qui inuictus sit, eum res humanas despicere atque infra se positas arbitrari; despicere autem nemo potest eas res, propter quas aegritudine adfici potest; ex quo efficitur fortem uirum aegritudine numquam adfici; omnes autem sapientes fortes; non cadit igitur in sapientem aegritudo. Et quem ad modum oculus conturbatus non est probe adfectus ad suum munus fungendum, et reliquae partes totumue corpus statu cum est motum, deest officio suo et muneri, sic conturbatus animus non est aptus ad exsequendum munus suum. Munus autem animi est ratione bene uti, et sapientis animus ita semper adfectus est, ut ratione optime utatur; numquam igitur est perturbatus. At aegritudo perturbatio est animi; semper igitur ea sapiens uacabit.

VIII **16** Veri etiam simile illud est, qui sit temperans — quem Graeci σώφρονα appellant eamque uirtutem σωφροσύνην uocant, quam soleo equidem tum temperantiam, tum moderationem appellare, non numquam etiam modestiam; sed haut scio an recte ea

**14** si quando *cel.* : aliq. (ali *in r.* $V^2$) *V* ‖ cadet *BGRφ* : cadit $V^2H\varphi$ cadat *PK*.

**15** qui autem magni animi $V^c$ : qui m. a. $BK^2$ *om. cel.* ‖ eum *cel.* : *om. H* ‖ *post* adfici potest *add.* nisi fortis $V^c$ ‖ conturbatus *cel.* : turb. *H.*

appeler cette vertu *frugalitas*. Le terme correspondant en grec a un sens plus restreint, car les Grecs appellent l'homme *frugi* χρήσιμος, ce qui ne veut pas dire plus que utile, tandis que le mot *frugalitas* a une bien autre extension : toutes les formes de l'intégrité, toutes les formes de la probité (pour celle-ci le grec usuel n'a pas de mot, mais on peut employer ἀβλάβεια, car la probité est la disposition d'une âme incapable de nuire à personne), les autres vertus encore sont comprises dans la *frugalitas*. Si ce mot n'avait pas une telle portée, s'il avait le sens restreint que la plupart des gens lui donnent, jamais le surnom de Lucius Pison (1) n'aurait eu tant de gloire. **17** C'est parce qu'on ne voit pas donner le nom de *frugi* à celui qui par crainte abandonne son poste, ce qui est lâcheté, ni à celui qui par avidité ne rend pas un dépôt confié en secret, ce qui est injustice, ni à celui qui par suite de son irréflexion a échoué dans ses entreprises, ce qui est sottise, c'est, dis-je, pourquoi la *frugalitas* englobe ces trois vertus, le courage, la justice, la prudence ; cette extension est du reste commune à toutes les vertus, car elles ont entre elles des liens étroits et sont inséparables (2). Cela posé, reste, pour constituer la quatrième vertu, la *frugalitas* elle-même. Son rôle particulier, en effet, paraît être de gouverner et de calmer les mouvements impulsifs de l'âme, et de tenir sans cesse tête au désir en conservant, quelles que soient les circonstances, une fermeté pleine de mesure. Le vice opposé a nom *nequitia*. **18** *Frugalitas*, à mon sens, vient de *frux* (grain de blé), le meilleur produit du sol ; *nequitia* vient — notre explication est peut-être

1. L. Calpurnius Piso Frugi (époque des Gracques) fut un orateur très actif et composa des *Annales* ; cf. *Brutus*, 27, 106.

2. Lieu commun du stoïcisme ; cf. Diog. Laërt. VII, 125 : Τὰς δὲ ἀρετὰς λέγουσιν ἀντακολουθεῖν ἀλλήλαις, καὶ τὸν μίαν ἔχοντα πάσας ἔχειν.

uirtus frugalitas appellari possit, quod angustius apud Graecos ualet, qui frugi homines χρησίμους appellant, id est tantum modo utilis ; at illud est latius ; omnis enim abstinentia, omnis innocentia (quae apud Graecos usitatum nomen nullum habet, sed habere potest ἀβλάβειαν ; nam est innocentia adfectio talis animi quae noceat nemini) — reliquas etiam uirtutes frugalitas continet. Quae nisi tanta esset, et si iis angustiis quibus plerique putant teneretur, numquam esset L. Pisonis cognomen tanto opere laudatum. **17** Sed quia, nec qui propter metum praesidium reliquit, quod est ignauiae, nec qui propter auaritiam clam depositum non reddidit, quod est iniustitiae, nec qui propter temeritatem male rem gessit, quod est stultitiae, frugi appellari solet, eo tris uirtutes, fortitudinem, iustitiam, prudentiam, frugalitas complexa est (etsi hoc quidem commune est uirtutum ; omnes enim inter se nexae et iugatae sunt), reliqua igitur et quarta uirtus sit ipsa frugalitas. Eius enim uidetur esse proprium motus animi adpetentis regere et sedare semperque aduersantem libidini moderatam in omni re seruare constantiam ; cui contrarium uitium nequitia dicitur. **18** Frugalitas, ut opinor, a fruge, qua nihil melius e terra, nequitia ab eo (etsi erit hoc

**16** omnis abstinentia (*om.* enim)... — continet *habet H* ‖ habere potest *cet.* : potest *om. H* ‖ reliquas etiam *cet.* : etiam *om. H.*

**17** sed quia... — 18 illa sapientis *habet H* ‖ reliquit $V^2$ : relinquit *X* ‖ depositum *cet.* : — ti *G* ‖ hoc quidem est commune... — sunt (*om.* nexae et) *habet* Non. 47 ‖ omnes φ : -is *X* ‖ uirtus sit $V^2$ : uirtus ut sit *X* ‖ semperque $R^c$φ : semper quae *X* ‖ aduersantem $V^cR^2$ : auer. *X.*

**18** terra *X* : est e t. φ.

forcée, mais essayons ; si elle ne vaut rien, l'on admettra que nous avons voulu faire un jeu de mots — *nequitia* vient, dis-je, de ce qu'il n'y a rien du tout *(nequicquam)* dans l'homme qui a cette tare (1), ce qui fait dire aussi qu'il est un homme de rien. Or donc, celui qui serait un homme *frugi*, ou, si tu préfères, un homme modéré et tempérant, serait forcément un homme ferme ; fermeté implique tranquillité, tranquillité implique absence de n'importe quel trouble, et par suite aussi de chagrin. Mais ce sont là attributs du sage : donc le sage sera exempt de chagrin (2).

IX Aussi y a-t-il de l'esprit dans les observations de Denys d'Héraclée sur un passage d'Homère (3) où Achille se plaint à peu près en ces termes :

« mon cœur se gonfle jusqu'à éclater d'une colère funeste, à la pensée qu'on me dépouille de mon honneur et de toute gloire ».

19 Est-ce qu'une main est dans un état normal, lorsqu'elle a une enflure, ou plutôt y a-t-il un organe qui ne soit dans un état anormal, lorsqu'il est enflé et boursouflé ? De même donc une âme qui se gonfle, qui est enflée, est dans un état anormal. Or l'âme du sage ne connaît pas d'état anormal, jamais elle ne se boursoufle, jamais elle n'est enflée. Mais tel est le cas de l'âme dans la colère : donc le sage n'est jamais en colère. Mais aussi la colère ne va pas sans un violent désir, car ce qui caractérise la colère, c'est le désir de faire souffrir cruellement qui nous paraît un offenseur. Or celui qui aura éprouvé ce violent désir éprouvera forcément une vive joie, s'il réussit. Il s'ensuit qu'il se réjouira du mal d'au-

1. Même étymologie dans Varron, *De lingua latina*, X, 5, 81.
2. Von Arnim, *Stoicorum veterum fragmenta*, I, p. xx, admet que les § 14 à 21 dérivent d'un manuel stoïcien, probablement de Chrysippe.
3. *Iliade*, IX, 646.

fortasse durius, sed temptemus; lusisse putemur, si nihil sit) ab eo, quod nequicquam est in tali homine, ex quo idem nihili dicitur. Qui sit frugi igitur uel, si mauis, moderatus et temperans, eum necesse est esse constantem; qui autem constans, quietum; qui quietus, perturbatione omni uacuum, ergo etiam aegritudine. Et sunt illa sapientis; aberit igitur a sapiente aegritudo.

IX Itaque non inscite Heracleotes Dionysius ad ea disputat, quae apud Homerum Achilles queritur hoc, ut opinor, modo :

Corque meum penitus turgescit tristibus iris,
Cum decore atque omni me orbatum laude recordor.

19 Num manus adfecta recte est, cum in tumore est, aut num ali*u*d qu*o*d*piam membrum tumidum ac turgidum non uitiose se habet ? Sic igitur inflatus et tumens animus in uitio est. Sapientis autem animus semper uacat uitio, numquam turgescit, numquam tumet; at irati animus eius modi est; numquam igitur sapiens irascitur; nam si irascitur, etiam concupiscit; proprium est enim irati cupere, a quo laesus uideatur, ei quam maxumum dolorem inurere; qui autem id concupierit, eum necesse est, si id consecutus sit, magno opere laetari, ex quo fit, ut alieno malo

18 lusisse *V* (*in ras.*) φ : iussisse *cet.* (iusisse *R*[1]) ‖ putemur *cet.* : putatos *V* (-ato-*in ras.*[2]) ‖ nihil *cet.* : nil *GR*[c] (*totum verbum del.* *R*[2]) ‖ nihili *V*[2]φ : nihil *cet.*

19 num alia quippiam *(sic).* — uitio est *habet H* ‖ aliud quodpiam *Turnèbe ex* φ : aliquod quippiam *X* ‖ sapientis autem... — timet *(sic) habet H* ‖ at iratus... cadit *habet H* ‖ irati (*cf.* sapientis) *V e corr.* : -tus *cet.* ‖ magno opere *cet.* : magnopere *KHR.*

trui ; de cela, le sage n'est pas capable : il n'est donc pas non plus capable de se mettre en colère. Mais si le sage était capable de chagrin, il le serait aussi de colère, et, puisqu'il est exempt de colère, il le sera aussi de chagrin. **20** De plus, si le sage pouvait tomber dans le chagrin, il serait exposé aussi à éprouver de la pitié, de l'envie — je n'ai pas dit *invidia*, ce qui signifierait qu'on est l'objet de l'envie, mais *invidentia*, que l'on peut tirer logiquement de *invidere*, cela afin d'éviter l'équivoque du mot *invidia* — ; ce dernier terme signifie étymologiquement regarder avec trop d'insistance le bonheur d'un autre ; ainsi dans *Mélanippe* (1) :

« Qui donc a fixé d'un œil mauvais la fleur de mes enfants ? »

Il semble que cette construction soit peu latine, mais Accius s'exprime fort bien, car *invidere* (construit comme *videre*) *florem* est plus logique que *invidere flori* ; l'usage, à nous, nous l'interdit, mais la poésie fait valoir ses droits et s'exprime avec une hardiesse particulière. X **21** Nous disions donc que qui est capable de pitié l'est aussi d'envie. En effet, celui qui souffre du malheur de l'un souffre aussi du bonheur de l'autre. C'est ainsi que Théophraste, déplorant la mort de Callisthène, son ancien condisciple, s'attriste des succès d'Alexandre, ce qui lui fait dire que le hasard avait mis Callisthène en relations avec un homme puissant et fortuné au plus haut degré, mais qui ne savait pas tirer parti de son bonheur (2). Or, de même que la pitié est un chagrin provoqué par le malheur, de même l'envie est un cha-

1. Tragédie d'Accius.

2. Callisthène, neveu d'Aristote, avait été élevé avec Alexandre, qu'il accompagna dans son expédition d'Orient. Il fut impliqué dans la conjuration d'Hermolaüs, qui reprochait au roi de Macédoine d'adopter les mœurs des Perses et de se faire adorer comme un dieu. Alexandre refusa d'entendre sa défense et le fit périr dans les supplices, ce qui souleva dans toute la Grèce une vive indignation. Cf. Quinte-Curce, VIII, 8, 21.

gaudeat; quod quoniam non cadit in sapientem, ne ut irascatur quidem cadit. Sin autem caderet in sapientem aegritudo, caderet etiam iracundia; qua quoniam uacat, aegritudine etiam uacabit. **20** Etenim si sapiens in aegritudinem incidere posset, posset etiam in misericordiam, posset in inuidentiam. Non dixi inuidiam, quae tum est, cum inuidetur; ab inuidendo autem inuidentia recte dici potest, ut effugiamus ambiguum nomen inuidiae, quod uerbum ductum est a nimis intuendo fortunam alterius, ut est in Melanippo :

Quisnam florem liberum inuidit meum ?

Male Latine uidetur, sed praeclare Accius; ut enim « uidere », sic « inuidere florem » rectius quam « flori. » Nos consuetudine prohibemur; poëta ius suum tenuit et dixit audacius. X **21** Cadit igitur in eundem et misereri et inuidere. Nam qui dolet rebus alicuius aduersis, idem alicuius etiam secundis dolet, ut Theophrastus interitum deplorans Callisthenis, sodalis sui, rebus Alexandri prosperis angitur, itaque dicit Callisthenem incidisse in hominem summa potentia summaque fortuna, sed ignarum quem ad modum rebus secundis uti conueniret. Atqui, quem ad modum misericordia aegritudo est ex alterius rebus aduersis, sic inuidentia

**20** posset... — inuidiae *habet* Non. 443 (sed in inuidiam. non dixi in inuidentia *et postea* inuidia *pro* inuidentia) ‖ tum *cet.* : cum *G* ‖ ut effugiamus Φ : ut et fug. *Non.* ‖ ductum est *cet.* : dictum e. $G^1K^1$ ‖ *uersus est Acc. fr.* 424 ‖ unde aut quis mortalis fl. l. in. m. *habet* Non. 500 ‖ quisnam fl. in. m. habet *Isidor.* 10, 134, ‖ florem $BK^2R^c$ : flore *cet.*

grin provoqué par le bonheur d'autrui. Par suite, celui qui est capable de pitié l'est par là même aussi d'envie. Mais le sage est incapable d'envie : il l'est donc aussi de pitié. Et si le sage était sujet au chagrin, il le serait aussi à la pitié. Donc le sage ne connaît pas le chagrin.

**Définition du chagrin ; rôle de l'opinion dans le chagrin.**

22 Voilà comment les Stoïciens s'expriment sur ces questions, dans une forme où la chaîne du raisonnement est trop serrée. Il faut enfin que nous les traitions avec plus d'ampleur et d'étendue, en utilisant d'ailleurs de préférence leurs principes, car l'attitude qu'ils adoptent dans la question est la plus courageuse et pour ainsi dire la plus virile. Quant aux Péripatéticiens, nos amis, en dépit de leur éloquence, de leur science, de leur sérieux insurpassables, ils ne me décident pas à admettre leurs troubles ou passions médiocres. En effet n'importe quel mal, même médiocre, est un mal ; or ce que nous voulons, nous, c'est que le sage ne connaisse absolument aucun mal, car si le corps, même médiocrement malade, n'est pas sain, de même leur médiocrité de passion exclut la santé de l'âme. Ici encore, comme en bien d'autres endroits, nos Romains s'expriment de façon très heureuse lorsque, par analogie avec la maladie du corps, ils nomment *aegritudo* (chagrin, litt. : état maladif) la peine, l'inquiétude, l'angoisse. 23 C'est à peu près le mot par lequel les Grecs désignent la passion en général, car ils appellent πάθος, c'est-à-dire maladie, tout mouvement désordonné qui se produit dans l'âme. Mais notre expression est meilleure, car, si le chagrin de l'âme est tout à fait analogue à la maladie du corps, il n'en est pas de même du désir, de la joie immodérée qui est l'état d'une âme que le

**aegritudo est ex alterius rebus secundis. In quem igitur cadit misereri, in eundem etiam inuidere ; non cadit autem inuidere in sapientem ; ergo ne misereri quidem. Quodsi aegre ferre sapiens soleret, misereri etiam soleret. Abest ergo a sapiente aegritudo.**

**22** **Haec sic dicuntur a Stoicis concludunturque contortius. Sed latius aliquando dicenda sunt et diffusius, sententiis tamen utendum eorum potissimum qui maxime forti et, ut ita dicam, uirili utuntur ratione atque sententia. Nam Peripatetici, familiares nostri, quibus nihil est uberius, nihil eruditius, nihil grauius, mediocritates uel perturbationum uel morborum animi mihi non sane probant. Omne enim malum, etiam mediocre, ma*l*um est ; nos autem id agimus, ut id in sapiente nullum sit omnino. Nam ut corpus, etiamsi mediocriter aegrum est, sanum non est, sic in animo ista mediocritas caret sanitate. Itaque praeclare nostri, ut alia multa, molestiam, sollicitudinem, angorem propter similitudinem corporum aegrorum aegritudinem nominauerunt.** **23** **Hoc propemodum uerbo Graeci omnem animi perturbationem appellant ; uocant enim πάθος, id est morbum, quicumque est motus in animo turbidus. Nos melius ; aegris enim corporibus simillima animi est aegritudo ; at non similis aegrotationis est libido, non inmoderata laetitia, quae**

**21** non cadit... — inuidere *habet H* ‖ atqui... — inuidere *habet H* ‖ aegre ferre $V^{rec}\varphi$ : haec ref. *X*.

**22** sic $R^cV^cB$ : si *cet.* ‖ aliquando *X* : aliquanto φ ‖ omne enim malum... — **25** incitat *habet H* ‖ malum *Bouhier* : magnum Φ ‖ ut id *cet.* : id *om. H*φ.

**23** aegrotationis φ : — es *X*.

plaisir met hors d'elle-même et fait délirer. Considérée en soi, la crainte même n'est pas tout à fait analogue à la maladie, bien qu'elle soit voisine du chagrin, et, à parler proprement, le nom de chagrin pour l'âme, comme celui de maladie pour le corps, implique nécessairement une idée de souffrance. C'est donc l'origine de cette souffrance, je veux dire la cause déterminante du chagrin dans l'âme, de même qu'il y a une cause déterminante de la maladie dans le corps, qu'il nous faut dégager. Et de même que les médecins estiment qu'ils ont trouvé le traitement d'une maladie dont ils ont trouvé la cause, en découvrant la cause du chagrin, nous en découvrirons le remède.

XI **24** Or cette cause est tout entière dans l'opinion, et non pas seulement la cause du chagrin, mais aussi celle de toutes les autres passions, dont il y a quatre genres et davantage d'espèces. Et comme n'importe quelle passion correspond à un mouvement de l'âme qui est étranger à la raison, ou écarte la raison, ou ne se plie pas à la raison, et que l'opinion ou du bien, ou du mal, provoque ce mouvement dans deux sens opposés, les quatre passions ont été réparties en deux classes (1). En effet deux procèdent de l'opinion du bien : l'une, le plaisir délirant, c'est-à-dire l'emportement d'une joie sans mesure, qui naît de l'opinion qu'un grand bien est présent, l'autre, l'avidité, que l'on est en droit d'appeler aussi désir et qui est l'élan de l'âme, élan immodéré et non soumis à la raison, vers ce que l'opinion nous fait voir comme un grand bien. **25** Voilà donc deux genres de passions, le plaisir délirant et le

1. Les deux § 24 et 25, avec leurs définitions de la passion et des quatre passions fondamentales (notamment du chagrin), sont le point de départ des nombreuses controverses auxquelles a donné lieu l'étude des sources du livre III. Sur les données du problème, voir l'introduction, I, pp. XIX-XXVII des *Stoicorum veterum fragmenta* de von Arnim.

est uoluptas animi elata et gestiens. Ipse etiam metus non est morbi admodum similis, quamquam aegritudini est finitimus, sed proprie, ut aegrotatio in corpore, sic aegritudo in animo nomen habet non seiunctum a dolore. Doloris huius igitur origo nobis explicanda est, id est causa efficiens aegritudinem in animo tamquam aegrotationem in corpore. Nam ut medici causa morbi inuenta curationem esse inuentam putant, sic nos causa aegritudinis reperta medendi facultatem reperiemus.

XI **24** Est igitur causa omnis in opinione, nec uero aegritudinis solum, sed etiam reliquarum omnium perturbationum, quae sunt genere quattuor, partibus plures. Nam cum omnis perturbatio sit animi motus uel rationis expers uel rationem aspernans uel rationi non oboediens, isque motus aut boni aut mali opinione citetur bifariam, quattuor perturbationes aequaliter distributae sunt. Nam duae sunt ex opinione boni, quarum altera, uoluptas gestiens, id est praeter modum elata laetitia, opinione praesentis magni alicuius boni, altera, cupiditas, *quae* recte uel libido dici potest, quae est inmoderata adpetitio opinati magni boni rationi non obtemperans. **25** Ergo haec duo genera, uoluptas gestiens et libido, bonorum opinione

**23** aegritudini $B^1V^1$ : — e *X* ‖ sed proprie... — nomen habet *habet* NON. 443 ‖ nam — putant *habet* NON. 493 ‖ morbi Φ : uerborum *Non.* ‖ inuenta *cet* : *del.* $R^c$ *om.* *Non.* ‖ reperiemus *cet.* : — mur *V.*

**24** cupiditas quae recte uel libido dici potest... — obtemperans *Po.* : *post* obtemperans *add.* uel cupiditas recte uel libido dici potest Φ *quae retinent sec. Dav. edd. uerba* cupiditas — potest *delentes* ‖ **25** haec *cet.* : ut *H.*

désir, qui sont provoqués par l'opinion du bien. De même, la crainte et le chagrin sont provoqués par l'opinion du mal. En effet la crainte est l'opinion qu'un grand mal nous menace, le chagrin, l'opinion qu'un grand mal nous arrive, et, pour préciser, l'opinion neuve (1) qu'un mal est tel qu'il paraît logique de se tourmenter à son sujet, ce qui revient à dire que celui qui souffre estime qu'il doit souffrir. Or ces passions que la sottise lance et anime comme des espèces de Furies qui s'en prennent à l'existence humaine, il faut leur résister de toutes nos forces et par tous les moyens, si nous voulons passer dans la tranquillité et dans le calme ce qui nous a été donné de vie. Mais le tour des autres viendra ; pour le moment, essayons de nous débarrasser du chagrin. Oui, que ce soit là le sujet de cet entretien, puisque aussi bien tu as dit que le sage te paraissait accessible au chagrin, ce qui n'est pas du tout mon avis. C'est en effet une chose horrible, affreuse, abominable, et il faut déployer tous nos efforts et, si j'ose dire, faire force de rames et force de voiles pour la fuir.

XII 26 Que penses-tu en effet du fameux

« petit-fils de Tantale, fils de Pélops, le héros qui devint gendre du roi Oenomaüs en obtenant par fraude la main d'Hippodamie ? » (2)

C'est là, ma foi, l'arrière-petit-fils de Jupiter. Faut-il qu'il soit abattu, déprimé ?

« Gardez-vous, dit-il, étrangers, de venir jusqu'à moi ! Ne bougez pas, restez où vous êtes, car mon contact ou mon ombre même seraient funestes à des gens de bien ; si grand est l'effet du crime que recèle mon corps. »

Te condamner toi-même, Thyeste, te priver de la

1. Sur le sens exact de *recens*, cf. III, 31, 75.
2. Ennius, *Thyeste*.

turbantur, ut duo reliqua, metus et aegritudo, malorum. Nam et metus opinio magni mali inpendentis et aegritudo est opinio magni mali praesentis, et quidem recens opinio talis mali, ut in eo rectum uideatur esse angi, id autem est, ut is qui doleat oportere opinetur se dolere. His autem perturbationibus quas in uita*m* hominum stultitia quasi quasdam Furias inmittit atque incitat, omnibus uiribus atque opibus repugnandum est, si uolumus hoc quod datum est uitae tranquille placideque traducere. Sed cetera alias; nunc aegritudinem, si possumus, depellamus. Id enim sit propositum, quandoquidem eam tu uideri tibi in sapientem cadere dixisti, quod ego nullo modo existimo; taetra enim res est, misera, detestabilis, omni contentione, uelis, ut ita dicam, remisque fugienda.

XII 26 Qualis enim tibi ille uidetur

Tantalo prognatus, Pelope natus, qui quondam a socr*u*
Oenomao rege Hippodameam raptis nanctus nuptiis ?

Iouis iste quidem pronepos. Tamne ergo abiectus tamque fractus ?

Nolite, inquit, hospites ad me adire ! Ilico istic,
Ne contagio mea bonis umbraue obsit.
Tanta uis sceleris in corpore haeret.

Tu te, Thyesta, damnabis orbabisque luce propter uim

**25** et metus *cet.* : et *om.* *H*φ ‖ opinio *cet.* : est op. $V^c$φ ‖ quas in *R* (*in r.*) : quasi in *cet* ‖ uitam *Lb.* : uita Φ ‖ hominum *cet.* : homini *H*

**26** *uersus sunt Enn. Thyest.* 397 ‖ socru *Bentl.* (*Non.* 223, 21, *Accius ap. Prisc.* 698 a socru suo) : socero Φ ‖ nanctus *GRV* : nactus *K*$R^c$ *BP* ‖ *uersus sunt Enn. Thyest.* 349 ‖ istic *X* : instinc *uel* isti φ ‖ tute *cet.* : tune $R^a$.

lumière à cause de l'effet d'un crime qu'un autre a commis ! (1) Mais quoi ? Ne penses-tu pas que voici un fils du Soleil indigne de voir la lumière de son propre père ?

« Mes yeux se sont enfoncés, mon corps est desséché de maigreur, l'eau des larmes a rongé mes joues exsangues ; de la moisissure de mon visage une barbe infecte, hérissée, touffue descend sur ma poitrine que les pleurs ont ravinée. »

Ces maux-là, ô très stupide Æétès, c'est toi qui te les es donnés de toutes pièces — car ils n'ont rien à voir avec ceux dont le hasard a été cause — et cela quand ton mal était invétéré, quand l'enflure de ton âme était tombée (je montrerai que le chagrin consiste dans l'opinion qu'un mal est récent). Mais apparemment, c'est le regret de ton trône, ce n'est pas celui de ta fille, qui te tourmente. Elle, tu la haïssais, et tu n'avais sans doute pas tort (2) ; mais, pour ton trône, tu ne pouvais te consoler de sa perte. Or c'est impudence que se consumer de regrets, à l'idée qu'on ne peut plus régner sur des hommes libres. 27 Il y a mieux : Denys le tyran (3), lorsqu'il fut banni de Syracuse, se fit instituteur à Corinthe, tant il ne pouvait se passer de parler en maître. Quant à Tarquin, n'est-ce pas le modèle de l'impudence, puisqu'il en vint à faire la guerre à nos aïeux, parce qu'ils n'avaient pas souffert son despotisme ? N'ayant pu rétablir sa domination par les armes des Véiens ni des Latins, il se retira, dit-on, à Cumes, où le dépit et le chagrin l'achevèrent. XIII Est-ce donc ce à quoi tu estimes que le sage est exposé, l'accablement du chagrin, c'est-à-dire la misère ? Et si n'importe quelle passion est misère, le chagrin est de plus un bourreau.

1. Le coupable est son frère Atrée, qui a égorgé ses neveux et, avec leurs chairs, a préparé pour Thyeste un « horrible festin ».
2. Cette fille est en effet Médée.
3. Denys le jeune, détrôné en 343.

sceleris alieni ? Quid ? illum filium Solis nonne patris ipsius luce indignum putas ?

Refugere oculi, corpus macie extabuit,
Lacrimae peredere umore exsanguis genas,
Situ*m* int*er* oris barba paedore horrida atque
Intonsa infuscat pectus inluuie scabrum.

Haec mala, o stultissime Aeeta, ipse tibi addidisti ; non inerant in iis quae tibi casus inuexerat, et quidem inueterato malo, cum tumor animi resedisset (est autem aegritudo, ut docebo, in opinione mali recentis) ; sed maeres uidelicet regni desiderio, non filiae. Illam enim oderas, et iure fortasse ; regno non aequo animo carebas. Est autem inpudens luctus maerore se conficientis, quod imperare non liceat liberis. **27** Dionysius quidem tyrannus Syracusis expulsus Corinthi pueros docebat ; usque eo imperio carere non poterat. Tarquinio uero quid impudentius, qui bellum gereret cum iis qui eius non tulerant superbiam ? Is cum restitui in regnum nec Veientium nec Latinorum armis potuisset, Cumas contulisse se dicitur inque ea urbe senio et aegritudine esse confectus.

XIII Hoc tu igitur censes sapienti accidere posse,ut aegritudine opprimatur, id est miseria ? Nam cum omnis perturbatio miseria est, tum carnificina est aegritudo. Habet ardorem libido, leuitatem laetitia gestiens, humilitatem metus, sed aegritudo maiora

**26** situm inter oris *Lachmann* : s. nitoris *X* s. nidoris *V^rec* situ nigroris *Vahlen* || est etiam aegritudo... — recentis *habet H*.

**27** Veientium *VG² (in r.)* : uegen. *cet.* || Latinorum *V²* : latiorum *X*

**Le désir comporte de la fièvre, le plaisir délirant de l'exaltation, la crainte de la dépression, mais il y a dans le chagrin des maux d'une nature plus redoutable, le dépérissement, le tourment, l'accablement, le désespoir ; le chagrin déchire, dévore l'âme et la consume dans toute la force du terme. A moins de nous en défaire de façon si complète que c'en soit fini avec lui, nous ne pouvons échapper à la misère.**

**Opinions d'Epicure et des Cyrénaïques.**

**28 Et d'abord il y a un point évident, c'est que l'apparition du chagrin est liée à l'impression qu'un mal d'une nature redoutable nous arrive et nous accable. Pour Épicure, c'est l'opinion du mal qui constitue le chagrin par un effet naturel, en sorte qu'il suffit d'envisager un mal un peu grand, avec l'idée qu'il nous est arrivé, pour tomber par le fait même dans le chagrin. Les Cyrénaïques estiment que ce n'est pas n'importe quel mal qui produit le chagrin, mais le mal inattendu et inopiné, et il est vrai que cette circonstance contribue dans une large mesure à augmenter le chagrin, car tous les maux subits font plus d'impression. C'est l'idée dont s'inspirent aussi ces paroles que l'on cite avec raison :**

**« quand je les engendrai (1), je savais qu'ils mourraient, et c'est en vue d'une existence mortelle que je les élevai. De plus, en les envoyant à Troie défendre la Grèce, je savais bien que je les envoyais à une guerre meurtrière, non à un banquet. »**

**XIV. 29 Ces réflexions qui anticipent sur les maux à venir en adoucissent l'arrivée, du fait qu'on les a vus venir de loin. Aussi les paroles de Thésée chez Euripide sont-elles célèbres ; les voici, car on me permettra de les traduire en latin, selon l'habitude que j'ai prise :**

**1. Vers du *Télamon* d'Ennius ; cf. III, 24, 58.**

quaedam, tabem, cruciatum, adflictationem, foeditatem; lacerat, exest animum planeque conficit. Hanc nisi exuimus sic, ut abiciamus, miseria carere non possumus.

**28** Atque hoc quidem perspicuum est, tum aegritudinem existere, cum quid ita uisum sit, ut magnum quoddam malum adesse et urgere uideatur. Epicuro autem placet opinionem mali aegritudinem esse natura, ut, quicumque intueatur in aliquod maius malum, si id sibi accidisse opinetur, sit continuo in aegritudine. Cyrenaici non omni malo aegritudinem effici censent, sed insperato et necopinato malo. Est id quidem non mediocre ad aegritudinem augendam; uidentur enim omnia repentina grauiora. Ex hoc et illa iure laudantur :

Ego cum genui, tum morituros sciui et ei rei sustuli.
Praeterea ad Troiam cum misi ob defendendam Graeciam,
Sc*i*bam me in mortiferum bellum, non in epulas mittere.

XIV **29** Haec igitur praemeditatio futurorum malorum lenit eorum aduentum, quae uenientia longe ante uideris. Itaque apud Euripiden a Theseo dicta laudantur; licet enim, ut saepe facimus, in Latinum illa conuertere :

Nam qui haec audita a docto meminissem uiro,
Futuras mecum commentabar miserias,
Aut mortem acerbam aut exil*i* maestam fugam

**28** esse natura *cet.* : esse ea n. $V^2$ ‖ *uersus sunt Enn. Telam. sc.* 312 ‖ morituros *et* ei rei *hic* : — um *et* huic rei *Sen. ad. Pol.* 11, 2 ‖ scibam *Fronto p.* 217 : sciebam Φ.
**29** exili *edd.* : exilii *X*.

« au souvenir des leçons d'un sage, je me préparais par la pensée à des maux à venir ; la mort prématurée, les tristes pérégrinations de l'exil, toujours quelque catastrophe occupait mon esprit, de peur que, si un coup du sort venait à me frapper, la soudaineté du malheur ne me trouvât sans préparation et ne déchirât mon âme. » (1)

**30** Quand Thésée dit qu'il tient cela d'un sage, c'est Euripide qui parle pour son compte. En effet Euripide avait été auditeur d'Anaxagore, dont l'on rapporte que, en apprenant la mort de son fils, il dit : « je savais que j'avais engendré un mortel ». Cette parole fait entendre que, si pareils accidents sont cruels, c'est pour ceux-là qui ne les avaient pas prévus. Sur ce point donc, le doute n'est pas possible : tout ce qui passe pour mal est plus pénible, si l'on ne s'y attendait pas. Aussi, quoique d'autres éléments entrent dans les grands chagrins, cependant, puisque, du fait qu'on l'a prévue et qu'on s'y est préparé, la souffrance est atténuée considérablement, que l'homme ait sans cesse présents à l'esprit tous les maux attachés à la nature humaine. Et c'est bien là l'éminente et divine sagesse qui a étudié à fond et retourné sous toutes ses faces le problème de la destinée humaine, qui ne s'étonne de rien, quand le malheur arrive, et, avant les événements, considère que tous les événements peuvent se produire.

« Aussi est-ce quand la chance nous favorise le plus qu'il convient le plus de se demander comment on supporterait l'assaut du malheur. Dangers, pertes, voilà ce qu'il faut toujours avoir en tête au retour d'un voyage, et fredaines du fils, mort de l'épouse, maladie de la fille ; il faut se dire que ce sont là maux courants, de peur que l'âme soit jamais surprise par un accident de ce genre ; et s'il se trouve que quelque chose arrive contre notre attente, on le comptera pour un gain. » (2)

**XV 31** Ce précepte que Térence empruntait à la

1. Fragment de la tragédie de *Thésée*.
2. Térence, *Phormion*, II, 1, 11.

Aut semper aliquam molem meditabar mali,
Vt, si qua inuecta diritas casu foret,
Ne me inparatum cura laceraret repens.

**30** Quod autem Theseus a docto se audisse dicit, id de se ipso loquitur Euripides. Fuerat enim auditor Anaxagorae, quem ferunt nuntiata morte fili dixisse : « Sciebam me genuisse mortalem. » Quae uox declarat iis esse haec acerba quibus non fuerint cogitata. Ergo id quidem non dubium quin omnia quae mala putentur sint inprouisa grauiora. Itaque quamquam non haec una res efficit maximam aegritudinem, tamen, quoniam multum potest prouisio animi et praeparatio ad minuendum dolorem, sint semper omnia homini humana meditata. Et nimirum haec est illa praestans et diuina sapientia, et perceptas penitus et pertractatas res humanas habere, nihil admirari, cum acciderit, nihil ante quam euenerit, non euenire posse arbitrari.

Quam ob rem omnis, cum secundae res sunt maxume, tum maxume
Meditari secum oportet, quo pacto aduersam aerumnam ferant.
Pericla, damna peregre rediens semper secum cogitet
Aut fili peccatum aut uxoris mortem aut morbum filiae,
Communia esse haec, ne quid horum umquam accidat animo nouum ;
Quicquid praeter spem eueniat, omne id deputare esse in lucro.

30 ergo... — in lucro *habet H* || *uersus sunt Ter. Phorm.* 241 || aduersam *BVG* : — um *cet.* || pericla *Ter. codd.* : pericula *X* || pericla damna exilia peregre rediens semper cogitet *Ter. codd* || communia e. h. fieri posse ut ne quid animo sit nouom *Ter. codd.* || praeter *cet.* : propter *K*.

philosophie pour l'exprimer avec tant d'à propos, ne le formulerons-nous pas mieux encore, n'en aurons-nous pas une intelligence plus ferme, quand c'est à nos sources qu'il est puisé ? Oui, c'est bien lui qui explique cette constante égalité d'humeur que Xantippe aimait à vanter, dit-on, dans son mari Socrate : elle l'avait toujours vu le même, qu'il rentrât à la maison ou qu'il en sortît. Et ce n'était pas l'air de Crassus l'ancien (1), dont Lucilius dit qu'il avait ri une seule fois dans toute son existence, c'était un air tranquille et serein. La tradition l'affirme, et cette égalité de visage était naturelle là où l'esprit, sur lequel le visage se modèle, ne subissait aucun changement. Aussi n'hésité-je pas à emprunter aux Cyrénaïques ces armes qu'ils m'offrent contre le hasard des événements, et lorsque ceux-ci se précipiteront sur moi, je briserai leur assaut, car je les aurai devancés par une longue méditation ; en même temps je prononce que le chagrin relève de l'opinion, non de la nature, car, s'il était réel, pourquoi les maux prévus seraient-ils plus légers ?

32 Mais sur ce point même nous pourrons apporter plus de précision, après avoir examiné la thèse d'Épicure. Ce philosophe estime que le chagrin est inévitable toutes les fois que l'on se croit atteint par un mal, même si ce mal a été prévu et attendu ou s'il est déjà ancien. Car le temps ne l'amoindrit pas ni la prévision ne l'allège, et c'est même sottise que penser à un mal qui peut bien arriver, mais qui peut-être aussi n'arrivera pas du tout : n'importe quel mal est bien assez pénible lorsqu'il se produit, et de songer toujours qu'il peut nous arriver malheur, cela même est un mal continuel ; à plus forte raison si ce mal ne doit pas arriver, car alors

1. M. Crassus, le grand-père du triumvir. On l'avait surnommé Agelastus (l'homme qui ne sait pas rire).

XV **31** Ergo hoc Terentius a philosophia sumptum cum tam commode dixerit, nos, e quorum fontibus id haustum est, non et dicemus hoc melius et constantius sentiemus ? Hic est enim ille uoltus semper idem, quem dicitur Xanthippe praedicare solita in uiro suo fuisse Socrate : eodem semper se uidisse exeuntem illum domo et reuertentem. Nec uero ea frons erat quae M. Crassi illius ueteris, quem semel ait in omni uita risisse Lucilius, sed tranquilla et serena ; sic enim accepimus. Iure autem erat semper idem uoltus, cum mentis a qua is fingitur nulla fieret mutatio. Quare accipio equidem a Cyrenaicis haec arma contra casus et euentus, quibus eorum aduenientes impetus diuturna praemeditatione frangantur, simulque iudico malum illud opinionis esse, non naturae ; si enim in re esset, cur fierent prouisa leuiora ? **32** Sed est isdem de rebus quod dici possit subtilius, si prius Epicuri sententiam uiderimus, qui censet necesse esse omnis in aegritudine esse qui se in malis esse arbitrentur, siue illa ante prouisa et expectata sint siue inueterauerint. Nam neque uetustate minui mala nec fieri praemeditata leuiora, stultamque etiam esse meditationem futuri mali aut fortasse ne futuri quidem ; satis esse odiosum malum omne, cum uenisset ; qui autem semper cogitauisset accidere posse aliquid aduersi, ei fieri illud sempiternum malum ; si uero ne futurum quidem sit, frustra suscipi miseriam uoluntariam ; ita semper

31 socrate *V*[2]*BP (e corr.) M* : — tem *KRV*[1] -tam *G* (ten *G*[2]) ‖ exeuntem *cel.* : et ex. *V*[c]. ‖ fieret *RV (in r.)* : fieri *cel.* (fuerit *ss. B*) ‖ esset ς : essent *X*.

c'est bien inutilement que l'on se plonge dans une misère volontaire ; ainsi vit-on dans une angoisse perpétuelle, sans autre alternative que d'éprouver le mal ou bien de se le représenter par la pensée. **33** Quant au soulagement du chagrin, Épicure le fait dépendre de deux choses : se détacher de la pensée des peines et s'attacher à la contemplation des plaisirs. Épicure estime en effet que l'âme peut obéir à la raison et se laisser guider par elle. Or la raison nous interdit d'envisager les peines, elle nous arrache aux pensées amères, elle affaiblit notre vue en ce qui concerne la contemplation des misères ; puis, lorsqu'elle a sonné la retraite et rompu le contact avec elles, elle nous ramène en avant, elle nous invite à fixer nos regards sur des plaisirs de toute sorte, à en repaître notre pensée, car Épicure veut que la vie du sage soit remplie de plaisirs, plaisirs passés que la mémoire lui rappelle, plaisirs à venir que son espoir évoque. Ces choses-là, nous les avons dites à notre manière (1), et les Épicuriens s'expriment autrement, mais c'est le fond et non la forme qui nous importe.

**Réfutation de la thèse d'Epicure.**

XVI **34** Pour commencer, ils ont tort de blâmer la prévoyance de l'avenir. En effet rien n'est plus propre à émousser et affaiblir le chagrin que d'avoir présente à l'esprit toujours et en toutes circonstances l'idée qu'il n'est rien qui ne puisse arriver, que de méditer sur la condition de l'homme, que de songer à la loi de la vie et d'avoir le ferme propos d'obéir à cette loi. Le résultat de ces réflexions n'est pas une tristesse continuelle, mais la disparition de toute tristesse. Il ne s'attriste pas, l'homme qni songe à la nature, aux vicissitudes de la vie, à la fai-

1. Ce n'est pas en effet sans ironie que Cicéron prête à Epicure le langage d'un stratège.

angi aut accipiendo aut cogitando malo. **33** Leuationem autem aegritudinis in duabus rebus ponit, auocatione a cogitanda molestia et reuocatione ad contemplandas uoluptates. Parere enim censet animum rationi posse et quo illa ducat sequi. Vetat igitur ratio intueri molestias, abstrahit ab acerbis cogitationibus, hebetem aciem ad miserias contemplandas facit ; a quibus cum cecinit receptui, inpellit rursum et incitat ad conspiciendas totaque mente contrectandas uarias uoluptates, quibus ille et praeteritarum memoria et spe consequentium sapientis uitam refertam putat. Haec nostro more nos diximus, Epicurii dicunt suo. Sed quae dicant uideamus, quo modo, neglegamus.

XVI **34** Principio male reprehendunt praemeditationem rerum futurarum. Nihil est enim quod tam optundat eleuetque aegritudinem quam perpetua in omni uita cogitatio nihil esse quod non accidere possit, quam meditatio condicionis humanae, quam uitae lex commentatioque parendi, quae non hoc adfert ut semper maereamus, sed ut numquam. Neque enim, qui rerum naturam, qui uitae uarietatem, qui inbecillitatem generis humani cogitat, maeret, cum haec cogitat, sed tum uel maxime sapientiae fungitur munere. Vtrumque enim consequitur, ut et considerandis rebus humanis proprio philosophiae fruatur officio et aduersis casibus triplici consolatione sanetur, primum quod posse accidere

**33** uetat... -uoluptates *habet H* || facit $V^c$ : *om. cet.* || cecinit φ : cecidit *X*.

**34** nihil est enim... -euenerit *habet H* || optundat (obt. $K^2$)*V (in r.)* : -det *GR* obtundet $HK^1$ || uel maxime *cet.* : uel *om. H.*

blesse humaine ; non, cette pensée ne l'attriste pas, et c'est alors au contraire qu'il réalise l'idéal du sage, car il obtient les deux résultats que procure la sagesse. D'un côté, par le fait qu'il examine les choses humaines, il s'acquitte avec joie de la fonction propre du philosophe, de l'autre il traite son âme par le moyen de trois consolations contre les hasards de l'adversité : d'abord la conviction acquise que ces hasards peuvent se produire, et c'est là une idée singulièrement efficace pour affaiblir et dissiper toutes les peines ; puis le sentiment qu'il faut supporter humainement ce qui est humain ; enfin cette constatation qu'il n'y a point de mal qui ne soit une faute, et d'autre part qu'il ne peut être question de faute à propos d'évènements dont un homme ne saurait répondre.

35 Quant à ce rappel des plaisirs qu'Épicure veut substituer à la contemplation des maux, c'est chimère. Il n'est pas en effet en notre pouvoir, quand nous sommes tenaillés par des choses qui nous font l'impression d'être des maux, de dissimuler ou d'oublier. Elles nous déchirent, elles nous bousculent, elles nous fouaillent, elles nous brûlent, elles ne nous laissent pas respirer. Et tu exiges, toi, Épicure, un oubli contre lequel la nature proteste, tout en nous dépouillant du secours que la nature nous a donné, l'influence apaisante du temps ! Sans doute c'est un remède bien lent, mais aussi c'est un puissant remède, celui qu'apporte l'écoulement des jours. Tu veux que je songe aux biens, que j'oublie les maux. Cela aurait un sens, cela serait même digne d'un grand philosophe, si les biens que tu as en tête étaient parfaitement dignes de l'homme. XVII 36 Supposons que Pythagore, ou Socrate, ou Platon s'adressât à moi en ces termes : « qu'est-ce que cette prostration, cette tristesse, et pourquoi renoncer à la lutte et capituler devant la Fortune ? Elle a bien pu te

diu cogitauerit, quae cogitatio una maxime molestias omnis extenuat et diluit, deinde quod humana humane ferenda intellegit, postremo quod uidet malum nullum esse nisi culpam, culpam autem nullam esse, cum id quod ab homine non potuerit praestari euenerit. **35** Nam reuocatio illa quam adfert, cum a contuendis nos malis auocat, nulla est. Non est enim in nostra potestate fodicantibus iis rebus quas malas esse opinemur dissimulatio uel obliuio ; lacerant, uexant, stimulos admouent, ignis adhibent, respirare non sinunt. Et tu obliuisci iubes, quod contra naturam est, qui ⟨ quod ⟩ a natura datum est auxilium extorqueas inueterati doloris ? Est enim tarda illa quidem medicina, sed tamen magna, quam adfert longinquitas et dies. Iubes me bona cogitare, obliuisci malorum. Diceres aliquid, et magno quidem philosopho dignum, si ea bona esse sentires, quae essent homine dignissima. XVII **36** Pythagoras mihi si diceret aut Socrates aut Plato : « Quid iaces aut quid maeres aut cur succumbis cedisque fortunae ? Quae peruellere te forsitan potuerit et pungere, non potuit certe uires frangere. Magna uis est in uirtutibus ; eas excita, si forte dormiunt ; iam tibi aderit princeps fortitudo quae te animo tanto esse coget, ut omnia quae possint homini euenire contemnas et pro nihilo putes ; aderit temperantia, quae est eadem moderatio, a me quidem paulo ante appellata frugalitas, quae te turpiter et nequiter facere

**34** humana humane $V^2$ : humana *uel* humane *om. cet.* || praes-tari *cet.* : uel praecaueri *R*[uet].
**35** reuocatio *cel.* : auoc. $V^2$ || non... -obliuio *habet* Non. 66 || qui quod a natura *Tregder* : quia n. *X*.

pincer et te piquer, mais non pas assurément briser tes forces. Grande est la puissance dont disposent les vertus. Réveille-les, s'il se trouve qu'elles dorment. Aussitôt elles accourront à ton aide, et en premier lieu le courage qui relèvera ton énergie au point que tu n'éprouveras plus qu'indifférence dédaigneuse pour tout ce qui peut arriver à l'homme. Puis ce sera la tempérance qui est aussi la modération et à laquelle je donnais tout à l'heure le nom de *frugalitas* : elle ne souffrira pas que tu fasses rien de vil ni d'indigne. Or y a-t-il rien de plus vil et de plus indigne qu'un homme efféminé ? La justice non plus ne te passera rien de tel, et, bien qu'elle paraisse n'avoir pas grand chose à voir ici, elle dira cependant comment tu es doublement injuste, d'une part en ambitionnant un bien étranger, la condition des immortels, toi qui es né mortel, d'autre part en faisant des difficultés pour rendre ce que tu as reçu à titre de prêt. 37 Mais que répondras-tu à la prudence, lorsqu'elle te montrera que la vertu se suffit à elle-même pour assurer ton bonheur aussi bien que ta dignité ? Car si la vertu avait son point d'appui en dehors d'elle-même, au lieu d'être à elle-même son principe et sa fin et de renfermer exclusivement des éléments qui lui sont propres sans recourir à rien d'étranger, je ne vois pas pourquoi elle serait le sujet de nos plus vifs éloges ni l'objet de nos plus grands désirs. » Sont-ce là les biens auxquels tu me ramènes, Épicure ? Alors j'obéis, je te suis, je ne veux point d'autre guide, j'oublie même mes maux, comme tu l'exiges, et cela d'autant plus aisément que je ne les tiens pas pour tels. Mais c'est dans le domaine des plaisirs que tu transportes ma pensée. Et quels plaisirs ? Ceux du corps, n'est-ce pas, ou ceux que le souvenir et l'espérance peuvent rapporter au corps ? Est-ce exact ? Interprété-je correctement ta pensée ? Il faut dire en

nihil patiatur. Quid est autem nequius aut turpius ecfeminato uiro ? Ne iustitia quidem sinet te ista facere, cui minimum esse uidetur in hac causa loci, quae tamen ita dicet dupliciter esse te iniustum, cum et alienum adpetas, qui mortalis natus condicionem postules inmortalium, et grauiter feras te quod utendum acceperis reddidisse. **37** Prudentiae uero quid respondebis docenti uirtutem sese esse contentam, quo modo ad bene uiuendum, sic etiam ad beate ? Quae si extrinsecus religata pendeat et non et oriatur a se et rursus ad se reuertatur et omnia sua complexa nihil quaerat aliunde, non intellego cur aut uerbis tam uehementer ornanda aut re tantopere expetenda uideatur. » — Ad haec bona me si reuocas, Epicure, pareo, sequor, utor te ipso duce, obliuiscor etiam malorum, ut iubes, eoque facilius, quod ea ne in malis quidem ponenda censeo. Sed traducis cogitationes meas ad uoluptates. Quas ? Corporis, credo, aut quae propter corpus uel recordatione uel spe cogitentur. Num quid est aliud ? rectene interpretor sententiam tuam ? Solent enim isti negare nos intellegere quid dicat Epicurus. **38** Hoc dicit, et hoc ille acriculus me audiente Athenis senex Zeno, istorum acutissimus, contendere et magna uoce dicere solebat, eum esse beatum qui praesentibus uoluptatibus frueretur confideretque se fruiturum aut in omni aut in magna parte uitae dolore non interueniente aut, si interueniret, si summus foret, futurum

**36** loci *V*c : loqui *X*.
**37** et oriatur *cet.* : et *om. KRP* ‖ ponenda censeo *cet.* : p. esse c. *B.*
**38** acriculus *V*c : agr. *cet.*

effet que les disciples d'Épicure veulent que nous n'entendions rien aux paroles de leur maître. **38** C'est bien cependant ce qu'il dit et c'est bien la thèse que, en ma présence, à Athènes, le vieux Zénon, bonhomme pointilleux et le plus fin de la troupe, défendait avec de grands éclats de voix : celui-là était heureux qui avait la jouissance de plaisirs présents et la conviction qu'il en jouirait toute sa vie ou du moins dans la plus grande partie de sa vie, sans que la douleur s'y mêlât, et, à supposer qu'elle s'y mêlât, que cette douleur serait brève, si elle était extrême, si elle était prolongée, qu'elle comporterait plus d'agrément que de mal ; tel était l'état d'esprit qui assurerait le bonheur, surtout si l'on se contentait des biens dont l'on avait joui déjà et qu'on ne redoutât ni la mort ni les dieux. Voilà l'idéal de la félicité épicurienne formulé par Zénon, en sorte qu'on n'en peut contester aucun détail.

XVIII **39** Eh quoi ! ce programme et l'évocation d'une pareille vie seront-ils à même de soulager Thyeste, ou Æétès dont je parlais tout à l'heure, ou Télamon, banni, exilé, misérable, dont l'aspect surprenant faisait dire :

> « Est-ce là (1) ce fameux Télamon que naguère la gloire éleva jusqu'au ciel, lui que l'on regardait avec admiration et que tous les Grecs contemplaient bouche bée ? »

**40** Si donc il arrive à quelqu'un, comme le dit précisément Télamon, « de perdre son courage en perdant son bien », c'est chez les graves philosophes de l'époque ancienne qu'il doit chercher du réconfort, et non chez nos philosophes de la volupté. Car que veulent-ils dire avec leur abondance de biens ? Admettons, si l'on veut, que le souverain bien soit l'absence de douleur — et pourtant ce n'est pas là ce qui s'appelle plaisir, mais il vaut mieux sérier les questions — est-ce l'évocation

breuem, sin productior, plus habiturum iucundi quam mali ; haec cogitantem fore beatum, praesertim si et ante perceptis bonis contentus esset ⟨et⟩ nec mortem nec deos extimesceret. Habes formam Epicuri uitae beatae uerbis Zenonis expressam, nihil ut possit negari.

XVIII 39 Quid ergo ? huiusne uitae propositio et cogitatio aut Thyestem leuare poterit aut Aeetam, de quo paulo ante dixi, aut Telamonem pulsum patria exulantem atque egentem ? in quo haec admiratio fiebat :

Hicine est ille Telamon, modo quem gloria ad caelum extulit,
Quem aspectabant, cuius ob os Grai ora obuertebant sua ?

40 Quodsi cui, ut ait idem, « simul animus cum re concidit », a grauibus illis antiquis philosophis petenda medicina est, non ab his uoluptariis. Quam enim isti bonorum copiam dicunt ? Fac sane esse summum bonum non dolere (quamquam id non uocatur uoluptas, sed non necesse est nunc omnia) ; idne est quo traducti luctum leuemus ? Sit sane summum malum dolere ; in eo igitur qui non est, si malo careat, continuone fruitur summo bono ? 41 Quid tergiuersamur, Epicure, nec fatemur eam nos dicere uoluptatem quam tu idem, cum os perfricuisti, soles dicere ? Sunt haec tua uerba necne ? In eo quidem libro qui continet omnem disciplinam tuam, (fungar enim iam interpretis munere, ne quis me putet fingere)

38 praesertim si $R^2\varphi$ : pr. cum $V^c$ praesertim *X* ‖ esset et *Heine* : et *om* Φ.
39 hicine $BR^3$ : haecine *cet.* ‖ cf. *Trag. inc.* 93 ‖ Grai *X* : graii φ ‖
40 animus cum re concidit $V^c\varphi$ : a. rem condidit *X* ‖ est non *V* (*in ras.*) : est si non *X*.

de cet état qui soulagera notre affliction ? Supposons, si l'on veut, que le souverain mal soit la douleur ; l'homme qui n'éprouve point de douleur jouira-t-il du souverain bien par le seul fait qu'il sera exempt de mal ? **41** Mais pourquoi barguigner, Épicure, pourquoi ne pas reconnaître que le plaisir dont nous parlons est celui dont tu parles aussi, quand tu t'es bien frotté la figure ? Oui ou non, te retrouves-tu dans les paroles que voici ? Ce qui est sûr, c'est que, dans le livre qui renferme toute ta doctrine — je vais me faire traducteur, car on pourrait croire que j'invente — tu t'exprimes comme suit : « pour mon compte, je ne vois pas ce que je pourrais entendre par le souverain bien, abstraction faite des plaisirs que procurent le goût, les choses de l'amour et l'audition des chants, abstraction faite aussi des sensations agréables que les manifestations de la beauté procurent à nos yeux et, d'une façon générale, de tous les plaisirs qui dans l'ensemble de l'être humain sont produits par n'importe quel sens. On ne saurait dire non plus que le bien consiste seulement dans la joie de l'âme, car là où j'ai reconnu cette joie, c'est exclusivement dans l'espoir que notre être entrera en possession de toutes les choses que j'ai dites sans mélange de douleur. » **42** Note bien que le langage d'Épicure ne permet aucune méprise sur ce qu'il entend par plaisir. Puis un peu plus bas : « souvent, dit-il, j'ai demandé à ceux que l'on appelait des sages ce qui pourrait leur demeurer en fait de biens, abstraction faite des biens que j'ai dits et à moins qu'ils ne se contentent de formules creuses : je n'ai rien pu tirer d'eux. Ils pourront bien faire sonner les grands mots de vertu et de science, ils n'indiqueront pas d'autre moyen que celui par lequel sont réalisés les plaisirs dont j'ai parlé plus haut. » La suite est traitée dans le même esprit et tout son livre du souverain bien est farci de formules et de pensées

dicis haec : « Nec equidem habeo quod intellegam bonum illud, detrahens eas uoluptates quae sapore percipiuntur, detrahens eas quae rebus percipiuntur ueneriis, detrahens eas quae auditu *e* cantibus, detrahens eas etiam quae ex formis percipiuntur oculis, suauis motiones, siue quae aliae uoluptates in toto homine gignuntur quolibet sensu ; nec uero ita dici potest, mentis laetitiam solam esse in bonis. Laetantem enim mentem ita noui : spe eorum omnium quae supra dixi fore ut natura iis potiens dolore careat. » **42** Atque haec quidem his uerbis, quiuis ut intellegat quam uoluptatem norit Epicurus. Deinde paulo infra : « Saepe quaesiui », inquit, « ex iis qui appellabantur sapientes, quid haberent quod in bonis relinquerent, si illa detraxissent, nisi si uellent uoces inanis fundere ; nihil ab iis potui cognoscere. Qui si uirtutes ebullire uolent et sapientias, nihil aliud dicent nisi eam uiam, qua efficiantur eae uoluptates quas supra dixi ». Quae secuntur, in eadem sententia sunt, totusque liber qui est de summo bono refertus est et uerbis et sententiis talibus. **43** Ad hancine igitur uitam Telamonem illum reuocabis, ut leues aegritudinem, et, si quem tuorum adflictum maerore uideris, huic acipenserem potius

**41** eas quae rebus percipiuntur uenereis detrahens *add. in. mg.* $V^c$ : *om. cet.* ‖ e cantibus *Soro/* (*cf.* ex formis) : et Φ ‖ natura iis φ : naturalis *X*.

**42** quod $V^2$ *Gr* : quid *cet.* ‖ in bonis $K^2B$ : in bono *Gr* in boni $GVR^1$ (in *exp.* $R^2$) boni $K^1$ ‖ qui si uirtutes... — dixi *habet* Non. 26 ‖ sapientias *cet.* : — am $V^2$ ‖ uiam *cet.* : *in ras.* *K* a *exp.* $V^2$ uim quae fiant ureae uol. *Non.* ‖ eae *cet.* : haec *KP* ‖ est et $V^2$φ : est *om.* *X*.

**43** et si... -dabit *habet Non.* 550 ‖ huic *cet.* : ut huic *V* ‖ acipenserem φ : acc. *X* accipiens. *Non.* $V^2$ acup. *de finibus* 2, 91.

semblables. **43** Est-ce donc à cette vie là que tu rappelleras le Télamon de tout à l'heure, pour dissiper son chagrin, et si tu vois quelqu'un des tiens accablé par le désespoir, lui donneras-tu un esturgeon plutôt qu'un traité socratique ? L'engageras-tu à entendre un air d'orgue hydraulique plutôt que la voix de Platon ? Attireras-tu ses regards sur un brillant parterre ? Lui mettras-tu sous le nez un bouquet ? Brûleras-tu des parfums, et l'inviteras-tu à se couronner de roses ? Là-dessus autre chose encore, si tu veux... et alors, n'est-ce pas, c'en sera fini de sa désolation ? XIX **44** Voilà les recettes d'Épicure, et il faut ou qu'il les avoue ou alors qu'il efface de son livre tout ce que je viens d'en traduire mot pour mot ; mais c'est le livre entier qu'il faut jeter là, car c'est un manuel du plaisir. Demandons-nous donc comment il faut s'y prendre pour supprimer le chagrin d'un homme qui parlerait en ces termes :

« Oui, certes, la chance plus que la naissance me fait défaut. Apprenez que je possédais un trône, et vous saurez de quel étage de dignité, de puissance, de richesse la fortune m'a précipité. » (1)

Eh bien ! est-ce à celui-ci qu'il faudra faire ingurgiter une coupe de vin doux, pour arrêter ses lamentations ? Ou bien sera-ce un autre remède du même ordre ? Mais voici un personnage qui fait pendant au premier et nous est présenté par le même poète :

« déchue de la plus haute puissance et ressentant le besoin de ton aide, Hector. » (2)

Pour celle-ci, c'est un devoir de l'assister, car elle réclame du secours :

« où demander, où chercher protection ? Quel secours attendre de l'exil ou de la fuite ? Je n'ai plus ni citadelle, ni cité. Où trouver

1. Ennius, *Thyeste*.
2. Ennius, *Andromaque*.

quam aliquem Socraticum libellum dabis ? hydrauli hortabere ut audiat uoces potius quam Platonis ? expones quae spectet, florida et uaria ? fasciculum ad naris admouebis ? incendes odores et sertis redimiri iubebis et rosa ? Si uero aliquid etiam —, tum plane luctum omnem absterseris.

XIX **44** Haec Epicuro confitenda sunt aut ea quae modo expressa ad uerbum dixi tollenda de libro uel totus liber potius abiciundus ; est enim confertus uoluptatibus. Quaerendum igitur quem ad modum aegritudine priuemus eum qui ita dicat :

Pol mihi fortuna magis nunc defit quam genus.
Namque regnum suppetebat m*i*, ut scias, quanto e loco,
Quantis opibus, quibus de rebus lapsa fortuna accidat.

Quid ? huic calix mulsi impingendus est, ut plorare desinat, aut aliquid eius modi ? Ecce tibi ex altera parte ab eodem poëta :

Ex opibus summis opis egens, Hector, tuae.

Huic subuenire debemus ; quaerit enim auxilium :

Quid petam praesid*i* aut exequar ? quoue nunc
Auxilio exil*i* aut fugae freta sim ?
Arce et urbe orba sum. Quo accidam ? quo applicem ?
Cui nec arae patriae domi stant, fractae et disiectae iacent,
Fana flamma deflagrata, tosti alti stant parietes
Deformati atque abiete crispa...

43 hydrauli (hΥΔΡΑΛΙ) *X* : hydraulis *V*[2] ‖ expones *V*[2] : — ens *X* ‖ spectet *cet* : — at *K*.

44 uersus sunt *Enn. Thyest. sc.* 354 ‖ namque *cet.* : neque *K* ‖ mi *Grotius* : mihi Φ ‖ accidat *X* : occ. φ ‖ quid... — plorare se desinat *habet* Non. 545 ‖ *uersus sunt Enn. Andr. sc.* 85 ‖ praesidi *edd.* : — ii *X* ‖ exili *edd.* : -ii *X* ‖ fugae φ : -a *X* ‖ accidam φ : accedam *X* ‖ alti *M*[2]φ : alii *X*.

un appui, un refuge ? Les autels même de mes pères ne sont plus debout dans ma patrie, brisés et dispersés ils jonchent le sol ; les flammes ont dévoré les temples ; leurs hautes murailles se dressent calcinées, hideuses, au dessus de poutres tordues. »

Vous connaissez la suite et surtout ce passage :

« O mon père, ô ma patrie, ô maison de Priam, enceinte que fermait une porte aux gonds sonores ! Je t'ai vue debout dans ta richesse asiatique, avec tes plafonds ciselés et lambrissés, royalement parée d'ivoire et d'or. »

45 O l'excellent poète ! n'en déplaise à nos actuels prôneurs d'Euphorion (1). Il se rend compte que les malheurs soudains et imprévus sont particulièrement pénibles. Aussi, après avoir mis en relief une opulence royale qui paraissait devoir être éternelle, il ajoute :

« tous ces trésors, je les ai vus devenir la proie des flammes, j'ai vu des assassins assassiner Priam et l'autel de Jupiter souillé de sang. »

46 Voilà de beaux vers : la situation, les mots, les rythmes, tout en est touchant. Délivrons Andromaque de son chagrin. Comment faire ? Faut-il l'installer sur des coussins de duvet, lui amener une joueuse de flûte, allumer un brûle-parfums, lui présenter une boisson délicieuse, chercher aussi quelque mets ? Mais tout de même, sont-ce là les biens capables de faire diversion aux grandes douleurs ? Or tu me disais il y a un instant que tu n'avais même pas idée de biens autres que ceux-là. De fait, je serais d'accord avec Épicure sur ce point qu'il faut détourner l'esprit de la douleur et le ramener à la pensée des biens, si nous étions d'accord sur la question de savoir ce que c'est que le bien.

XX On me dira : « mais quoi ? peux-tu penser, toi,

1. Euphorion de Chalcis (IIIe siècle), poète grec très estimé par les imitateurs romains de l'école Alexandrine.

Scitis quae sequantur, et ill*a* in primis :

O pater, o patria, o Priami domus,
Saeptum altisono cardine templum !
Vidi ego te adstante ope barbarica
Tectis caelatis, laqueatis,
Auro, ebore instructam regifice.

**45** O poëtam egregium ! quamquam ab his cantoribus Euphorionis contemnitur. Sentit omnia repentina et necopinata esse grauiora. Exaggeratis igitur regiis opibus, quae uidebantur sempiternae fore, quid adiungit ?

Haec omnia uidi inflammari,
Priamo ui uitam euitari,
Iouis aram sanguine turpari.

**46** Praeclarum carmen ! Est enim et rebus et uerbis et modis lugubre. Eripiamus huic aegritudinem. Quo modo ! Conlocemus in culcita plumea, psaltriam adducamus, hedycrum incendamus, demus scutellam dulciculae potionis, aliquid uideamus et cibi. Haec tandem bona sunt, quibus aegritudines grauissimae detrahentur; tu enim paulo ante ne intellegere quidem te alia ulla dicebas. Reuocari igitur oportere a maerore ad cogitationem

**44** illa in primis *Tregder* : illud in pr. $V^2\varphi P$ *(in mg.)* illum primis *cet.* ‖ adstante *V* (*sed* m. *in r.*) (*cf.* 1, 35, 85) : — tem *X*.
**45** Euphorionis *cet.* : — neis (ei *in r.*) *V* ‖ regiis φ : regis *X* ‖ Jouis-turpari *habet* Non. 181 ‖ sanguine $KR^cBP$ *Non.* : — em $VR^1G$.
**46** eripiamus... — adducamus *habet* Non. 542 ‖ demus $V^c$ : damus *X* ‖ hedycrum incendamus, demus scutellam d. p., aliquid *Dav.* : damus hedycrum (hedry. $R^1V^cP$ hedrycrum $KR^cV^1$ aedricrum *G*) incendamus sc. d. p. *X*, hedycri inc. scut. (*del.* damus) *Madvig*, demus hedycrum, odorum inc. scut. *Po.* ‖ dulcicolae... — uideamus *habet* Prisc. Gl. II. p. 105, 21 ‖ quidem te *Lb.* : te quidem Φ ‖ ulla $V^2\varphi$ : multa *X* bona *ss.* *P* ‖ oportere a φ : oportet ea *X* (o. cum a $V^2$).

Cicéron, que les biens dont tu parles aient répondu aux intentions d'Épicure ou même que ses maximes aient été voluptueuses ? Moi, pas le moins du monde, car je vois que son langage est souvent sérieux et élevé. Aussi bien, et je le répète, ne sont-ce point ses mœurs, mais sa pénétration d'esprit qui est en cause. Il aura beau dédaigner les plaisirs qu'il célébrait tout à l'heure, je ne saurais oublier pour autant ce qu'il entend par souverain bien. Car il ne s'est pas contenté de le définir par le terme de plaisir, mais il a spécifié ce qu'il entendait par là : « la saveur, dit-il, l'étreinte des corps, les jeux, les chants, les formes de nature à procurer aux yeux une sensation agréable ». Est-ce que j'invente, est-ce que je mens ? Je souhaite qu'on me réfute. Aussi bien, ai-je un autre intérêt dans toute discussion que la découverte de la vérité ? **47** — Oui, mais Épicure dit aussi que le plaisir ne s'accroît plus quand la douleur est éliminée, et que le plaisir suprême est l'absence de douleur. — Voilà, dans peu de mots, trois vices de raisonnement qui sont d'importance. Et d'un : il se contredit. Tout à l'heure, on n'avait même pas idée qu'il pût y avoir un bien ailleurs que dans une espèce de chatouillement voluptueux des sens, et maintenant on nous dit que le plaisir suprême est l'absence de douleur : peut-on se contredire davantage ? Second vice de raisonnement : étant donné qu'il y a trois états naturels, le premier qui est la joie, le second qui est la douleur, le troisième l'absence de joie et de douleur, notre homme ne fait qu'un du premier et du troisième, et ne distingue pas le plaisir de l'absence de douleur. Le troisième vice de raisonnement se retrouve aussi chez d'autres philosophes et consiste en ceci que, la vertu étant par excellence le bien désirable et la philosophie n'ayant point d'autre objet, Épicure a séparé le souverain bien de la vertu. **48** — Mais il célèbre souvent la vertu. — Caius

bonorum conueniret mihi cum Epicuro, si quid esset bonum conueniret.

XX Dicet aliquis : Quid ergo ? tu Epicurum existimas ista uoluisse, aut libidinosas eius fuisse sententias ? Ego uero minime ; uideo enim ab eo dici multa seuere, multa praeclare. Itaque, ut saepe dixi, de acumine agitur eius, non de moribus ; quamuis spernat uoluptates eas quas modo laudauit, ego tamen meminero quod uideatur ei summum bonum. Non enim uerbo solum posuit uoluptatem, sed explanauit quid diceret. « Saporem », inquit, « et corporum complexum et ludos atque cantus et formas eas quibus oculi iucunde moueantur ». Num fingo, num mentior ? Cupio refelli. Quid enim laboro, nisi ut ueritas in omni quaestione explicetur. **47** At idem ait non crescere uoluptatem dolore detracto, summamque esse uoluptatem nihil dolere. Paucis uerbis tria magna peccata. Vnum, quod secum ipse pugnat ; modo enim ne suspicari quidem se quicquam bonum, nisi sensus quasi titillarentur uoluptate ; nunc autem summam uoluptatem esse dolore carere. Potestne magis secum ipse pugnare ? Alterum peccatum, quod, cum in natura tria sint, unum gaudere, alterum dolere, tertium nec gaudere nec dolere, hic primum et tertium putat idem esse nec distinguit a non dolendo uoluptatem. Tertium peccatum commune cum quibusdam, quod, cum uirtus maxime expetatur eiusque adipiscendae causa philosophia quaesita sit, ille a uirtute summum

**46** existimas φ : — abas *X* ‖ spernat *BP*[1]*V*[c] : spernant *cet.* ‖ quod *cet.* : quid *G.*

**47** at *cet.* : ad *V* ‖ esse uoluptatem *V*[c]φ : esse *om. X*

Gracchus faisait mieux : il avait vidé le trésor en faisant au peuple d'énormes largesses, et cela ne l'empêchait pas, en paroles, d'être le champion du trésor. Que me font les paroles, quand je vois les actes ? Le fameux Lucius Pison Frugi avait combattu sans relâche la loi frumentaire. Quand la loi fut passée, ce personnage, qui était consulaire, se présenta à la distribution de blé. Gracchus remarque Pison debout dans la foule ; il lui demande devant tout le peuple romain s'il est logique de sa part de réclamer du blé aux termes d'une loi qu'il a combattue. « Je serais bien ennuyé, Gracchus, dit Pison, s'il te prenait fantaisie de partager mes biens entre les citoyens ; cependant, au cas où tu le ferais, je réclamerais ma part. » Cela est-il assez clair, cet homme pondéré et sage pouvait-il mieux rendre sensible cette idée que la loi Sempronia dilapidait le trésor public ? Lis maintenant les discours de Gracchus, tu diras qu'il fut l'avocat du trésor. **49** Ainsi d'Épicure ; il veut que, sans la vertu, il n'y ait pas d'existence agréable, il veut que la fortune n'ait aucun pouvoir sur le sage, il préfère la frugalité au luxe de la table, il veut que, en toute circonstance, le sage soit heureux. Cela est de tout point digne de la philosophie, mais cela est incompatible avec la morale du plaisir. — Le plaisir dont parle Épicure n'est pas celui que tu penses. — Qu'il parle de celui qu'on voudra, il y a un fait certain, c'est qu'il parle d'un plaisir où n'entre nulle parcelle de vertu. Voyons, admettons que je n'entende pas ce que c'est que le plaisir épicurien ; dira-t-on que je n'entends pas ce que c'est que la douleur ? Eh bien ! je dis que celui pour qui le souverain mal se définit par la douleur n'a pas le droit de prononcer le mot de vertu.

XXI **50** Et alors il se trouve des Épicuriens, braves gens, car il n'est point d'espèce qui ait moins de malice, pour se plaindre que j'apporte de l'animosité en parlant

bonum separauit. **48** At laudat saepe uirtutem. Et quidem C. Gracchus, cum largitiones maximas fecisset et effudisset aerarium, uerbis tamen defendebat aerarium. Quid uerba audiam, cum facta uideam ? L. Piso ille Frugi semper contra legem frumentariam dixerat. Is lege lata consularis ad frumentum accipiundum uenerat. Animum aduertit Gracchus in contione Pisonem stantem ; quaerit audiente p. R. qui sibi constet, cum ea lege frumentum petat quam dissuaserit. « Nolim », inquit, « mea bona, Gracche, tibi uiritim diuidere libeat, sed, si facias, partem petam ». Parumne declarauit uir grauis et sapiens lege Sempronia patrimonium publicum dissupari ? Lege orationes Gracchi, patronum aerari esse dices. **49** Negat Epicurus iucunde posse uiui, nisi cum uirtute uiuatur, negat ullam in sapientem uim esse fortunae, tenuem uictum antefert copioso, negat ullum esse tempus quo sapiens non beatus sit. Omnia philosopho digna, sed cum uoluptate pugnantia. — Non istam dicit uoluptatem. — Dicat quamlibet ; nempe eam dicit in qua uirtutis nulla pars insit. Age, si uoluptatem non intellegimus, ne dolorem quidem ? Nego igitur eius esse qui dolore summum malum metiatur, mentionem facere uirtutis.

XXI **50** Et queruntur quidam Epicurei, uiri optimi (nam nullum genus est minus malitiosum), me studiose dicere contra Epicurum. Ita, credo, de honore aut de

**48** at *cel.* : ac *R*² || effudisset *K*¹*V*¹*PB* : effund. *GR* || L. Piso *V*ᶜ : L. *om. X* || animum *R*²*K*²*B* : — am *cel.* || facias *cel.* : facies *KP* || parumne *cel.* : satis *ss. V*².

**49** qui *RV* : quid *cel.* || dolore φ : -em *X*.

contre Épicure. C'est bien cela, ma foi ! nous sommes en concurrence pour un honneur ou une dignité ! Moi, j'estime que le souverain bien est dans l'âme ; lui le place dans le corps ; pour moi il consiste dans la vertu, pour lui c'est dans le plaisir. Et les voilà qui se fâchent et même appellent au secours les philosophes du voisinage ; or, ils sont nombreux à accourir au premier signe. Quant à moi, je suis ainsi fait que je me déclare désintéressé dans la question et prêt à ratifier ce qu'ils auront décidé. **51** Aussi bien, s'agit-il entre nous de la guerre Punique ? Et, sur la guerre Punique même, Caton et Lentulus (1) différèrent bien d'avis sans jamais se prendre de querelle. Ces gens-ci témoignent d'une susceptibilité excessive, et d'autant plus surprenante qu'ils soutiennent une opinion médiocrement courageuse et qu'ils n'oseraient défendre ni dans le sénat, ni dans l'assemblée du peuple, ni devant les troupes, ni devant les censeurs. Mais nous les retrouverons une autre fois, avec l'intention du reste d'éviter toute polémique, de nous incliner devant la vérité, s'ils en sont les interprètes. Il est une chose cependant dont je tiens à les avertir : c'est que, quand il serait parfaitement juste que le sage rapporte tout au corps, ou bien, pour parler un langage plus décent, que le sage ne fait rien qui ne soit avantageux ou encore s'inspire exclusivement de son intérêt, c'est, dis-je, qu'ils aient égard à ce que ces doctrines n'appellent pas les applaudissements ; ils feraient donc bien de s'en féliciter de façon discrète et de laisser là leurs airs de bravoure.

**Réfutation de la thèse des Cyrénaïques.**

XXII **52** Reste l'opinion de l'école Cyrénaïque. D'après elle, pour que le chagrin se manifeste, il faut que le malheur frappe inopinément. Sans doute il y a là un élément important

dignitate contendimus. Mihi summum in animo bonum uidetur, illi autem in corpore, mihi in uirtute, illi in uoluptate. Et illi pugnant, et quidem uicinorum fidem implorant ; multi autem sunt qui statim conuolent. Ego sum is qui dicam me non laborare ; actum habiturum quod egerint. **51** Quid enim ? de bello Punico agitur ? de quo ipso cum aliud M. Catoni, aliud L. Lentulo uideretur, nulla inter eos concertatio umquam fuit. Hi nimis iracunde agunt, praesertim cum ab iis non sane animosa defendatur sententia, pro qua non in senatu, non in contione, non apud exercitum neque ad censores dicere audeant. Sed cum istis alias, et eo quidem animo, nullum ut certamen instituam, uerum dicentibus facile cedam ; tantum admonebo, si maxime uerum sit ad corpus omnia referre sapientem siue, ut honestius dicam, nihil facere nisi quod expediat, siue omnia referre ad utilitatem suam, quoniam haec plausibilia non sunt, ut in sinu gaudeant, gloriose loqui desinant.

XXII **52** Cyrenaicorum restat sententia ; qui tum aegritudinem censent existere, si necopinato quid euenerit. Est id quidem magnum, ut supra dixi ; etiam Chrysippo ita uideri scio, quod prouisum ante non sit, id ferire uehementius ; sed non sunt in hoc omnia. Quamquam hostium repens aduentus magis aliquanto conturbat quam expectatus, et maris subita tempestas quam ante prouisa terret nauigantes uehementius, et eius modi

**51** concertatio *cet.* : er *in r.* *V* concertio *K* || ad censores *cet.* : apud c. $V^2$ || in sinu $G^2$ *V* (*e corr.*) : in sinum $BK^2$ insignum *uel* in signum $RG^1KP$.

**52** ferire $V^2\varphi$ : fieri *X* || hostium *cet.* : et h. $V^2$ || aliquanto $V^c$ : -ndo *X*.

du chagrin, je l'ai déjà dit, et je sais que Chrysippe même est de cet avis que le coup est plus violent s'il est imprévu ; mais cette raison n'explique pas tout. Assurément l'arrivée des ennemis bouleverse sensiblement plus, lorsqu'elle est soudaine, que si elle était attendue ; lorsqu'une tempête éclate en mer, les navigateurs ressentent une frayeur plus vive quand elle est subite que s'ils l'avaient prévue, et il en est ainsi de la plupart des événements. Mais, à examiner avec précision le caractère des maux qui surprennent, on n'y saurait rien découvrir de particulier, si ce n'est que la soudaineté fait paraître toutes choses plus grandes. Il y a à cela deux raisons : d'abord, quand ils arrivent, ils ne nous laissent pas le loisir d'en apprécier l'étendue, ensuite, lorsqu'il semble que nous aurions pu nous prémunir contre eux, si nous les avions prévus, l'idée que nous nous sommes plongés dans le malheur par notre faute avive notre chagrin. **53** Ce qui met en lumière ce point, c'est l'influence apaisante du temps, laquelle, les maux restant ce qu'ils étaient, non seulement adoucit le chagrin, mais le supprime dans la plupart des cas. Nombre de Carthaginois, et, après la capture du roi Persée, de Macédoniens, ont été esclaves à Rome. J'ai même vu dans le Péloponnèse, au temps de ma jeunesse, des individus qui étaient originaires de Corinthe (1). Ces gens auraient tous pu redire les lamentations de la tragédie d'*Andromaque :*

« tout cela, je l'ai vu... »

mais déjà sans doute ils avaient fini de chanter leur complainte. En effet, leur physionomie, leur langage, tout dans leur allure et leur attitude faisait penser à des gens d'Argos ou de Sicyone, et je fus plus ému, lorsque je vis se dresser devant moi tout à coup les ruines de Corinthe, que les Corinthiens mêmes : c'est que leur

sunt pleraque. Sed, cum diligenter necopinatorum naturam consideres, nihil aliud reperias nisi omnia uideri subita maiora, et quidem ob duas causas, primum quod quanta sint quae accidunt, considerandi spatium non datur, deinde, cum uidetur praecaueri potuisse, si prouisum esset, quasi culpa contractum malum aegritudinem acriorem facit. **53** Quod ita esse dies declarat, quae procedens ita mitigat, ut isdem malis manentibus non modo leniatur aegritudo, sed in plerisque tollatur. Karthaginienses multi Romae seruierunt, Macedones rege Perse capto ; uidi etiam in Peloponneso, cum essem adulescens, quosdam Corinthios. Hi poterant omnes eadem illa de Andromacha deplorare :

Haec omnia uidi...

sed iam decantauerant fortasse. Eo enim erant uoltu, oratione, omni reliquo motu et statu, ut eos Argiuos aut Sicyonios diceres, magisque me mouerant Corinthi subito aspectae parietinae quam ipsos Corinthios, quorum animis diuturna cogitatio callum uetustatis obduxerat. **54** Legimus librum Clitomachi, quem ille euersa Karthagine misit consolandi causa ad captiuos ciues suos ; in eo est disputatio scripta Carneadis, quam se ait in commentarium rettulisse. Cum ita positum esset uideri fore in aegritudine sapientem patria capta, quae Carneades contra dixerit scripta sunt. Tanta igitur calamitatis praesentis adhibetur a philosopho medicina, quanta

52 *post* quae accidunt *add. in mg.* V^c^ : et qualia cum repente accidunt || cum *cet.* : tum *G.*

53 iam *cet.* : etiam *KRP* || diceres V^c^ : dicere *X* || aspectae V^c^ : aspecta *X* || parietinae *cet.* : -na *R*^c^.

âme s'était endurcie à la longue contre un souvenir douloureux. **54** J'ai lu la *Consolation* que Clitomaque (1), après la destruction de Carthage, écrivit pour ses compatriotes en captivité ; dans ce livre se trouve reproduite une leçon de Carnéade, dont Clitomaque avait, dit-il, pris copie. Carnéade combat cette proposition que le chagrin a prise sur le sage, si sa patrie est asservie. Le traitement philosophique est donc aussi utile contre le mal présent qu'il est superflu, le besoin ne s'en faisant même plus sentir, quand le mal est ancien, et Clitomaque eût-il envoyé le même ouvrage aux prisonniers quelques années plus tard, ce n'est plus des blessures, mais des cicatrices qu'il trouvait à panser. Peu à peu et insensiblement la douleur va en s'affaiblissant, non pas que son objet même soit modifié ou même soit susceptible de l'être, mais parce que l'expérience nous enseigne ce dont la raison aurait dû nous instruire, à savoir que nos maux sont moins grands qu'il ne nous avait paru.

XXIII **55** Dès lors, dira-t-on, il est bien inutile de philosopher ou même simplement de recourir à la consolation qui est d'usage, lorsqu'on veut soulager un gros chagrin : car l'argument qui revient à peu près toujours en pareil cas, c'est qu'il faut s'attendre à tout. En quoi, dira-t-on encore, le patient sera-t-il plus résigné pour s'être rendu compte que semblable accident est inévitable dans la condition humaine ? Cette démonstration ne diminue en rien l'intensité même du mal, et tout ce qu'elle apporte de nouveau, c'est l'idée qu'il n'est rien arrivé à quoi il n'eût fallu s'attendre. — Sans doute, bien qu'il ne soit pas vrai que les consolations de ce genre soient dénuées d'efficacité : peut-être même sont-ce les plus puissantes ; mais je retiens de cette objection même que l'élément de surprise des Cyrénaïques n'a pas une puissance telle qu'il engendre à lui seul le

inueteratae ne desideratur quidem, nec, si aliquot annis post idem ille liber captiuis missus esset, uolneribus mederetur, sed cicatricibus. Sensim enim et pedetemptim progrediens extenuatur dolor, non quo ipsa res immutari soleat aut possit, sed id quod ratio debuerat, usus docet minora esse ea quae sint uisa maiora.

XXIII **55** Quid ergo opus est, dicet aliquis, ratione aut omnino consolatione illa qua solemus uti, cum leuare dolorem maerentium uolumus ? hoc enim fere tum habemus in promptu, nihil oportere inopinatum uideri ; aut qui tolerabilius feret incommodum, qui cognouerit necesse esse homini tale aliquid accidere ? Haec enim oratio de ipsa summa mali nihil detrahit, tantum modo adfert, nihil euenisse quod non opinandum fuisset. Neque tamen genus id orationis in consolando non ualet, sed id haud sciam an plurimum. Ergo ista necopinata non habent tantam uim, ut aegritudo ex iis omnis oriatur ; feriunt enim fortasse grauius, non id efficiunt ut ea quae accidant maiora uideantur ; quia recentia sunt, maiora uidentur, non quia repentina. **56** Duplex est igitur ratio ueri reperiendi non in iis solum quae mala, sed in iis etiam quae bona uidentur. Nam aut ipsius rei natura

**54** inueteratae φ : -ta *X* in inueterata φ ‖ desideratur *cel.* : -raretur *V*[2] ‖ aliquot *cel* : aliquod *GP*.

**55** illa φ : ulla *X* ‖ aut *cel.* : at *R*[c] ‖ cognouerit *V*[c]*R*[2] : -rint X ‖ maiora uideantur ; quia r. s. maiora uidentur, n. quia repentina *BVM*φ : m. uideantur n. quia rep. *(mediis omissis) G (sed in mg.* quia r. s. m. uidentur *G*[2]) *R (sed in mg.* quia recentia sunt *R*[2]) m. uideantur quia r. s. non qui.. rep. *KΓ* (*in mg.* maiora uidentur *K*[2]*P*[2]).

**56** duplex igitur ratio est (*sic*) -sordido sapientia *habet H* (*om.* hic Socrates... Caecilianum) ‖ non in iis *K*[2]*R*[c]*V*[c]*P* : in *om.* *X* ‖ aut *B*[1] : ut. *X*.

chagrin ; peut-être nous ébranle-t-il plus vigoureusement, mais il ne produit pas le résultat de nous faire paraître plus grands les maux qui nous frappent : c'est parce qu'ils sont récents, et non point parce qu'ils sont subits, que ces maux nous semblent plus considérables (1).

56 Cela posé, il existe deux procédés pour découvrir la vérité, et cela non seulement pour ce qui nous paraît mauvais, mais aussi pour ce qui nous paraît bon : ou nous examinons la nature de la chose considérée en soi, son caractère et son importance — ainsi fréquemment, en ce qui concerne la pauvreté, nous en allégeons le fardeau en démontrant par l'analyse combien petites et peu nombreuses sont les exigences de la nature — ou bien, renonçant aux finesses de la dialectique, on recourt à la méthode des exemples. C'est alors que l'on évoque Socrate, et Diogène, et le vers de Cæcilius :

« souvent il y a de la sagesse sous un manteau sordide. »

Étant donné en effet que dans son fond la pauvreté est toujours et partout la même, est-il admissible que l'on déclare ne pas pouvoir la supporter, alors que Caius Fabricius (2) l'a trouvée tolérable ? 57 C'est à ce deuxième procédé que s'apparente la méthode de consolation d'après laquelle on montre qu'il n'est rien arrivé à quoi un homme ne dût s'attendre, car cette démonstration n'a pas seulement pour résultat de faire comprendre quelle est la condition de notre espèce, elle fait entendre aussi qu'il s'agit de maux tolérables, puisque d'autres les ont supportés et les supportent. XXIV S'agit-il de la pauvreté, on évoque nombre de pauvres qui furent résignés ; du mépris des dignités, on cite nombre de gens qui subirent des échecs et n'en furent que plus heureux, on énumère avec éloge ceux qui préférèrent aux tracas de la politique la tranquillité du particulier, on n'oublie pas de rappeler les anapestes

qualis et quanta sit, quaerimus, ut de paupertate non numquam, cuius onus disputando leuamus docentes quam parua et quam pauca sint quae natura desideret, aut a disputandi subtilitate orationem ad exempla traducimus. Hic Socrates commemoratur, hic Diogenes, hic Caecilianum illud :

Saepe est etiam sub palliolo sordido sapientia.

Cum enim paupertatis una eademque sit uis, quidnam dici potest quam ob rem C. Fabricio tolerabilis ea fuerit, alii negent se ferre posse ? **57** Huic igitur alteri generi similis est ea ratio consolandi, quae docet humana esse quae acciderint. Non enim id solum continet ea disputatio, ut cognitionem adferat generis humani, sed significat tolerabilia esse, quae et tulerint et ferant ceteri. XXIV De paupertate agitur, multi patientes pauperes commemorantur ; de contemnendo honore, multi inhonorati proferuntur, et quidem propter id ipsum beatiores, eorumque qui priuatum otium negotiis publicis antetulerunt, nominatim uita laudatur, nec siletur illud potentissimi regis anapaestum, qui laudat senem et fortunatum esse dicit, quod inglorius sit atque ignobilis ad supremum diem peruenturus. **58** Similiter commemorandis exemplis orbitates quoque liberum praedicantur, eorumque qui grauius ferunt luctus aliorum exemplis leniuntur ; sic perpessio ceterorum facit ut ea quae acciderint

57 huic igitur... — uita laudatur *habet H* ‖ agitur *cet.* : igitur *Hφ* ‖ : nominatim *cet.* : —ti *GKH* ‖ inglorius *cet.* : ingloriosus *K¹RP*.

58 liberum *cet.* : -orum *V^c*.

fameux où un roi très puissant (1) félicite un vieillard et le déclare fortuné, parce que, dit-il, il ne connaît point la gloire et a teindra dans l'obscurité le terme de ses jours. **58** Il en est de même pour la perte des enfants : on allègue des précédents illustres, et le chagrin de ceux qui s'en affligent outre mesure trouve un adoucissement dans l'exemple des autres. Ainsi la résignation d'autrui a pour effet de nous faire paraître nos maux beaucoup moins grands que nous ne l'avions cru. Le résultat, c'est que, à la longue, la réflexion nous fait voir manifestement combien l'opinion était trompeuse. Et telle est bien aussi la pensée qui fait dire à Télamon : « quand je les engendrai... (2) », à Thésée : « je me préparais en vue de malheurs à venir... (3) », à Anaxagore : « je savais que j'avais engendré un mortel. (4) » Tous en effet, grâce à une longue méditation sur les malheurs attachés à notre nature, se rendaient compte qu'il fallait bien prendre garde de les considérer comme aussi redoutables que l'imagine le vulgaire. Je considère d'ailleurs que les choses se passent à peu près de même chez ceux qui devancent le malheur par la méditation et chez ceux que le temps guérit ; la seule différence est que les premiers doivent la santé à un raisonnement, tandis que les seconds la doivent à la seule nature, lorsqu'ils ont fini par comprendre ce fait essentiel : que le mal qu'ils s'étaient figuré très grand n'est pas de taille à ruiner le bonheur. **59** Cela posé, il reste que le mal inattendu produit bien un choc plus fort, mais non point, comme le veulent ces philosophes, que de deux individus également frappés celui-là seulement ressente du chagrin qui a été atteint sans s'y attendre.

1. Agamemnon, dans l'*Iphigénie à Aulis*, vers 15 sqq.
2. Cf. 13, 28.
3. Cf. 14, 29.
4. Cf. 14, 30.

multo minora quam quanta sint existimata uideantur. Ita fit sensim cogitantibus ut quantum sit ementita opinio appareat. Atque hoc idem et Telamo ille declarat :

Ego cum genui.....

et Theseus :

Futuras mecum commentabar miserias

et Anaxagoras : « Sciebam me genuisse mortalem. » Hi enim omnes diu cogitantes de rebus humanis intellegebant eas nequaquam pro opinione uolgi esse extimescendas. Et mihi quidem uidetur idem fere accidere iis qui ante meditantur quod iis quibus medetur dies, nisi quod ratio quaedam sanat illos, hos ipsa natura intellecto eo quod rem continet, illud malum quod opinatum sit esse maxumum, nequaquam esse tantum, ut uitam beatam possit euertere. **59** Hoc igitur efficitur ut ex illo necopinato plaga maior sit, non, ut illi putant, ut, cum duobus pares casus euenerint, is modo aegritudine adficiatur, cui ille necopinato casus euenerit.

Itaque dicuntur non nulli in maerore, cum de hac communi hominum condicione audiuissent, ea lege esse nos natos ut nemo in perpetuum esse posset expers mali, grauius etiam tulisse. XXV Quocirca Carneades, ut uideo nostrum scribere Antiochum, reprendere Chrysippum solebat laudantem Euripideum carmen illud :

**58** minora *cel.* : maiora *ex* min. $V^c$ ‖ ego cum genui *cel.* : tum morituros sciui et ei rei sustuli *add. e* § 28 $R^2$ moriturum sc. $V^2$ ‖ ratio *V (in r.)* φ : ratione *cel.* (*unde in RBP* quaedam *corr. in* quadam) ‖ continet illud *B* : illud c. *cel.*

**59** reprendere *cel.* : repreh. $KV^2$.

On dit même que certaines personnes affligées à qui l'on tenait ce langage sur la commune condition des hommes, cette loi de notre nature d'après laquelle nul ne peut être assuré jamais contre le malheur, ont senti redoubler leur peine. XXV C'est ce qui donnait occasion à Carnéade, si nous en croyons notre ami Antiochus, de reprocher à Chrysippe l'éloge qu'il fait de ces vers d'Euripide :

« Il n'est point de mortel à l'abri de la douleur et de la maladie ; beaucoup doivent ensevelir des enfants, en élever de nouveaux, et la mort est la loi universelle. Mais c'est sans raison que l'humanité se tourmente à ce sujet : il faut restituer à la terre ce qui est terre, il faut que l'existence de tous soit moissonnée comme un champ de blé, tel est l'ordre du Destin. » (1)

**60** Carnéade affirmait que dans pareil langage il n'y avait absolument rien qui fût de nature à soulager le chagrin. Au surplus, disait-il, il y avait lieu précisément de déplorer que nous fussions soumis à un destin aussi cruel, et, pour l'argumentation qui se fonde sur l'énumération des maux d'autrui, elle n'était bonne à consoler que des gens malveillants. Eh bien ! ce n'est pas du tout mon avis, car d'abord la nécessité où nous sommes de nous plier à la condition humaine nous empêche de lutter, pour ainsi dire, contre la divinité, en nous rappelant que nous sommes des hommes, et c'est là un sujet de réflexion qui soulage grandement le chagrin ; d'autre part, si l'on invoque une série d'exemples, ce n'est pas pour flatter la malveillance, c'est pour déterminer à la patience les gens qui ont du chagrin, en leur faisant voir que bien d'autres ont su contenir et apaiser la même peine. **61** Oui, tous les moyens sont bons pour soutenir les âmes que la violence du chagrin ébranle

1. Fragment de la tragédie d'*Hypsipyle*.

Mortalis nemo est quem non adtingit dolor
Morbusque ; multi*s* sunt humandi liberi,
Rursum creandi, morsque est finita omnibus,
Quae generi humano angorem nequicquam adferunt.
Reddenda terrae est terra, tum uita omnibus
Metenda, ut fruges. Sic iubet Necessitas.

**60** Negabat genus hoc orationis quicquam omnino ad leuandam aegritudinem pertinere. Id enim ipsum dolendum esse dicebat, quod in tam crudelem necessitatem incidissemus ; nam illam quidem orationem ex commemoratione alienorum malorum ad maliuolos consolandos esse accommodatam. Mihi uero longe uidetur secus. Nam et necessitas ferendae condicionis humanae quasi cum deo pugnare prohibet admonetque esse hominem, quae cogitatio magno opere luctum leuat, et enumeratio exemplorum, non ut animum maliuolorum oblectet, adfertur, sed ut ille qui maeret ferundum sibi id censeat, quod uideat multos moderate et tranquille tulisse. **61** Omnibus enim modis fulciendi sunt qui ruunt nec cohaerere possunt propter magnitudinem aegritudinis. Ex quo ipsam aegritudinem λύπην Chrysippus quasi solutionem totius hominis appellatam putat ; quae tota poterit euelli explicata, ut principio dixi, causa aegritudinis ; est enim nulla alia nisi opinio et iudicium magni praesentis atque urgentis mali. Itaque et dolor corporis, cuius est

**59** quem non $K^2V^cP^2B$ : non *om.* *GR* || adtingit *cet.* : attigit *K* || multis *Lb.* : multi Φ || morsque *B*φ : morsquae *cet.* || generi $V^2P$ : -e *cet.* || adferunt *cet.* : -ant $V^2$.
**60** ex commemoratione *BV* (*sed* com *in r.* $V^c$) $K^2P^2$ : ex quo memoratione $K^1R$ ex quo nemo ratione *G* || prohibet $V^2$ : quohibet *in* cohibet *corr.* $K^1R^2$ cohibet *cet.*
**61** omnibus modis... -appellat *(sic) habet H* || appellatam putat *G* : appellat amputat *cet.* || est enim... — mali *habet H.*

et désagrège, effet qui, d'après Chrysippe, a valu précisément au chagrin son nom grec de λύπη, c'est-à-dire dissolution de tout l'homme. Ce chagrin, on pourra l'extirper complètement quand, ainsi que je le disais au début, on en aura isolé la cause : il n'y en a pas d'autre que l'opinion, l'idée qu'on se forme d'un grand mal actuel et pressant. Ainsi, d'un côté, la représentation du mieux que nous espérons nous fera endurer la douleur physique, dont la morsure est la plus aiguë, et de l'autre le souvenir d'une existence belle et brillante procure tant de consolation qu'il rend inaccessible au chagrin, ou du moins atténue beaucoup la douleur morale.

**Rôle de la volonté dans le chagrin.**

XXVI Mais quand à l'opinion d'un grand mal cette autre opinion se superpose, qu'il faut, qu'il est juste, qu'il est de notre devoir d'éprouver du chagrin, c'est alors seulement que le chagrin déploie toute sa puissance dissolvante. 62 Cette opinion là est l'origine de manifestations de deuil étranges et abominables : on se roule dans l'ordure, on se déchire les joues ainsi que le font les femmes, on se meurtrit poitrine, cuisses et visage. Tel est Agamemnon, dans un passage célèbre d'Homère (1) et aussi chez Accius :

« dans sa douleur il arrache sans arrêt son opulente chevelure »,

ce qui fit dire plaisamment à Bion : « voilà un roi stupide, il s'arrache les cheveux lorsqu'il est dans la peine, tout comme si la calvitie guérissait le chagrin. » 63 Mais tout cela, on le fait parce qu'on s'y croit tenu. C'est bien aussi le préjugé qu'Eschine (2) exploite pour se déchaîner contre Démosthène, lequel aurait, six jours après la mort de sa fille, offert un sacrifice aux Dieux. Avec quelle science de la rhétorique, il faut le reconnaître,

morsus acerrimus, perferetur spe proposita boni, et acta aetas honeste ac splendide tantam adfert consolationem, ut eos qui ita uixerint aut non attingat aegritudo aut perleuiter pungat animi dolor.

XXVI Sed ad hanc opinionem magni mali cum illa etiam opinio accessit, oportere, rectum esse, ad officium pertinere ferre illud aegre quod acciderit, tum denique efficitur illa grauis aegritudinis perturbatio. **62** Ex hac opinione sunt illa uaria et detestabilia genera lugendi, paedores, muliebres lacerationes genarum, pectoris, feminum, capitis percussiones ; hinc ille Agamemno Homericus et idem Accianus

Sciendens dolore identidem intonsam comam,

in quo facetum illud Bionis, perinde stultissimum regem in luctu capillum sibi euellere, quasi caluitio maeror leuaretur. **63** Sed haec omnia faciunt opinantes ita fieri oportere. Itaque et Aeschines in Demosthenem inuehitur, quod is septimo die post filiae mortem hostias immolauisset. At quam rhetorice, quam copiose, quas sententias colligit, quae uerba contorquet ! ut licere quiduis rhetori intellegas. Quae nemo probaret, nisi insitum illud in animis haberemus omnis bonos interitu suorum quam grauissime maerere oportere. Ex hoc euenit ut in animi doloribus alii solitudines captent, ut ait Homerus de Bellerophonte :

**61** perferetur *cet.* : perfertur $V^cB$ ‖ sed... — **62** percussiones *habet H* ‖ ferre *cet.* : perf. *V* (*sed* per *in r.* $V^{rec}$) ‖ tum — perturbatio *om. H.*

**62** *cf. Acc. fr. inc.* 672.

**63** copiose $V^c$ (ex *del.*) : excopiose *X* et cop. *Bφ*.

avec quelle abondance ! Quelle ingéniosité dans l'argumentation, quel ressort dans le style ! On voit bien qu'un rhéteur peut tout se permettre. Cependant le discours d'Eschine aurait choqué tout le monde, si nous n'étions profondément imbus de cette idée qu'un honnête homme est tenu de s'affliger sans mesure de la perte des siens. C'est ainsi qu'on voit certaines gens, dans leur détresse morale, rechercher les lieux déserts ; tel Bellérophon dans Homère (1) :

« Le malheureux promenait son affliction dans les plaines d'Alès, dévorant son propre cœur, fuyant les traces des humains. »

Et c'est pourquoi encore l'on prête à Niobé un corps de pierre, parce que, j'imagine, son deuil l'a réduite à un silence éternel ; quant à Hécube, l'amertume d'une douleur qui va jusqu'à la rage explique la fiction qui veut qu'elle ait été métamorphosée en chienne. D'autres encore se plaisent à entretenir de leur souffrance les déserts mêmes ; ainsi de la nourrice chez Ennius :

« Malheureuse ! je ne puis résister au désir de clamer à la face du ciel et de la terre les malheurs de Médée. »

XXVII 64 On agit ainsi dans la douleur parce que l'on estime que ce sont là choses justes, choses naturelles, choses dues, et ce qui montre bien que l'on éprouve comme le sentiment d'un devoir, c'est ceci : arrive-t-il à ces gens bien décidés à s'affliger de se détendre ou de se dérider quelque peu, tout de suite ils se replongent dans la tristesse et se considèrent comme fautifs de s'être relâchés dans leur douleur. Pour les enfants, mères et maîtres vont jusqu'à les punir et recourent non seulement aux réprimandes, mais aux coups, lorsque, la famille étant dans le deuil, il leur échappe un mot, un geste de gaieté ; on les contraint à pleurer de

1. *Iliade*, VI, 201.

Qui miser in campis maerens errabat Aleis
Ipse suum cor edens, hominum uestigia uitans.

Et Nioba fingitur lapidea propter aeternum, credo, in luctu silentium. Hecubam autem putant propter animi acerbitatem quandam et rabiem fingi in canem esse conuersam. Sunt autem alii quos in luctu cum ipsa solitudine loqui saepe delectat, ut illa apud Ennium nutrix :

Cupido cepit miseram nunc me proloqui
Caelo atque terrae Medea*i* miserias.

XXVII **64** Haec omnia recta, uera, debita putantes faciunt in dolore, maximeque declaratur hoc quasi offici iudicio fieri, quod, si qui forte, cum se in luctu esse uellent, aliquid fecerunt humanius aut si hilarius locuti sunt, reuocant se rursus ad maestitiam peccatique se insimulant, quod dolere intermiserint. Pueros uero matres et magistri castigare etiam solent, nec uerbis solum, sed etiam uerberibus, si quid in domestico luctu hilarius ab iis factum est aut dictum, plorare cogunt. Quid ? ipsa remissio luctus cum est consecuta intellectumque est nihil profici maerendo, nonne res declarat fuisse totum illud uoluntarium ? **65** Quid ille Terentianus « ipse se poen*i*ens », id est ἑαυτὸν τιμωρούμενος ?

Decreui tantisper me minus iniuriae,
Chremes, meo gnato facere, dum fiam miser.

**63** Aleis *Beroaldus* (*cf. Z* 201) : alienis Φ (*unde* errat $V^c$, *tum* errat maerens $V^{rec}$) || edens $V^2M$ : euidens *cet.* || uitans $V^cP$ : uitas *cet.* || quos $BV^cR^2P^2$ : quo *GRK* || *uersus sunt Enn. Med. sc.* 257 || Medeai *Turnèbe* : Medeae Φ.
**64** intellectumque $V^c\varphi$ : -taque *X*.
**65** poeniens *edd.* : poenitens (pen. *KP*) *X*.

force. Mais quoi ? quand vient le jour où le deuil se relâche de lui-même et qu'on a compris que l'on ne gagnait rien à s'affliger, n'est-il pas visible que toutes les manifestations de douleur étaient volontaires ? 65 Que dire du fameux personnage de Térence, « le bourreau de soi-même », car tel est le sens de ἑαυτὸν τιμωρούμενος ?

« ⟨Je me suis jugé⟩, Chrémès, et j'ai rendu cette sentence que mon injustice envers mon fils serait moins grande, aussi longtemps que je me rendrais malheureux. »

Notre homme rend cette sentence, qu'il sera malheureux ; or voit-on personne rendre une sentence malgré soi ?

« Je me considérerais comme digne de tous maux »,

dit-il encore. Il considère qu'il serait digne de tous les maux, s'il ne se rendait pas malheureux. Tu vois donc que le mal relève de l'opinion et non de la nature. Et que dire des cas où le fait douloureux lui-même empêche le chagrin de se manifester ? Il en est ainsi chez Homère, où la continuité des massacres, le grand nombre des pertes ont pour conséquence un apaisement du chagrin ; voici ce que le poète fait dire à un héros (1) :

« Oui, nous voyons tomber trop de guerriers, et cela tous les jours, en sorte que personne ne peut échapper au chagrin. Et c'est justement pourquoi, en ensevelissant nos morts, il convient de nous montrer courageux et de restreindre notre deuil aux larmes d'une journée. »

66 Il dépend donc de nous de rejeter la douleur, quand nous le voulons, pour nous adapter aux circonstances. Et y a-t-il circonstance telle, puisque aussi bien la chose dépend de nous, que nous ne puissions nous y adapter, pour bannir le souci et le chagrin ? On sait qu'en voyant Pompée s'effondrer sous les coups, et bien qu'ils eussent sous les yeux la scène la plus cruelle et la plus déplorable,

1. *Iliade*, XIX, 226.

Hic decernit ut miser sit. Num quis igitur quicquam decernit inuitus ?

Malo quidem me quouis dignum deputem.

Malo se dignum deputat, nisi miser sit. Vides ergo opinionis esse, non naturae malum. Quid, quos res ipsa lugere prohibet ? ut apud Homerum cotidianae neces interitusque multorum sedationem maerendi adferunt, apud quem ita dicitur :

Namque nimis multos atque omni luce cadentis
Cernimus, ut nemo possit maerore uacare.
Quo magis est aequum tumulis mandare peremptos
Firmo animo et luctum lacrimis finire diurnis.

**66** Ergo in potestate est abicere dolorem, cum uelis, tempori seruientem. An est ullum tempus, quoniam quidem res in nostra potestate est, cui non ponendae curae ⟨ et ⟩ aegritudinis causa seruiamus ? Constabat eos qui concidentem uolneribus Cn. Pompeium uidissent, cum in illo ipso acerbissimo miserrimoque spectaculo sibi timerent, quod se classe hostium circumfusos uiderent, nihil aliud tum egisse, nisi ut remiges hortarentur et ut salutem adipiscerentur fuga ; posteaquam Tyrum uenissent, tum adflictari lamentarique coepisse. Timor igitur ab his aegritudinem potuit repellere, ratio ac sapientia uera non poterit ? XXVIII Quid est autem quod plus ualeat ad ponendum dolorem, quam cum est

**65** uides... — **66** seruiamus *habet H* ‖ quid quos *cet.* : quid quod *H* ‖ cadentis (*cf.* πίπτουσιν *T* 226) *Man.* : carentis Φ.

**66** est cui *cet.* : est cum *V* ‖ curae et aegr. *Dav. ex* φ : et *om. X*, *aut* aegr. *aut* curae *del. alii* ‖ si timor aliquoties ab aegritudine potest repellere. — confitendum est *habet H* ‖ ac sapientia uera Φ : ab sapienti uiro *Bentl.*

les assistants ne ressentirent qu'une frayeur personnelle, parce que la flotte ennemie les enveloppait de toutes parts, et qu'ils ne songèrent sur le moment qu'à presser les rameurs et à chercher leur salut dans la fuite ; ils attendirent d'être rendus à Tyr pour céder à l'accablement et à la désolation. Mais si dans cette conjoncture la crainte a pu refouler le chagrin, la raison et la saine philosophie en seront-elles incapables ? XXVIII Or qu'y a-t-il de plus efficace pour supprimer la douleur que de constater qu'elle ne mène à rien et que nous nous y sommes livrés en pure perte ? Mais si l'on peut s'en débarrasser, on peut aussi ne point s'y livrer ; il faut donc le reconnaître, c'est volontairement et délibérément que nous nous livrons au chagrin. **67** La résignation des gens qui ont beaucoup souffert montre bien ce point : ils supportent avec moins de peine tous les maux qui leur arrivent, ils considèrent qu'ils sont déjà endurcis contre le malheur, tel ce personnage d'Euripide :

« Si c'était la première fois qu'un jour lugubre se levât pour moi, si tant de calamités ne m'avaient assailli sur mer, j'aurais motif à souffrir, de même que les poulains se démènent, surpris par le premier contact du mors ; mais le malheur m'a déjà dompté, et je ne réagis plus (1). »

Si donc l'épuisement causé par le malheur rend le chagrin moins pénible, il s'ensuit évidemment que la cause première de l'affliction n'est pas dans les objets eux-mêmes. **68** Des philosophes éminents, mais qui ne sont point encore en possession de la sagesse, ne se rendent-ils pas compte qu'ils sont atteints du plus grand des maux ? Car ils sont privés de la sagesse et il n'existe point de mal plus grand que cette privation. Ils ne se désolent pas cependant. Pourquoi cela ? Parce qu'à cette catégorie de maux ne s'attache pas l'opinion qu'il est juste, équi-

1. Euripide, fragment du *Phrixus*.

intellectum nil profici et frustra esse susceptum ? Si igitur deponi potest, etiam non suscipi potest ; uoluntate igitur et iudicio suscipi aegritudinem confitendum est. **67** Idque indicatur eorum patientia qui cum multa sint saepe perpessi facilius ferunt quicquid accidit, obduruisseque *i*am sese contra fortunam arbitrantur, ut ille apud Euripidem :

Si mihi nunc tristis primum inluxisset dies,
Nec tam aerumnoso nauiga*ui*ssem salo,
Esset dolendi causa, ut iniecto eculei
Freno repente tactu exagitantur nouo ;
Sed iam subactus miseriis optorpui.

Defetigatio igitur miseriarum aegritudines cum faciat leniores, intellegi necesse est non rem ipsam causam atque fontem esse maeroris. **68** Philosophi summi nequedum tamen sapientiam consecuti nonne intellegunt in summo se malo esse ? Sunt enim insipientes, neque insipientia ullum maius malum est ; neque tamen lugent. Quid ita ? Quia huic generi malorum non adfingitur illa opinio rectum esse et aequum et ad officium pertinere aegre ferre, quod sapiens non sis, quod idem adfingimus huic aegritudini, in qua luctus inest, quae omnium maxuma est. **69** Itaque Aristoteles ueteres philosophos accusans, qui existimauissent philosophiam suis ingeniis esse perfectam, ait eos aut stultissimos aut gloriosissimos

**66** nil *cet.* : nihil *KH*.
**67** ferunt φ : -ant *X* ‖ obduruisseque iam *Tregder* : obduruisse quam *X* (e *ex* am *corr.* $V^2$) ‖ sese *cet.* : se *V* ‖ nauigauissem *edd.* : — gassem *X* ‖ subactus $V^2$ (i *del.*) : subiactus $GBV^1$ subiectus *KRP* ‖ ipsam causam atque *Ernesti* : ipsam atque c. Φ.
**68** nequedum $V^2$ : neque nondum *X*.
**69** Aristoteles-fore *libere redd.* LACT. *inst.* 3, 28, 20.

table, conforme au devoir de s'attrister de ce que l'on n'est pas sage, tandis que nous raisonnons de la sorte lorsqu'il s'agit de la forme de chagrin la plus redoutable, celle qui comporte le deuil. 69 Aussi, quand Aristote reproche aux philosophes anciens d'avoir cru que la philosophie avait atteint avec eux sa perfection, il dit bien qu'ils ont été ou fort sots ou fort vaniteux, mais aussi que lui-même, étant donné le puissant développement pris par la philosophie dans les dernières années, s'assurait qu'avant peu elle arriverait à son plein épanouissement. Pour Théophraste, on dit qu'en mourant il accusa la nature d'avoir donné aux cerfs et aux corneilles, qui n'en ont que faire, une très longue vie, tandis qu'elle attribuait aux êtres pour qui cet avantage eût été le plus précieux, les hommes, une vie si courte ; celle-ci eût-elle été plus longue, les hommes auraient été à même, au cours de leur carrière, d'atteindre à la perfection dans tous les arts et de posséder toutes les connaissances. Il se plaignait donc de disparaître juste au moment où il commençait à s'initier à la science. Eh quoi ? Dans toutes les écoles, les philosophes les meilleurs et les plus autorisés ne reconnaissent-ils pas qu'ils ignorent beaucoup de choses et qu'ils ont toujours et toujours à apprendre ? 70 Cependant, bien qu'ils se sentent enlisés en pleine sottise, ce qui est le pire des maux, ils ne sont point accablés par le chagrin : c'est que l'idée d'un mal dont le devoir serait de souffrir n'intervient pas. Et que dire de ceux qui estiment qu'un homme ne doit pas connaître le deuil ? Tel fut Quintus Maximus (1) aux funérailles d'un fils consulaire, tel Lucius Paulus (2), quand il perdit deux fils coup sur coup, tel Caton quand son fils mourut, alors qu'il était préteur désigné, tels les autres grands hommes dont nous avons recueilli les exemples dans notre *Consolation*. 71 D'où

1. C'est le dictateur Fabius Cunctator.
2. Paul-Émile.

fuisse ; sed se uidere, quod paucis annis magna accessio facta esset, breui tempore philosophiam plane absolutam fore. Theophrastus autem moriens accusasse naturam dicitur quod ceruis et cornicibus uitam diuturnam, quorum id nihil interesset, hominibus, quorum maxime interfuisset, tam exiguam uitam dedisset ; quorum si aetas potuisset esse longinquior, futurum fuisse ut omnibus perfectis artibus omni doctrina hominum uita erudiretur. Querebatur igitur se tum, cum illa uidere coepisset, extingui. Quid ? ex ceteris philosophis nonne optumus et grauissumus quisque confitetur multa se ignorare, et multa sibi etiam atque etiam esse discenda ? **70** Neque tamen, cum se in media stultitia, qua nihil est peius, haerere intellegant, aegritudine premuntur ; nulla enim admiscetur opinio officiosi doloris. Quid, qui non putant lugendum uiris ? Qualis fuit Q. Maxumus efferens filium consularem, qualis L. Paulus duobus paucis diebus amissis filiis, qualis M. Cato praetore designato mortuo filio, quales reliqui quos in Consolatione conlegimus. **71** Quid hos aliud placauit nisi quod luctum et maerorem esse non putabant uiri ? Ergo id quod alii rectum opinantes aegritudini se solent dedere, id hi turpe putantes aegritudinem reppulerunt. Ex quo intellegitur non in natura, sed in opinione aegritudinem.

XXIX Contra dicuntur haec : Quis tam demens, ut sua uoluntate maereat ? natura adfert dolorem, cui quidem

**69** sed *cel.* : si *V* || tam *cel.* : tamen *K* || querebatur *B* : quaere. *VK*[2] quaerebat *GK*[1]*RP* || multa V[2]*PB* (*e corr.*) φ : -ti *RGK*.

**70** lugendum *V*[1] (*prius* n *eras.*) *P* (*ss.* lu) : lungendum *G* lung. *cel.* || fuit Q. Maxumus *V*[3] : fuitque maxumus *cel.* || consolatione *cel.* : -em *G*.

provient leur calme, si ce n'est de cette pensée que le deuil et l'affliction sont indignes d'un homme ? Ainsi, là où les autres s'abandonnent généralement au chagrin, parce qu'ils s'imaginent accomplir un devoir, ils ont, eux. repoussé le chagrin parce qu'ils y voyaient une honte, On voit donc que le chagrin n'est point naturel, mais imaginaire.

XXIX. Voici l'antithèse : Qui serait assez fou pour s'affliger volontairement ? C'est la nature qui produit la douleur, et Crantor, lequel, souligne-t-on, est de votre école, estime qu'il faut lui céder ; elle nous presse en effet, elle s'impose, elle est irrésistible. Ainsi l'Oïlée de Sophocle est terrassé par la nouvelle que son fils est mort, lui qui venait de consoler Télamon de la perte d'Ajax. Et ce revirement fait dire au poète :

« Il n'y a pas de sagesse qui tienne quand une calamité subite nous atteint personnellement, et celui qui trouvait pour les malheurs d'autrui des paroles consolantes oublie discours et préceptes, quand son tour est venu de subir l'assaut de la destinée. (1) »

Nos adversaires s'appliquent ainsi à établir qu'il n'y a pas moyen de tenir tête à la nature, ce qui ne les empêche pas de reconnaître que l'intensité de nos chagrins excède les exigences de la nature. N'est-ce pas là de la folie ? s'il nous est permis de leur renvoyer la critique qu'ils nous adressaient. 72 Mais les raisons qui nous font concevoir le chagrin sont multiples : et c'est d'abord l'idée qu'on a affaire à un mal dont la représentation, jointe à la conviction qu'on en est atteint, entraîne forcément le chagrin ; ensuite on estime qu'on fera plaisir aux morts, en déplorant amèrement leur perte. Il se mêle à cela un préjugé religieux bon pour les femmes : on croit en effet que l'on apaisera plus aisément les Dieux immortels en reconnais-

1. Fragment de l'*Ajax Locrien.*

Crantor, inquiunt, uester cedendum putat ; premit enim atque instat, nec resisti potest. Itaque Oileus ille apud Sophoclem, qui Telamonem antea de Aiacis morte consolatus esset, is cum audiuisset de suo, fractus est. De cuius commutata mente sic dicitur :

Nec uero tanta praeditus sapientia
Quisquamst, qui aliorum aerumnam dictis adleuans
Non idem, cum fortuna mutata impetum
Conuertat, clade subita frangatur sua,
Vt illa ad alios dicta et praecepta excidant.

Haec cum disputant, hoc student efficere, naturae obsisti nullo modo posse : ii*dem* tamen fatentur grauiores aegritudines suscipi, quam natura cogat. Quae est igitur amentia ? ut nos quoque idem · ab *ill*is requiramus.
**72** Sed plures sunt causae suscipiendi doloris. Primum illa opinio mali, quo uiso atque persuaso aegritudo insequitur necessario ; deinde etiam gratum mortuis se facere, si grauiter eos lugeant, arbitrantur. Accedit superstitio muliebris quaedam ; existumant enim dis inmortalibus se facilius satis facturos, si eorum plaga perculsi adflictos se et stratos esse fateantur. Sed haec inter se quam repugnent, plerique non uident. Laudant enim eos qui aequo animo moriantur ; qui alterius mortem aequo animo ferant, eos putant uituperandos. Quasi fieri ullo modo possit, quod in amatorio sermone dici

71 audiuisset *cet.* : audisset *KP* || clade subita φ : clade ut s. *X* || iidem tamen *Ernesti* : hi (= *ii*) Φ et t. *Sey.* || illis *Orsini ex* φ : aliis *X*.

72 sed plures — arbitrantur *habet H* || sed haec... — 73 alias nunc *habet H*.

sant que le coup dont ils nous frappent nous a accablés et terrassés. La plupart des gens ne voient pas ce qu'il y a de contradictoire là-dedans. On loue ceux qui témoignent d'impassibilité devant la mort, et l'on blâme ceux que la mort d'un autre laisse impassibles. C'est raisonner comme si l'on prenait au sérieux le langage familier aux amants, à savoir qu'on peut aimer autrui plus que soi-même.
73 C'est là une belle chose et, si vous voulez mon avis, une chose juste aussi et naturelle que d'aimer à l'égal de nous-mêmes ceux qui ont les plus grands titres à notre affection ; mais les aimer davantage, c'est absolument impossible. Je dirai plus, il n'est pas à souhaiter que, dans les relations d'amitié, l'ami nous préfère à lui et que nous le préférions à nous ; pareille chose aboutirait à désorganiser l'existence et tous les devoirs. XXX Mais nous reviendrons sur ce point ; il suffira ici de dire qu'il ne faut pas conférer aux amis que nous perdons un titre à notre propre misère, car ce serait les aimer plus qu'eux-mêmes ne le voudraient, s'ils vivaient, et plus en tout cas que nous-mêmes. Quant à ce qu'allèguent nos adversaires, à savoir que les consolations n'ont aucun effet sur la plupart des gens, et aussi que le consolateur même se reconnaît malheureux, quand l'adversité s'en prend à lui, l'un et l'autre argument est sans consistance. Ce sont là inconséquences qui ne tiennent pas à notre nature, mais à notre caractère : or on a beau jeu d'accuser la sottise humaine. En effet, ceux que les consolations ne soulagent point s'engagent eux-mêmes à être malheureux, et ceux qui, frappés dans leur personne, n'ont plus la même attitude que lorsqu'ils donnaient des conseils aux autres, ne sont pas spécialement inconséquents, car la plupart des hommes sont ainsi faits que l'avare condamne l'avarice et l'ambitieux l'ambition. Distinguer les défauts des autres et perdre de vue les siens est bien le propre de la sottise.
74 Au reste, le point qu'il faut spécialement mettre en

solet, ut quisquam plus alterum diligat quam se. **73** Praeclarum illud est et, si quaeris, rectum quoque et uerum, ut eos qui nobis carissimi esse debeant aeque ac nosmet ipsos amemus ; ut uero plus, fieri nullo pacto potest. Ne optandum quidem est in amicitia, ut me ille plus quam se, ego illum plus quam me ; perturbatio uitae, si ita sit, atque officiorum omnium consequatur.

XXX Sed de hoc alias ; nunc illud satis est non attribuere ad amissionem amicorum miseriam nostram, ne illos plus quam ipsi uelint, si sentiant, plus certe quam nosmet ipsos diligamus. Nam quod aiunt plerosque consolationibus nihil leuari adiunguntque consolatores ipsos confiteri se miseros, cum ad eos impetum suum fortuna conuerterit, utrumque dissoluitur. Sunt enim ista non naturae uitia, sed culpae. Stultitiam autem accusare quamuis copiose licet. Nam et qui non leuantur, ipsi ⟨se⟩ ad miseriam inuitant, et qui suos casus aliter ferunt atque ut auctores aliis ipsi fuerunt, non sunt uitiosiores quam fere plerique, qui auari auaros, gloriae cupidos gloriosi reprehendunt. Est enim proprium stultitiae aliorum uitia cernere, obliuisci suorum. **74** Sed nimirum hoc maxume est exprimendum, cum constet aegritudinem uetustate tolli, hanc uim non esse in die positam, sed in cogitatione diuturna. Nam si et eadem res est et idem est homo, qui potest quicquam de dolore mutari,

**73** ut (*ante*) uero φ : at (ad *K*) *X* ‖ illum *cet.* : ullum *V* ‖ fortuna *add.* $V^2$ : *om.* *X* ‖ stultitiam $V^2P^1$ : -a *cet.* ‖ se *add. Dav.* : *om.* *X* alios φ.

**74** maxume *B* (me *ss.*) : -mum *X* ‖ aegritudinem *VPB* : -ne *GKR* ‖ tolli *B et ult. t. eras. PV* : tollit *GKR* ‖ diuturna $B^1$φ*P* : diurna *cet.*

relief est celui-ci : étant donné que le temps emporte le chagrin, ce n'est pas la durée qui rend compte de cet effet, mais une méditation prolongée ; car, si d'une part l'objet et d'autre part le sujet demeurent identiques, comment expliquer la moindre modification dans la souffrance, puisque ni l'objet de la souffrance, ni le sujet qui souffre n'ont subi le moindre changement ? Ce qui guérit la souffrance, c'est donc la pensée longuement méditée que l'objet ne renferme point de mal, et non l'écoulement même du temps.

XXXI. Ici ⟨les Péripatéticiens⟩ font intervenir leur théorie des passions moyennes. Mais si le chagrin moyen est naturel, pourquoi recourir à la consolation, puisque d'elle-même la nature lui assignera ses limites ? S'il procède de l'opinion, supprimons l'opinion radicalement.

La cause, je pense, est entendue sur ce point que le chagrin est l'opinion d'un mal actuel, et une opinion telle que l'on se croit tenu de concevoir le chagrin. 75 Zénon ajoute avec raison que cette opinion d'un mal présent doit être neuve, et, d'après l'interprétation de ses disciples, il ne faut pas restreindre la portée de ce terme aux malheurs qui viennent de se produire, mais entendre que l'idée du mal doit être qualifiée de neuve tant qu'il y subsiste certain élément qui lui donne de la vitalité et pour ainsi dire de la sève. Ainsi pour la fameuse Artémise, épouse du roi de Carie, qui fit élever à Halicarnasse le célèbre Mausolée : sa désolation subsista tant qu'elle vécut et d'ailleurs hâta sa fin en la minant lentement. Chez elle, l'idée du mal était tous les jours neuve, et pour que cette idée ne soit plus qualifiée de neuve, il faut que le temps l'ait flétrie.

Voici donc les devoirs du consolateur : supprimer radicalement le chagrin, ou le calmer, ou le diminuer le plus possible, ou le refouler et l'empêcher de s'étendre, ou lui trouver des dérivatifs. 76 Il y a des gens qui réduisent ces

si neque de eo propter quod dolet quicquam est mutatum neque de eo qui dolet ? Cogitatio igitur diuturna nihil esse in re mali dolori medetur, non ipsa diuturnitas.

XXXI Hic mihi adferunt mediocritates. Quae si naturales sunt, quid opus est consolatione ? natura enim ipsa terminabit modum; sin opinabiles, opinio tota tollatur. Satis dictum esse arbitror aegritudinem esse opinionem mali praesentis, in qua opinione illud insit, ut aegritudinem suscipere oporteat. **75** Additur ad hanc definitionem a Zenone recte, ut illa opinio praesentis mali sit recens. Hoc autem uerbum sic interpretantur, ut non tantum illud recens esse uelint quod paulo ante acciderit, sed, quam diu in illo opinato malo uis quaedam insit, ut uigeat et habeat quandam uiriditatem, tam diu appelletur recens. Vt Artemisia illa, Mausoli, Cariae regis, uxor, quae nobile illud Halicarnasi fecit sepulcrum, quam diu uixit, uixit in luctu eodemque etiam confecta contabuit. Huic erat illa opinio cotidie recens ; quae tum denique non appellatur recens, cum uetustate exaruit.

Haec igitur officia sunt consolantium, tollere aegritudinem funditus aut sedare aut detrahere quam plurumum aut supprimere nec pati manare longius aut ad alia traducere. **76** Sunt qui unum officium consolantis putent malum illud omnino non esse, ut Cleanthi placet ;

**74** ad haec mihi adferentur mediocritates... consolatione *habet* Non. 29 || mediocritates *V*c*P* (*e corr.*) *B Non.* : -tas *GRK* || satis arbitror dictum esse — mali praesentis *habet H.*

**75** ut uigeat φ : et u. *X* || appelletur *cet.* : atur *K* || appellatur *V*[2] : -abatur *X* || aut detrahere *cel.* : et *ss.* *V*[2].

devoirs à un seul : montrer que ce qu'on croit un mal n'en est pas un — c'est l'avis de Cléanthe — ou que ce n'est pas un grand mal, ainsi que le font les Péripatéticiens. Pour d'autres, il faut détacher l'esprit de la vision des maux en évoquant celle des biens, comme le fait Épicure. Pour d'autres encore, ⟨les Cyrénaïques par exemple⟩, il suffit de montrer qu'il n'est rien arrivé d'imprévisible. Quant à Chrysippe, l'essentiel pour lui, en fait de consolation, est de bannir ce préjugé qu'on s'acquitte en se chagrinant d'un devoir légitime et auquel on est tenu. Il en est aussi qui combinent tous ces systèmes — car ce qui agit sur l'un n'agit pas sur l'autre — et nous avons fait à peu près de même dans notre *Consolation*, accumulant tous les arguments pour la consolation d'un cas particulier : c'est qu'alors notre âme était ulcérée et que nous essayions tous les traitements. Mais dans les maladies de l'âme autant que dans celles du corps il faut savoir choisir l'instant propice. Ainsi, quand on dit (1) au Prométhée d'Eschyle :

« Eh bien ! pourtant, Prométhée, tu n'ignores pas, je pense, que le raisonnement est capable de guérir le ressentiment, »

Prométhée répond :

« Encore faut-il quelqu'un qui sache appliquer le remède en temps favorable et n'enflamme point la blessure en y portant une main maladroite. »

**Les méthodes de consolation.**

XXXII 77 Le premier remède dans les consolations sera de montrer que ce qui est arrivé n'est pas un mal, ou du moins que c'est un mal très léger ; ensuite on traitera de la commune condition des hommes et aussi, le cas échéant, de la situation personnelle de l'intéressé ; en troisième lieu, on montrera que se con-

1. *Prométhée enchaîné*, 377.

sunt qui non magnum malum, ut Peripatetici ; sunt qui abducunt a malis ad bona, ut Epicurus ; sunt qui satis putant ostendere nihil inopinati accidisse,⟨ ut Cyrenaici⟩. Chrysippus autem caput esse censet in consolando detrahere illam opinionem maerenti, si se officio fungi putet iusto atque debito. Sunt etiam qui haec omnia genera consolandi colligunt (alius enim alio modo mouetur), ut fere nos in Consolatione omnia in consolationem unam coniecimus ; erat enim in tumore animus, et omnis in eo temptabatur curatio. Sed sumendum tempus est non minus in animorum morbis quam in corporum ; ut Prometheus ille Aeschyli, cui cum dictum esset :

> Atqui, Prometheu, te hoc tenere existimo,
> Mederi posse *o*rationem iracundiae,

respondit :

> Siquidem qui tempestiuam medicinam admouens
> Non adgrauescens uolnus inlidat manu.

XXXII 77 Erit igitur in consolationibus prima medicina docere aut nullum malum esse aut admodum paruum, altera et de communi condicione uitae et proprie, si quid sit de ipsius qui maereat disputandum, tertia summam esse stultitiam frustra confici maerore, cum

76 inopinati *cet.* : -anti *GR* opinanti *K* ‖ ut Cyrenaici *Dav.* : nihil mali (nihil a mali *V*[1]) Φ nihil mali *est clausula inusitata* ‖ maerenti (*uel* maerentis) si se φ : maerentis se *X* qd *add.* *V*[2] *unde* qua *Po.* ‖ colligunt *cet.* : -ant *V*[2] ‖ omnia *cet.* : *exp. et in mg. scr.* : fecimus. omne genus consolandi *V*[c] ‖ orationem *Stephanus* (λόγοι *in Prometheo v.* 377) : rationem *cet.* ratione ratione *R* ‖ qui *cet.* : *post* qui et *ss.* *V*[c] ‖ adgrauescens *cet.* : *post* adgr. in *ss.* *V*[c] ‖ manu *V* (s *exp.*) : manus *X*.
77 erit igitur... detraxeris (*om.* nam Cleanthes. -eget) *habet H* ‖ proprie *R* : -ae *cet.* ‖ tertia *cet.* : — am *H*.

sumer inutilement de chagrin, alors qu'on se rend compte qu'il n'y a rien de bon à en attendre, c'est le comble de la sottise. Je ne dirai rien de la méthode de Cléanthe, car elle s'adresse au sage, et le sage n'a pas besoin de consolation. Si on réussit à convaincre une personne qu'il n'est point d'autre mal que la honte, alors que cette personne est désolée, ce n'est pas de sa douleur, mais de sa sottise qu'on l'aura soulagée ; or ce n'était pas le moment de lui faire la leçon. Du reste Cléanthe n'a pas, ce me semble, assez pris garde à ceci, qu'il peut se trouver tel cas où la cause du chagrin sera précisément ce que Cléanthe même doit reconnaître comme le souverain mal. On sait que Socrate convainquit Alcibiade qu'il n'avait rien d'un homme, qu'entre lui, Alcibiade, issu d'une noble famille, et le premier portefaix venu, il n'y avait nulle différence ; Alcibiade s'effondra, il pleura, il supplia Socrate de lui enseigner la vertu, de le tirer de son abjection. Eh bien ! Cléanthe, que dirons-nous en pareil cas ? Dirons-nous que l'objet du chagrin éprouvé par Alcibiade ne renfermait point de mal ? **78** Oui, que dire ? Et que valent les arguments de Lycon ? (1) Ce philosophe cherche à rabaisser l'importance du chagrin, et d'après lui ce seraient des choses insignifiantes qui le déterminent, non point des maux de l'âme, mais des disgrâces de la fortune, des malaises du corps. Eh quoi ! n'était-ce point des maux et des tares de l'âme qui faisaient la désolation d'Alcibiade ? En ce qui concerne la méthode épicurienne, j'en ai assez dit plus haut.

XXXIII **79** Il n'y a guère non plus de solidité dans l'argument, d'ailleurs usuel et souvent efficace, qui consiste à dire : « tu n'es pas le seul ». Cet argument produit de l'effet, il est vrai et je le répète, mais pas toujours ni avec tout le monde. Bien des gens ne veulent pas en entendre parler, et la manière de s'en servir importe beaucoup. Ce qu'il

1. Philosophe péripatéticien du IIIe siècle.

intellegas nihil posse profici. Nam Cleanthes quidem sapientem consolatur, qui consolatione non eget. Nihil enim esse malum quod turpe non sit, si lugenti persuaseris, non tu illi luctum, sed stultitiam detraxeris; alienum autem tempus docendi. Et tamen non satis mihi uidetur uidisse hoc Cleanthes, suscipi aliquando aegritudinem posse ex eo ipso quod esse summum malum Cleanthes ipse fateatur. Quid enim dicemus, cum Socrates Alcibiadi persuasisset, ut accepimus, eum nihil hominis esse, nec quicquam inter Alcibiadem summo loco natum et quemuis baiolum interesse, cum se Alcibiades adflictaret lacrimansque Socrati supplex esset ut sibi uirtutem traderet turpitudinemque depelleret, quid dicemus, Cleanthe ? tum in illa re quae aegritudine Alcibiadem adficiebat, mali nil fuisse ? **78** Quid ? illa Lyconis qualia sunt ? qui aegritudinem extenuans paruis ait eam rebus moueri, fortunae et corporis incommodis, non animi malis. Quid ergo ? illud, quod Alcibiades dolebat, non ex animi malis uitiisque constabat ? Ad Epicuri consolationem satis est ante dictum.

XXXIII **79** Ne illa quidem firmissima consolatio est, quamquam et usitata est et saepe prodest : « Non tibi hoc soli ». Prodest haec quidem, ut dixi, sed nec semper, nec omnibus ; sunt enim qui respuant ; sed refert quo modo adhibeatur. Vt enim tulerit quisque eorum qui sapienter tulerunt, non quo quisque incommodo adfectus

77 nihil *cet.* : nil *G* || suscipi — Cleanthes *om. K* || depelleret *cet.*: illam *ante* dep. *add.* $V^2$ || nil *scripsi propter clausulam* : nihil Φ.
78 qui *cet.* : quia *GR* || malis $V^2$ : mali *X*.
79 ne *cet.*: nonne *K* (*sed exp. et suprasc.* nec $K^2$).

faut faire ressortir, ce n'est pas le détail des disgrâces qu'ont éprouvées les sages, mais la façon dont chacun d'eux s'est comporté dans le malheur. Très solide, du point de vue de la théorie, la méthode de Chrysippe se prête mal au traitement d'un chagrin actuel, et c'est une grosse entreprise que vouloir faire entendre à une personne affligée qu'elle s'afflige parce qu'elle le veut bien et se croit tenue de le faire. Il en sera donc, n'est-ce pas, comme dans nos plaidoiries : nous n'y employons pas toujours un seul et même système de défense — ainsi désigne-t-on les catégories de controverses — mais nous modifions ce système suivant les circonstances, la nature des controverses, les personnes ; tout de même, lorsqu'il s'agit d'adoucir le chagrin, il faut se demander quel traitement est capable de supporter chacun des intéressés.

80 Mais je ne sais comment je me suis écarté du sujet que tu avais proposé. En effet il n'y était question que du sage. Or, pour le sage il ne saurait y avoir de mal là où il n'y a pas de honte, ou du moins le mal est si petit que la sagesse l'écrase et le réduit à rien ; le sage ne cède pas à l'opinion qui forge et accueille des causes supplémentaires de chagrin ; il ne considère pas qu'il soit raisonnable de se torturer soi-même le plus possible et de se laisser miner par la douleur, ce qui est le comble de la déraison. Cependant, et bien que l'objet propre de notre enquête ne fût point de savoir si le mal existe en dehors de ce qui peut être qualifié de honteux, nous sommes arrivés logiquement, ce me semble, à voir que le principe mauvais du chagrin ne relève point de la nature, mais de notre libre choix et d'une opinion trompeuse.

81 Notre démonstration a porté sur l'espèce de chagrin qui de toutes est la plus redoutable, en sorte que, si on l'élimine, il est facile, pensons-nous, de se procurer des remèdes pour les autres. XXXIV Pour la pauvreté en effet, pour l'existence dépourvue d'honneurs et de gloire,

sit, praedicandum est. Chrysippi ad ueritatem firmissima est, ad tempus aegritudinis difficilis. Magnum opus est probare maerenti illum suo iudicio et quod se ita putet oportere facere maerere. Nimirum igitur, ut in causis non semper utimur eodem statu (sic enim appellamus controuersiarum genera), sed ad tempus, ad controuersiae naturam, ad personam accommodamus, sic in aegritudine lenienda quam quisque curationem recipere possit uidendum est.

**80** Sed nescio quo pacto ab eo quod erat a te propositum aberrauit oratio. Tu enim de sapiente quaesieras, cui aut malum uideri nullum potest quod uacet turpitudine, aut ita paruum malum, ut id obruatur sapientia uixque appareat, qui nihil opinione adfingat adsumatque ad aegritudinem, nec id putet esse rectum, se quam maxime excruciari luctuque confici, quo grauius nihil esse possit. Edocuit tamen ratio, ut mihi quidem uidetur, cum hoc ipsum proprie non quaereretur hoc tempore num quod esset malum, nisi quod idem dici turpe posset, tamen ut uideremus, quicquid esset in aegritudine mali, id non naturale esse, sed uoluntario iudicio et opinionis errore contractum. **81** Tractatum est autem a nobis id genus aegritudinis, quod unum est omnium maxumum, ut eo sublato reliquorum remedia ne magnopere quaerenda arbitraremur. XXXIV Sunt enim certa, quae de paupertate, certa quae de uita inhonorata et

**79** opus φ : onus *X* ‖ se ita *cel.* : se *exp.* *V*[3] ‖ nimirum igitur... -uidendum est *habet H* ‖ lenienda quam φ : l. nam quam *X*.
**80** a te *cel.* : ante te *K* ‖ obruatur *cel.* : obseruatur *Gr* ‖ rectum *cel* : tum *post* rectum add. *V*[c] ‖ num *V*[c] *Gr* : nunc *cel.*
**81** tractatum *cel.* : tractum *GPV*[1].

nous avons des arguments topiques qui sont d'usage courant sur ces sujets ; il existe des cours spéciaux consacrés à l'exil, à la destruction de la patrie, à l'esclavage, à la paralysie, à la cécité, à tous les accidents auxquels s'applique usuellement le nom de calamité. Chacune de ces matières-là est l'objet de cours et d'ouvrages particuliers chez les Grecs, car ce sont ouvriers qui cherchent de l'embauche et il faut reconnaître que leurs traités sont très intéressants. **82** Au reste, ⟨ ces monographies n'ont rien d'indispensable, et ⟩ de même qu'en médecine un traitement général ne laisse pas de guérir même les plus petits organes, s'ils viennent à faire mal, ainsi la philosophie, en supprimant le chagrin en général, supprime du même coup les idées fausses dont l'apparition est liée à n'importe quelle cause particulière, morsure de la pauvreté, piqûre de l'ignominie, sombres ténèbres de l'exil, et, d'une façon générale, tous les accidents dont j'ai parlé plus haut. Et sans doute il existe sur chacun de ces sujets des consolations particulières dont je te parlerai quand tu voudras, mais il faut toujours remonter à ce principe que le chagrin sous toutes ses formes n'atteint pas le sage, parce qu'il est sans fondement, parce qu'on s'y livre en pure perte, parce qu'il ne procède pas de la nature, mais du jugement, de l'opinion, d'une sorte de mise en demeure d'avoir à souffrir que nous nous adressons (1), quand nous avons décidé qu'il convenait de le faire. **83** Cet élément tout volontaire une fois éliminé, le terrible chagrin qui désole aura disparu ; il ne subsistera plus qu'une morsure et pour ainsi dire un léger resserrement de l'âme (2). Qu'on dise, si l'on veut, que ce dernier effet est naturel, pourvu qu'il ne soit plus question du chagrin, cette entité redoutable, hideuse et féroce, qui ne peut absolument pas vivre et, si je puis dire, coha-

1. C'est particulièrement le cas dans le deuil, la forme la plus redoutable du chagrin ; cf. 28, 68 et 31, 76.

2. Cf. IV, 7, 15.

ingloria dici soleant ; separatim certae scholae sunt de exilio, de interitu patriae, de seruitute, de debilitate, de caecitate, de omni casu in quo nomen poni solet calamitatis. Haec Graeci in singulas scholas et in singulos libros dispertiunt ; opus enim quaerunt ; quamquam pl*e*nae disputation*es* delectationis sunt. **82** Et tamen, ut medici toto corpore curando minimae etiam parti, si condoluit, medentur, sic philosophia cum uniuersam aegritudinem sustulit, ⟨sustulit⟩ *etiam*, si quis error alicunde extitit, si paupertas momordit, si ignominia pupugit, si quid tenebrarum obfudit exsilium, aut eorum quae modo dixi si quid extitit ; etsi singularum rerum sunt propriae consolationes, de quibus audies tu quidem, cum uoles. Sed ad eundem fontem reuertendum est aegritudinem omnem procul abesse a sapiente, quod inanis sit, quod frustra suscipiatur, quod non natura exoriatur, sed iudicio, sed opinione, sed quadam inuitatione ad dolendum, cum id decreuerimus ita fieri oportere. **83** Hoc detracto, quod totum est uoluntarium, aegritudo erit sublata illa maerens, morsus tamen et contractiuncul*a* quaedam animi relinqu*e*tur. Hanc dicant sane naturalem, dum aegritudinis nomen absit graue, taetrum, funestum, quod cum sapientia esse atque, ut ita dicam, habitare

**81** plenae disputationes *Turnèbe* : planae disputationis Φ (e *super* is *P*) ‖ delectationis sunt et tamen *cet.* : del. summae. Tamen *V* (-mae T *atque ultima hasta litterae* m. *antecedentis in r.* $V^2$).

**82** sustulit < sustulit >, etiam si *Keil* : sustulit tamen si Φ ‖ alicunde *Ernesti* : aliunde Φ ‖ quae modo φ : quaeque m. *X* ‖ si quid *cet* : sicut $KP^1$ (si quod $P^2$).

**83** hoc... -reliquentur *habet* Non. 92 ‖ contractiuncula quaedam (*cf.* hanc) *Bentl.* : -lae quaedam (quadam *G* quandam $V^1$) Φ ‖ relinquetur *Bentl.* : -entur Φ.

biter avec la sagesse. Mais quelles racines a le chagrin, combien nombreuses, combien amères ! Après avoir abattu le tronc, il faut que nous les arrachions une à une, et, si besoin est, par autant de dissertations particulières. Nous en avons du reste le loisir, si loisir il y a. D'ailleurs le fond est identique dans toutes les formes du chagrin, bien que les noms diffèrent ; car l'envie est chagrin, et aussi la jalousie, la rivalité, la pitié, l'angoisse, le deuil, l'affliction, l'abattement, la désolation, l'inquiétude, la souffrance, la peine, l'accablement, le désespoir. **84** Toutes ces choses ont leurs définitions chez les Stoïciens, et les termes que j'ai employés correspondent à des objets distincts ; bien qu'ils semblent avoir la même signification, ils ne sont pas synonymes, et peut-être traiterons-nous ce point ailleurs. Voilà ce que c'est que ces radicelles dont j'ai dit en débutant qu'il fallait les atteindre et les arracher une à une, de façon à les anéantir. Besogne considérable et difficile, nul n'en doute, mais il n'est rien de grand qui ne coûte beaucoup, et d'ailleurs la philosophie nous garantit le succès ; il suffit que nous suivions son traitement.

Mais en voilà assez, du moins sur ce sujet. Je me tiens à ta disposition pour le reste, ici ou ailleurs et autant de fois que tu voudras.

nullo modo possit. At quae stirpes sunt aegritudinis, quam multae, quam amarae ! quae ipso trunco euerso omnes eligendae sunt et, si necesse erit, singulis disputationibus. Superest enim nobis hoc, cuicuimodi est, otium. Sed ratio una omnium est aegritudinum, plura nomina. Nam et inuidere aegritudinis est et aemulari et obtrectare et misereri et angi, lugere, maerere, aerumna adfici, lamentari, sollicitari, dolere, in molestia esse, adflictari, desperare. **84** Haec omnia definiunt Stoici, eaque uerba quae dixi singularum rerum sunt, non, ut uidentur, easdem res significant, sed aliquid differunt, quod alio loco fortasse tractabimus. Haec sunt illae fibrae stirpium quas initio dixi persequendae et omnes eligendae, ne umquam ulla possit existere. Magnum opus et difficile, quis negat ? quid autem praeclarum non idem arduum ? sed tamen id se effecturam philosophia profitetur, nos modo curationem eius recipiamus.

Verum haec quidem hactenus, cetera, quotienscumque uoletis, et hoc loco et aliis parata uobis erunt.

**83** at quae *P in mg.* : atque *X* || ipso *cet.* : *om.* *V* || eligendae (*hic et* § 84) *X* : elidendae $R^1P^1\varphi$ eliciendae $V^c$ || cuicuimodi *X* : cuius modi $V^1$ || denique ratio una — **84** eius respiciamus *habet* *H* || plura nomina *cet.* : sed pl. n. *H*.

**84** haec *cet.* : Φ hac $V^1$ φ || uerum haec quidem *Wesenberg* : u. quidem haec Φ.

# LIVRE IV

## LIVRE IV

### ARGUMENT ANALYTIQUE

Préface. Le développement de la philosophie à Rome. L'influence pythagoricienne est reconnaissable dans nombre d'institutions. Le stoïcien Diogène et l'académicien Carnéade introduisent à Rome la philosophie socratique. Pourquoi la doctrine épicurienne est la seule qui soit représentée dans la littérature latine (1-7).

Sujet proposé : le sage est-il inaccessible aux passions ?

Plan de la conférence : le maître, tout en conservant la division platonicienne de l'âme en deux parties, l'une rationnelle, l'autre irrationnelle, analysera les passions d'après la méthode stoïcienne ; puis il reprendra la forme libre qui lui est familière (9-10).

Première partie : démonstration technique.

Définition stoïcienne de la passion ; les passions et les eupathies contraires (11-13) ; le rôle de l'opinion et du jugement dans la passion (14-15).

Les espèces du chagrin, de la crainte, du plaisir, du désir (16-21).

La source des passions est l'intempérance (22). Comment naissent les maladies et les maux chroniques de l'âme ; leur définition (23-26).

Analogie des passions et des maladies du corps (27-33).

Deuxième partie : démonstration oratoire.

1° Les passions ne peuvent avoir prise sur le sage.

La sagesse est l'équilibre et l'accord de l'âme. Or les passions produisent tout le contraire. Donc il serait contradictoire de dire que le sage est sujet aux passions (34-37).

Critique de la thèse péripatéticienne des passions moyennes ; on ne peut dire que les passions soient naturelles (38-42) ; à plus forte raison ne saurait-on admettre qu'elles puissent être utiles, comme le veulent les Péripatéticiens ; leur éloge de la colère (43), du désir en général (44), du chagrin (45-46) ; rappel de la définition stoïcienne de la passion (47) ; d'après cette définition, la colère ne peut jamais être utile (48-54), ni le désir et encore moins le chagrin (55-56). Conclusion : on ne saurait faire sa part au vice (57).

2° Comment la philosophie traite les maladies de l'âme. Bienveillance de la nature, qui a mis en nous-mêmes les moyens de nous guérir (58).

Les différentes méthodes de traitement (59). La méthode qui s'attaque à la passion en général (60-61). La méthode qui s'attaque aux passions particulières (62) : le chagrin (63), la crainte (64), la joie (65-67), le désir, spécialement en ce qui concerne l'amour (68-76), la colère (77-79).

Les mauvais penchants sont plus difficiles à guérir que les passions proprement dites ; on y réussit cependant (80-81).

Conclusion : retour sur les sujets des quatre conférences et en particulier sur le chagrin ; il faut se bien pénétrer de l'idée que toutes les passions procèdent de l'opinion et de la volonté (82-84).

# LIVRE IV

**Préface. Le développement de la philosophie à Rome.**

I 1 A bien des égards, Brutus, les qualités intellectuelles et morales de nos compatriotes sont pour moi un constant sujet d'admiration, et c'est le cas tout spécialement en ce qui concerne les études auxquelles ils ne se mirent que fort tard et qu'ils transportèrent de Grèce dans notre patrie. Oui, si dès l'apparition de Rome les ordonnances de nos rois et en partie aussi les lois réglèrent de façon merveilleuse les auspices, les cérémonies, les comices, les appels au peuple, l'assemblée des sénateurs, la répartition des cavaliers et des fantassins, l'ensemble de l'organisation militaire, il se produisit une poussée étonnante, un extraordinaire élan vers la perfection dans tous les domaines, quand la nation se fut affranchie du joug des rois. Ce n'est pas d'ailleurs ici le lieu de parler des mœurs et des institutions de nos ancêtres, ni de la constitution et de l'organisation de l'État. Sur ces questions, nous sommes entrés suffisamment dans le détail en d'autres endroits et notamment dans les six livres de notre traité *de la République*. 2 Mais ici, où j'examine les études philosophiques, j'ai tout sujet de croire qu'elles aussi ont été importées d'ailleurs et non seulement ont inspiré un

# LIBER QVARTVS

I 1 Cum multis locis nostrorum hominum ingenia uirtutesque, Brute, soleo mirari, tum maxime in iis studiis quae sero admodum expetita in hanc ciuitatem e Graecia transtulerunt. Nam cum a primo urbis ortu regiis institutis, partim etiam legibus auspicia, caerimoniae, comitia, prouocationes, patrum consilium, equitum peditumque discriptio, tota res militaris diuinitus esset constituta, tum progressio admirabilis incredibilisque cursus ad omnem excellentiam factus est dominatu regio re p. liberata. Nec uero hic locus est, ut de moribus institutisque maiorum et disciplina ac temperatione ciuitatis loquamur ; aliis haec locis satis accurate a nobis dicta sunt maximeque in iis sex libris quos de republica scripsimus. 2 Hoc autem loco consideranti mihi studia doctrinae multa sane occurrunt, cur ea quoque arcessita aliunde neque solum expetita, sed etiam conseruata

1 re publica *ante* liberata *edd.* : res p. *X*.
2 sane *RV* (e *in r.*) : -ae *GK*.

vif attrait, mais ont été entretenues et honorées. Nos ancêtres en effet avaient pour ainsi dire dans leur horizon un sage dont la renommée était éclatante, Pythagore, qui vécut en Italie précisément à l'époque où notre patrie fut délivrée par Lucius Brutus, l'illustre fondateur de ta noble maison. Or, la philosophie pythagoricienne s'étant répandue au loin, je crois qu'elle s'est propagée dans notre pays, et c'est là un point que l'on peut conjecturer avec vraisemblance et même que certains indices révèlent. Comment penser que, quand florissaient en Italie les grandes et puissantes cités du pays que l'on appela la Grande Grèce, et alors que dans ces cités la renommée de Pythagore même d'abord, puis celle des Pythagoriciens dans la suite était si grande, nos compatriotes soient demeurés sourds à leur savante parole ? 3 Je vais plus loin, j'estime que c'est à cause de l'admiration que l'on avait pour les Pythagoriciens que le roi Numa fut aussi considéré comme pythagoricien par les générations qui suivirent. Oui, étudiant la doctrine et les institutions de Pythagore et connaissant par la tradition la justice et la sagesse du roi Numa, tandis que d'autre part ils ignoraient les époques où vécurent ces grands hommes, à cause de leur éloignement dans le passé, ils ont cru qu'un prince qui s'était signalé par sa sagesse avait été l'élève de Pythagore (1).

II Mais nous n'insisterons pas sur le point de vue conjectural, et, pour ce qui est des indices d'une influence pythagoricienne, bien qu'on puisse en rassembler une foule, nous nous contenterons d'en citer un petit nombre, puisque telle n'est pas la question en cause pour le moment. Ainsi les Pythagoriciens passent pour avoir pratiqué la poésie, et pour envelopper de mystère l'expression de certains préceptes, et pour ramener le calme dans leur esprit sous l'influence du chant et de la lyre, après des méditations absorbantes ; or, un auteur de grand poids,

et culta uideantur. Erat enim illis paene in conspectu praestanti sapientia et nobilitate Pythagoras, qui fuit in Italia temporibus isdem quibus L. Brutus patriam liberauit, praeclarus auctor nobilitatis tuae. Pythagorae autem doctrina cum longe lateque flueret, permanauisse mihi uidetur in hanc ciuitatem, idque cum coniectura probabile est, tum quibusdam etiam uestigiis indicatur. Quis enim est qui putet, cum floreret in Italia Graecia potentissimis et maximis urbibus, ea quae magna dicta est, in iisque primum ipsius Pythagorae, deinde postea Pythagoreorum tantum nomen esset, nostrorum hominum ad eorum doctissimas uoces aures clausas fuisse ?

3 Quin etiam arbitror propter Pythagoreorum admirationem Numam quoque regem Pythagoreum a posterioribus existimatum. Nam cum Pythagorae disciplinam et instituta cognoscerent regisque eius aequitatem et sapientiam a maioribus suis accepissent, aetates autem et tempora ignorarent propter uetustatem, eum qui sapientia excelleret, Pythagorae auditorem crediderunt fuisse. II Et de coniectura quidem hactenus. Vestigia autem Pythagoreorum quamquam multa colligi possunt, paucis tamen utemur, quoniam non id agitur hoc tempore. Nam cum carminibus soliti illi esse dicantur et praecepta quaedam occultius tradere et mentes suas a cogitationum intentione cantu fidibusque ad tranquillitatem traducere, grauissumus auctor in Originibus dixit Cato morem apud maiores hunc epularum fuisse, ut

2 Graecia *edd.* : -ae *X* ‖ instituta φ ; const. *X* ‖ fidibusque *cet.* : nomis *ss.* $K^2$ ‖

Caton, dit dans ses *Origines* (1) que chez nos ancêtres il était d'usage dans les festins que les convives chantassent à tour de rôle, avec accompagnement de flûte, les mérites et les vertus des hommes célèbres. Ceci fait bien voir que dès lors nous connaissions et la notation musicale et la poésie. 4 Au reste sur ce dernier point, à savoir que dès lors on composait couramment des vers, nous avons le témoignage formel des Douze Tables même, car une loi châtiait les poètes diffamateurs. Une autre preuve que cette époque n'était pas sans culture, c'est qu'on joue encore de la lyre dans les festins des dieux et les banquets des magistrats : or c'était là une particularité de l'école dont nous parlons. A mon avis, le poème d'Appius Cæcus (2), dont Panétius fait un vif éloge dans une lettre adressée à Quintus Tubéron, est aussi pythagoricien. Il y a encore bien d'autres éléments de nos institutions qui ont été puisés dans le pythagorisme ; je les passe sous silence, ne voulant pas que nous paraissions avoir appris chez des étrangers des choses qui passent pour nos créations propres. 5 Mais, pour en revenir à notre sujet, combien il fallut peu de temps pour qu'apparussent tant et de si grands poètes, et d'autre part de si remarquables orateurs ! preuve évidente que nos compatriotes ont su réussir partout, dès l'instant où ils se sont mis à le vouloir, III. Au reste, en ce qui concerne les autres études, nous en parlerons ailleurs, si besoin est, et nous en avons déjà parlé bien des fois. Pour ce qui est de l'étude de la sagesse, elle est sans doute déjà ancienne à Rome, mais cela n'empêche que je serais embarrassé pour citer des noms de philosophes antérieurs à Laelius et à Scipion. Du moins je constate que ceux-ci étaient des jeunes gens quand le stoïcien Diogène et l'académicien Carnéade furent envoyés par les Athéniens comme ambassadeurs auprès du sénat (3) ; or ces philosophes qui n'avaient jamais pris la moindre part au gouvernement, et dont l'un était de

deinceps qui accubarent canerent ad tibiam clarorum uirorum laudes atque uirtutes. Ex quo perspicuum est et cantus tum fuisse *di*scriptos uocum sonis et carmina. **4** Quamquam id quidem etiam XII tabulae declarant, condi iam tum solitum esse carmen ; quod ne liceret fieri ad alterius iniuriam, lege sanxerunt. Nec uero illud non eruditorum temporum argumentum est, quod et deorum puluinaribus et epulis magistratuum fides praecinunt, quod proprium eius fuit de qua loquor disciplinae. Mihi quidem etiam Appi Caeci carmen, quod ualde Panaetius laudat epistula quadam quae est ad Q. Tuberonem, Pythagoreum uidetur. Multa etiam sunt in nostris institutis ducta ab illis ; quae praetereo, ne ea quae *rep*perisse ipsi putamur, aliunde didicisse uideamur. **5** Sed ut ad propositum redeat oratio, quam breui tempore quot et quanti poëtae, qui autem oratores extiterunt ! facile ut appareat nostros omnia consequi potuisse, simul ut uelle coepissent.

III Sed de ceteris studiis alio loco et dicemus, si usus fuerit, et saepe diximus. Sapientiae studium uetus id quidem in nostris, sed tamen ante Laeli aetatem et Scipionis non reperio quos appellare possim nominatim. Quibus adulescentibus Stoicum Diogenen et Academicum Carneadem uideo ad senatum ab Atheniensibus

**3** discriptos *Sey.* : de rescripto suo cum s. *V* (de *ss.* *V*[2]) rescriptos *cet.*

**4** ad *X* : in *V*[2] ‖ iniuriam *cet.* : infamiam *add.* *V*[2] ‖ lege *cet.* : longe *K* ‖ ad Q. Tuberonem *V*rec (*e corr.*) φ : atque *X* ‖ Pythagoreum *V*[2]*P*[2] : pythagoreorum *X* ‖ repperisse *Dav.* (*cf. de nat. deor.* 2, 16) : peperisse *K*[2]φ perp. *X* ‖ aliunde didicisse uideamur *suo loco posuit* *V*c : *post* nostros (§ 5) *habent cet.*

**5** simul ut *cel.* : s. et *V*[2].

Cyrène, l'autre de Babylone, on ne les aurait jamais assurément tirés de leurs écoles et choisis pour cette mission-là, si certains personnages de premier plan, à cette époque, n'avaient pas eu le goût de la philosophie. Mais, tandis que ces personnages ont écrit dans les autres genres, laissant qui des ouvrages de droit civil, qui ses discours, qui des Histoires de Rome, ils ont mieux aimé développer dans leur conduite plutôt que dans des livres les enseignements de cette morale qui est la plus considérable de toutes les sciences. 6 Aussi cette vraie, cette belle philosophie qui, procédant de Socrate, a subsisté jusqu'à ce jour chez les Péripatéticiens et aussi chez les Stoïciens — lesquels disent la même chose d'autre manière, tandis que les Académiciens arbitraient les controverses des deux écoles — n'est-elle représentée par aucune ou du moins que par très peu d'œuvres latines, soit à cause de la grandeur du sujet et des affaires qui absorbaient les philosophes, soit même parce qu'ils estimaient que leurs doctrines ne pouvaient trouver crédit auprès de gens sans instruction ; et voilà que, à la faveur de leur silence, Caïus Amafinius (1) se trouva avoir la parole. La publication de ses ouvrages fit une grande impression sur la foule, qui prit parti de préférence pour la doctrine qu'il représentait, soit parce que l'étude en était très facile, soit parce qu'elle charmait par les appas flatteurs du plaisir, soit même que, rien de meilleur n'ayant paru, on se contentât de ce qu'on avait. 7 D'autre part, après Amafinius, nombre de sectateurs du même système écrivirent tant d'ouvrages qu'ils lui conquirent toute l'Italie ; et, ce qui est la meilleure preuve que ces théories sont superficielles, à savoir qu'il est si facile de se les assimiler et qu'elles trouvent crédit auprès des ignorants, c'est cela même que les Épicuriens tiennent pour la confirmation de leur doctrine.

1. Sur l'activité littéraire des épicuriens à Rome, cf. II, 3, 7.

missos esse legatos, qui cum rei publicae nullam umquam partem attigissent essetque eorum alter Cyrenaeus, alter Babylonius, numquam profecto scholis essent excitati neque ad illud munus electi, nisi in quibusdam principibus temporibus illis fuissent studia doctrinae. Qui cum cetera litteris mandarent, alii ius ciuile, alii orationes suas, alii monumenta maiorum, hanc amplissimam omnium artium, bene uiuendi disciplinam, uita magis quam litteris persecuti sunt. **6** Itaque illius uerae elegantisque philosophiae, quae ducta a Socrate in Peripateticis adhuc permansit et idem alio modo dicentibus Stoicis, cum Academici eorum controuersias disceptarent, nulla fere sunt aut pauca admodum Latina monumenta siue propter magnitudinem rerum occupationemque hominum, siue etiam quod imperitis ea probari posse non arbitrabantur, cum interim illis silentibus C. Amafinius extitit dicens, cuius libris editis commota multitudo contulit se ad eam potissimum disciplinam, siue quod erat cognitu perfacilis, siue quod inuitabantur inlecebris blandis uoluptatis, siue etiam, quia nihil erat prolatum melius, illud quod erat tenebant. **7** Post Amafinium autem multi eiusdem aemuli rationis multa cum scripsissent, Italiam totam occupauerunt, quodque maxumum argumentum est non dici illa subtiliter, quod et *tam* facile ediscantur et ab indoctis probentur, id illi firmamentum esse disciplinae putant.

5 munus *cet.* : legationis *ss.* $V^2$.

6 aut φ : ac *X* ‖ hominum φ : omnium *X* ‖ Amafinius *e corr.* *RP* : amif. *X* ‖ eam *cet.* : *ex* candem $K^2$ eandem $R^2P$ ‖ inuitabantur φ : — batur *X*.

7 et tam *Dav.* : etiam *X*.

IV Mais défendons chacun notre sentiment, puisque nous sommes libres de notre goût ; pour moi, je maintiendrai mon point de vue, et, n'étant lié à aucune école dont les dogmes puissent m'imposer en philosophie des conclusions forcées, je rechercherai toujours ce qui en tout sujet est le plus plausible. C'est ce à quoi je me suis appliqué à bien des reprises ailleurs, et tout récemment dans ma villa de Tusculum. Ainsi, j'ai déjà présenté nos entretiens de trois journées consécutives, et l'on trouvera en ce livre-ci celui de la quatrième. Sitôt en effet que nous fûmes descendus dans la promenade du bas (1), ainsi que nous l'avions fait les jours précédents, la discussion s'engagea de la manière suivante :

Le sage est-il accessible aux passions ?

8 J'invite qui voudra à proposer un sujet de discussion.

— Il ne me semble pas que l'âme du sage puisse être exempte de toute passion.

— Il te semblait que du moins il peut être exempt de chagrin, lors de notre discussion d'hier ; mais sans doute tu t'étais rangé à mon avis par complaisance.

— Mais pas du tout ! Et j'ai hautement approuvé ton langage.

— Tu ne penses donc pas que le sage soit susceptible de chagrin ?

— Je ne le pense pas le moins du monde.

— Eh bien ! si cette passion là n'est pas capable de troubler l'âme du sage, aucune n'en sera capable. Que dire en effet ? Que la crainte pourrait le bouleverser ? Mais les choses qui déterminent la crainte, quand elles sont éloignées, sont celles qui déterminent le chagrin, quand elles sont sur place : éliminer le chagrin, c'est donc éliminer la

1. C'est ce que Cicéron appelle son Académie ; cf. II, 3, 9.

IV Sed defendat quod quisque sentit; sunt enim iudicia libera; nos institutum tenebimus nullisque unius disciplinae legibus adstricti quibus in philosophia necessario pareamus, quid sit in quaque re maxime probabile semper requiremus. Quod cum saepe alias, tum nuper in Tusculano studiose egimus. Itaque expositis tridui disputationibus quartus dies hoc libro concluditur. Vt enim in inferiorem ambulationem descendimus, quod feceramus idem superioribus diebus, acta res est sic :

8 Dicat, si quis uolt, qua de re disputari uelit.

Non mihi uidetur omni animi perturbatione posse sapiens uacare.

Aegritudine quidem hesterna disputatione uidebatur, nisi forte temporis causa nobis adsentiebare.

Minime uero ; nam mihi egregie probata est oratio tua.

Non igitur existimas cadere in sapientem aegritudinem ?

Prorsus non arbitror.

Atqui, si ista perturbare animum sapientis non potest, nulla poterit. Quid enim ? metusne conturbet ? At earum rerum est absentium metus, quarum praesentium est aegritudo. Sublata igitur aegritudine sublatus est metus. Restant duae perturbationes, laetitia gestiens et libido ; quae si non cadent in sapientem, semper mens erit tranquilla sapientis.

9 Sic prorsus intellego.

7 quod *ante* quisque *PBV*^rec^ φ : quo *GRK*.
8 nobis φ : nouis *Gr* noui *cet. om. P* ‖ adsentiebare (ass.) *K V*^rec^ : asentiabare *cet.* ‖ at φ : et *X* ‖ sublatus *cet.* : et subl. *KRP*.

crainte. Restent deux passions, la joie débordante et le désir ; si le sage n'en est pas susceptible, l'esprit du sage sera toujours tranquille.

— 9 Je vois la question tout à fait comme toi.

— A toi donc de choisir : mettrons-nous à la voile sur-le-champ ou ferons-nous un bout de chemin à la rame, comme on fait pour sortir d'un port ?

— Que veux-tu dire. Je ne saisis pas.

— V Si je parle ainsi, c'est parce que Chrysippe et en général les Stoïciens, dans leur théorie des passions, n'en finissent pas de les classer et de les définir, le développement consacré aux remèdes de l'âme et aux moyens de prévenir les passions étant tout ce qu'il y a de plus court, tandis que les Péripatéticiens s'étendent longuement sur les moyens de calmer l'âme et négligent les divisions et définitions épineuses. Ma question portait donc sur le point de savoir si je devais, dans cet exposé, déployer tout de suite les voiles de l'éloquence, ou commencer par prendre un peu d'élan en manœuvrant les rames de la dialectique.

— Eh bien ! je suis pour le second procédé. Ainsi l'ensemble de la question qui m'intéresse bénéficiera des deux méthodes.

— 10 C'est sans doute plus logique, et d'ailleurs, s'il y a quelque obscurité, tu demanderas des éclaircissements.

— Je n'y manquerai pas ; au reste, comme à ton habitude, tu exposeras les points obscurs mêmes auxquels tu fais allusion avec plus de clarté que les Grecs.

— Je m'y efforcerai du moins, mais j'ai besoin de toute ton attention, car, si un point particulier t'échappait, tout s'en irait à vau-l'eau.

Puisque nous avons décidé de désigner ce que les Grecs appellent πάθη par passions plutôt que par maladies, je reprendrai pour mon compte dans l'analyse des passions la délimitation admise anciennement, d'abord par Pytha-

Vtrum igitur mauis ? statimne nos uela facere an quasi e portu egredientis paululum remigare ?

Quidnam est istuc ? non enim intellego.

V Quia Chrysippus et Stoici cum de animi perturbationibus disputant, magnam partem in his partiendis et definiendis occupati sunt, illa eorum perexigua oratio est qua medeantur animis nec eos turbulentos esse patiantur, Peripatetici autem ad placandos animos multa adferunt, spinas partiendi et definiendi praetermittunt. Quaerebam igitur utrum panderem uela orationis statim an eam ante paululum dialecticorum remis propellerem.

Isto modo uero ; erit enim hoc totum quod quaero ex utroque perfectius.

**10** Est id quidem rectius ; sed post requires, si quid fuerit obscurius.

Faciam equidem ; tu tamen, ut soles, dices ista ipsa obscura planius quam dicuntur a Graecis.

Enitar equidem, sed intento opus est animo, ne omnia dilabantur, si unum aliquid effugerit. Quoniam, quae Graeci πάθη uocant, nobis perturbationes appellari magis placet quam morbos, in his explicandis ueterem illam equidem Pythagorae primum, dein Platonis discriptionem sequar, qui animum in duas partes diuidunt, alteram rationis participem faciunt, alteram expertem ; in participe rationis ponunt tranquillitatem, id est placidam quietamque constantiam, in illa altera motus

**9** uela orationis *BPV*c*φ* : uelorationis *GKR* (uela rationis *R*²) ‖ propellerem *cet.* : propalarem *K*c.
**10** πάθη *edd.* : pathe *X* ‖ ponunt *BPV*rec*φ* : -ant *RGK*.

gore, puis par Platon, qui divisent l'âme en deux parties ; ils admettent que l'une a en partage la raison et que l'autre en est dépourvue ; dans celle qui a la raison en partage, ils situent la tranquillité, c'est-à-dire un état d'équilibre calme et paisible, dans la seconde, les mouvements désordonnés et de la colère, et du désir, mouvements qui sont opposés et hostiles à la raison. 11 Partons donc de cette base, tout en recourant, pour classer les passions, aux définitions et aux partitions des Stoïciens qui, à mon avis, déploient dans cette question l'esprit le plus pénétrant.

**Définition stoïcienne de la passion. Les passions fondamentales.**

VI La définition que donne Zénon est donc que la passion — il dit πάθος — est un ébranlement de l'âme opposé à la droite raison et contraire à la nature. Certains disent plus brièvement que la passion est un élan trop violent, et par trop violent ils entendent qui s'écarte par trop de l'équilibre naturel. Quant aux espèces de la passion, ils veulent qu'elles dérivent de l'opinion qu'on a affaire à deux biens et de l'opinion qu'on a affaire à deux maux ; par suite il y en a quatre : pour les biens le désir et la joie, la joie se rapportant aux biens actuels, le désir aux biens à venir ; pour les maux la crainte et le chagrin, crainte s'ils sont à venir, chagrin s'ils sont actuels, car les maux que l'on craint quand ils sont en marche sont aussi ceux qui chagrinent quand ils sont présents. 12 D'autre part, la joie et le désir reposent sur l'opinion qu'on a affaire à des biens, ce qui paraît être un bien exerçant sur le désir un attrait qui fascine et qui enflamme, et la joie s'exaltant et débordant à l'idée qu'on vient d'obtenir une chose que l'on convoitait. C'est naturellement en effet que tout le monde recherche ce qui

turbidos cum irae, tum cupiditatis, contrarios inimicosque rationi. **11** Sit igitur hic fons ; utamur tamen in his perturbationibus describendis Stoicorum definitionibus et partitionibus, qui mihi uidentur in hac quaestione uersari acutissime.

VI Est igitur Zenonis haec definitio, ut perturbatio sit, quod πάθος ille dicit, auersa a recta ratione contra naturam animi commotio. Quidam breuius perturbationem esse adpetitum uehementiorem, sed uehementiorem eum uolunt esse qui longius discesserit a naturae constantia. Partes autem perturbationum uolunt ex duobus opinatis bonis nasci et ex duobus opinatis malis; ita esse quattuor, ex bonis libidinem et laetitiam, ut sit laetitia praesentium bonorum, libido futurorum, ex malis metum et aegritudinem nasci censent, metum futuris, aegritudinem praesentibus ; quae enim uenientia metuuntur, eadem adficiunt aegritudine instantia. **12** Laetitia autem et libido in bonorum opinione uersantur, cum libido ad id quod uidetur bonum inlecta et inflammata rapiatur, laetitia ut adepta iam aliquid concupitum ecferatur et gestiat. Natura enim omnes ea quae bona uidentur sequuntur fugiuntque contraria. Quam ob rem simul obiecta species est cuiuspiam quod bonum uideatur, ad id adipiscendum impellit ipsa natura. Id cum constanter prudenterque fit, eius modi adpetitionem Stoici βούλησιν

**10** cum *Wesenberg* : tum Φ.

**11** sit igitur... -commotio *habet H* ‖ partes autem... — 14 et opinione *habet H*.

**12** inlecta (ill. *P in mg.*) φ : iniecta *X* ‖ natura *V*$^{rec}$φ : -ae *X* (-e *K*) ‖ species est *R*$^{c}$ : speciei est *H* speci est *KR*$^{1}$ speciest *GV*.

paraît être un bien et évite le contraire, et c'est pourquoi, sitôt que se présente l'apparence d'un objet tel qu'il paraisse être un bien, l'instinct seul nous pousse à nous en assurer la possession. Cela se fait-il de façon pondérée et prudente, l'élan de l'âme qui a ce caractère est appelé par les Stoïciens βούλησις, et nous l'appelons volonté ; ils estiment que la volonté se trouve seulement chez le sage et la définissent ainsi : la volonté est un désir conforme à la raison. Quant à l'élan de l'âme qui est opposé à la raison et résulte d'une excitation trop violente, c'est le désir ou avidité effrénée qui se rencontre chez tous les sots. **13** De même, quand nous avons l'impression d'éprouver un bien, cette impression favorable se produit de deux manières. Lorsqu'elle agit sur l'âme d'accord avec la raison et d'une façon paisible et équilibrée, alors c'est ce qu'on appelle contentement ; quand au contraire l'âme exulte pour de vains motifs et sans retenue, alors c'est ce qu'on peut appeler joie débordante ou excessive, et les Stoïciens la définissent ainsi : une exaltation de l'âme dépourvue de raison. Et puisque, de même que nous nous portons instinctivement vers les biens, nous nous détournons instinctivement des maux, ce mouvement de fuite s'appellera précaution, si la raison l'accompagne, et l'on se rendra compte que la précaution se trouve seulement chez le sage ; si au contraire ce mouvement se produit sans la raison et dans un affolement de consternation et de découragement, on l'appellera crainte : par suite la crainte est une précaution contraire à la raison. **14** Quant au mal présent, aucun état d'âme ne lui correspond chez le sage ; chez les sots, c'est le chagrin ; ils en sont affectés à l'occasion de ce qu'ils présument être des maux, et leur âme s'affaisse et se resserre sans écouter la voix de la raison : c'est pourquoi la première définition que l'on donne du chagrin est qu'il est un resserrement de l'âme opposé à la raison. Ainsi il existe quatre passions et trois états normaux (1), puis-

appellant, nos appellamus uoluntatem. Eam illi putant in solo esse sapiente, quam sic definiunt : uoluntas est, quae quid cum ratione desiderat. Quae autem ratione aduersa incitata est uehementius, ea libido est uel cupiditas effrenata, quae in omnibus stultis inuenitur. **13** Itemque cum ita mouemur, ut in bono simus aliquo, dupliciter id contingit. Nam cum ratione animus mouetur placide atque constanter, tum illud gaudium dicitur ; cum autem inaniter et effuse animus exultat, tum illa laetitia gestiens uel nimia dici potest, quam ita definiunt: sine ratione animi elationem. Quoniamque, ut bona natura adpetimus, sic a malis natura declinamus, quae declinatio [si] cum ratione fiet, cautio appelletur, eaque intellegatur in solo esse sapiente; quae autem sine ratione et cum exanimatione humili atque fracta, nominetur metus ; est igitur metus a ratione auersa cautio. **14** Praesentis autem mali sapientis adfectio nulla est, stult*orum* aegritudo est, eaqu*e* adficiuntur in malis opinatis animosque demittunt et contrahunt rationi non obtemperantes. Itaque haec prima definitio est, ut aegritudo sit animi aduersante ratione contractio. Sic quattuor perturbationes sunt, tres constantiae, quoniam aegritudini nulla constantia opponitur.

VII Sed omnes perturbationes iudicio censent fieri et opinione. Itaque eas definiunt pressius, ut intellegatur,

12 eam *cel.* : iam *V.*
13 ita mouemur *cel.* : ita *om. H* || quoniamque $K^1$ : quoniamquae *X* quae *del.* $V^{rec}$ || si *del. Bentl.* : decl. si Φ || appelletur *cel.* : -atur $K^1 V^{rec} \varphi$ || a ratione *Gr P*φ : ratione *cel.*
14 stultorum *Dav.* : stulta autem Φ || eaque *Bake* φ (ea que $M^1$) : ea qua Φ || itaque... contractio *habet* Non. 93.

qu'il n'y a point d'état normal qui s'oppose spécialement au chagrin.

VII Mais les Stoïciens estiment que toutes les passions procèdent du jugement et de l'opinion, et c'est pourquoi ils en donnent une définition plus serrée encore, de façon à faire voir non seulement combien elles sont vicieuses, mais aussi combien elles dépendent de nous. Ainsi le chagrin est l'opinion actuelle d'un mal présent, à propos duquel il semble logique que l'âme s'affaisse et se resserre, la joie, l'opinion actuelle d'un bien présent, à propos duquel il semble logique que l'âme exulte, la crainte, l'opinion d'un mal imminent et tel qu'il semble intolérable, le désir, l'opinion d'un bien à venir dont l'on serait bien aise qu'il fût déjà présent et à notre portée. **15** Au reste, les formes du jugement et de l'opinion que j'ai rapportées aux passions constituent d'après eux non seulement les passions, mais encore les manifestations mêmes des passions, et c'est ainsi que le chagrin se manifeste par une sorte de morsure douloureuse, la crainte par une espèce de repliement et de panique de l'âme, la joie par une gaieté exubérante, le désir par une avidité sans retenue. Quant à l'idée subjective que nous avons fait entrer dans toutes les définitions précédentes, ils veulent qu'elle consiste en un faible acquiescement.

**Les espèces du chagrin, de la crainte, etc.**

**16** De plus chaque passion se subdivise en espèces qui se rattachent à une même catégorie : ainsi au chagrin se rattachent l'*invidentia* — l'intérêt de notre démonstration exige en effet que nous recourions à un terme peu employé, parce que *invidia* ne s'applique pas seulement à celui qui envie, mais aussi à celui qui est l'objet de l'envie — la jalousie, la rivalité, la pitié, l'angoisse, le deuil, l'affliction, l'abattement, la

non modo quam uitiosae, sed etiam quam in nostra sint potestate. Est ergo aegritudo opinio recens mali praesentis, in quo demitti contrahique animo rectum esse uideatur, laetitia opinio recens boni praesentis in quo ecferri rectum esse uideatur, metus opinio impendentis mali quod intolerabile esse uideatur, lubido opinio uenturi boni quod sit ex usu iam praesens esse atque adesse. **15** Sed quae iudicia quasque opiniones perturbationum esse dixi, non in eis perturbationes solum positas esse dicunt, uerum illa etiam quae efficiuntur perturbationibus, ut aegritudo quasi morsum aliquem doloris efficiat, metus recessum quendam animi et fugam, laetitia profusam hilaritatem, lubido effrenatam adpetentiam. Opinationem autem quam in omnis definitiones superiores inclusimus, uolunt esse inbecillam adsensionem.

**16** Sed singulis perturbationibus partes eiusdem generis plures subiciuntur, ut aegritudini inuidentia (utendum est enim docendi causa uerbo minus usitato, quoniam inuidia non in eo, qui inuidet solum dicitur, sed etiam in eo cui inuidetur), aemulatio, obtrectatio, misericordia, angor, luctus, maeror, aerumna, dolor, lamentatio, sollicitudo, molestia, adflictatio, desperatio, et si quae sunt de genere eodem. Sub metum autem subiecta sunt pigritia, pudor, terror, timor, pauor, exanimatio, conturbatio, formido, uoluptati maliuolentia

**14** uitiosae *cet.* : -se *GKR* || est igitur aegr. — **23** perturbat *habet H* || ergo *cet.* : igitur *H*φ || ecferri *cet.* : haec ferri *VK*$^c$ (eff. $K^2$).

**15** illa etiam *cet.* : etiam illa *H* || effrenatum $K^2R^cBP$: -ta *GVH* ||

**16** ut aegritudini... -inuidetur *habet* Non. 443 || uoluptati φ : -tis *X* laetitiae suae *ss.* $V^{rec}$ || maliuolentia — similia *habet* Non. 16 *sub lemmate* laetare, *sed in textu* laetans.

souffrance, la désolation, l'inquiétude, la peine, l'accablement, le désespoir et tout ce qui procède du même genre. A la crainte d'autre part se rattachent la paresse, la honte, l'effroi, la peur, l'épouvante, le saisissement, le bouleversement, l'appréhension ; à la joie, la malveillance qui prend plaisir au malheur d'autrui, le ravissement, la vantardise et leurs analogues ; au désir, la colère, l'emportement, la haine, l'inimitié, la rancune, l'insatiabilité, l'impatience et tout ce qui a ce caractère. Et voici comment ils les définissent : l'envie, disent-ils, est un chagrin que l'on éprouve à cause de la prospérité d'un autre, mais sans que cette prospérité fasse tort à l'envieux, VIII 17 car si l'on souffrait de la prospérité d'un homme qui nous nuit, envie ne pourrait se dire correctement, et par exemple on ne saurait dire qu'Agamemnon porte envie à Hector ; au contraire, si l'on souffre de voir un autre jouir d'avantages qui ne nous font point de tort, alors on est vraiment envieux. Quant à la jalousie, le terme sans doute s'emploie dans deux sens, favorable d'un côté, défavorable de l'autre ; en effet d'une part il se dit de l'émulation dans la vertu — mais ce deuxième sens n'a rien à voir ici, car alors le mot désigne une qualité — et d'autre part il y a une jalousie qui est chagrin de voir aux mains d'un autre un bien que nous avons vivement désiré, tandis que ce bien nous manque à nous-mêmes. De son côté, la rivalité — j'entends donner à ce mot le sens qui est celui de ζηλοτυπία — est le chagrin de voir qu'un autre aussi a en mains un bien que nous avions désiré vivement pour notre compte. 18 La pitié est le chagrin provoqué par l'état misérable d'un individu que nous voyons dans la peine sans qu'il l'ait mérité (car il n'est personne qui soit touché de pitié par le supplice d'un parricide ou d'un traître) ; l'angoisse est un chagrin qui oppresse ; le deuil est le chagrin provoqué par la perte cruelle d'un être cher ; l'affliction est un chagrin qui pro-

laetans malo alieno, delectatio, iactatio et similia ; lubidini ira, excandescentia, odium, inimicitia, discordia, indigentia, desiderium et cetera eius modi. Haec autem definiunt hoc modo : inuidentiam esse dicunt aegritudinem susceptam propter alterius res secundas, quae nihil noceant inuidenti. VIII **17** Nam si qui doleat eius rebus secundis a quo ipse laedatur, non recte dicatur inuidere ut si Hectori Agamemno ; qui autem, cui alterius commoda nihil noceant, tamen eum doleat iis frui, is inuideat profecto. Aemulatio autem dupliciter illa quidem dicitur, ut et in laude et in uitio nomen hoc sit ; nam et imitatio uirtutis aemulatio dicitur (sed ea nihil hoc loco utimur ; est enim laudis), et est aemulatio aegritudo si eo quod concupierit, alius potiatur, ipse careat. Obtrectatio autem est, ea quam intellegi ζηλοτυπίαν uolo, aegritudo ex eo, quod alter quoque potiatur eo quod ipse concupiuerit. **18** Misericordia est aegritudo ex miseria alterius iniuria laborantis ; (nemo enim parricidae aut proditoris supplicio misericordia commouetur) ; angor aegritudo premens, luctus aegritudo ex eius qui carus fuerit interitu acerbo, maeror aegritudo flebilis, aerumna aegritudo laboriosa, dolor aegritudo crucians, lamentatio aegritudo cum eiulatu, sollicitudo aegritudo cum cogitatione, molestia aegritudo permanens, adflictatio aegritudo cum uexatione corporis, desperatio aegritudo sine

16 laetans malo alieno Φ : *del. Bentl. alii ut glossema* ‖ laetans *cet.* : -ari *H* ‖ ludisne (*sic*) ira — inimicitiae discordia *habet* Non. 103 ‖ lubidini *cet.* : lubidinis V*rec* ‖ inimicitia Φ : — citiae *Non.*

17 frui is *R*recφ Vrec : frui se is *GR*[1]*VK*[2] (fuisse *K*[1]) ‖ et est *cet.* : et *om. G.* ‖ ζηλοτυπίαν *edd.* : zelotypian *uel* -am *X.*

18 iniuria *cet.* : iniustitia *ss. K*[2] ‖ adflictatio *cet.* : adflictio *V* (*G*[1]*P in lemmate marginis*).

voque les larmes, l'abattement un chagrin qui épuise, la souffrance un chagrin qui torture, la désolation un chagrin qui arrache des cris, l'inquiétude un chagrin accompagné de réflexion, la peine un chagrin continu, l'accablement un chagrin accompagné de dépression physique, le désespoir un chagrin où ne subsiste nulle attente d'une amélioration. Quant aux dépendances de la crainte, on les définit ainsi : la paresse est la crainte d'un travail qui s'impose,... 19 l'effroi une crainte qui ébranle, et c'est ce qui fait que la honte s'accompagne de rougeur, et l'effroi de pâleur, de tremblements, de claquements de dents ; la peur est la crainte d'un mal qui approche, l'épouvante une crainte qui met en fuite l'esprit, ce qui fait dire à Ennius :

« Alors l'épouvante m'ôte tout sentiment et chasse de ma poitrine toute ma raison (1) » ;

le saisissement est une crainte qui suit immédiatement l'épouvante et en est pour ainsi dire la compagne ; le bouleversement est une crainte qui nous fait perdre de vue ce à quoi nous songions, et l'appréhension une crainte continue.

IX 20 Quant aux espèces du plaisir, la définition des Stoïciens fait de la malveillance un plaisir provoqué par le mal d'autrui, sans qu'on en retire un bénéfice personnel, du ravissement un plaisir qui enchante l'âme par le charme des auditions ; et de même que pour l'ouïe, il y a des ravissements pour la vue, les sensations du toucher, de l'odorat, du goût, tous plaisirs qui appartiennent à un même genre et imprègnent l'âme tout entière comme s'ils étaient à l'état liquide ; la vantardise est le plaisir délirant et qui exulte de façon inconvenante. 21 Quant aux dépendances du désir, on les définit en disant que la colère est le désir de châtier qui semble nous avoir

1. Ennius, *Alcméon*.

ulla rerum expectatione meliorum. Quae autem subiecta sunt sub metum, ea sic definiunt : pigritiam metum consequentis laboris,... **19** terrorem metum concutientem, ex quo fit ut pudorem rubor, terrorem pallor et tremor et dentium crepitus consequatur, timorem metum mali adpropinquantis, pauorem metum mentem loco mouentem, ex quo illud Ennius :

Tum pauor sapientiam omnem mi exanimato expectorat,

exanimationem metum subsequentem et quasi comitem pauoris, conturbationem metum excutientem cogitata, formidinem metum permanentem.

IX **20** Voluptatis autem partes hoc modo describunt, ut maleuolentia sit uoluptas ex malo alterius sine emolumento suo, delectatio uoluptas suauitate auditus animum deleniens ; et qualis est haec aurium, tales sunt oculorum et tactionum et odorationum et saporum, quae sunt omnes unius generis ad perfundendum animum tamquam inliquefactae uoluptates. Iactatio est uoluptas gestiens et se efferens insolentius. **21** Quae autem libidini subiecta sunt, ea sic definiuntur, ut ira sit libido poeniendi eius qui uideatur laesisse iniuria, excandescentia autem sit ira nascens et modo existens, quae

**18** *post* laboris *excidit quid esset pudor* ; pudorem metum dedecoris *add. Sey.* (αἰσχύνη φόβος ἀδοξίας) ; pudorem metum sanguinem diffundentem *Baiter* (*cf. Gellius* 19, 6).

**19** ex quo -expectorat *om. H* ‖ Ennius *cet.* : enni $V^{rec}M\varphi$ ‖ *uersum* (*est Enn. Alcm.* 23) *sic constituit Orelli cum aliis ex Cic. de or.* 3, 38, 154 ; 58, 218 *et Non.* 16 : omnem mihi ex anima expectaret *X* (exanimato *P in mg.*, expectorat $K^2$ expectoret *B* expelleret $V^{rec}$).

**20** qualis haec aurium — saporum *habet* Non. 227 ‖ oculorum Φ : et oc. (*uel* toculorum) *Non.*

**21** poeniendi *cet.* : *ex* pen. $V^2$ pun. $V^{rec}H$ ‖ excandescentia... -existens *habet* Non. 113 ‖ modo Φ : sine modo *Non.* ‖ existens *cet.* : des. $V^3$.

nui injustement, l'emportement une colère naissante et qui vient de surgir, ce qu'en grec on nomme θύμωσις, la haine une colère invétérée, l'inimitié une colère qui guette une occasion de vengeance, la rancune une colère particulièrement âpre qui procède d'un ressentiment et d'une antipathie profonds, l'insatiabilité un désir sans bornes, l'impatience un désir de voir une personne dont l'arrivée se fait attendre. On établit aussi entre le désir et l'insatiabilité une autre distinction, à savoir que l'objet du désir serait ce qui se dit de telle personne ou de telle catégorie de personnes et que les dialecticiens appellent attribut, par exemple être riche, être élu, tandis que l'objet de l'insatiabilité, ce sont les choses mêmes, par exemple les charges, les richesses. 22 D'autre part les Stoïciens disent que la source de toutes les passions est l'intempérance, laquelle est un mouvement de révolte de l'esprit tout entier contre la droite raison, mouvement si contraire aux prescriptions de la raison qu'il n'y a plus moyen ni de régler ni de contenir les appétits de l'âme. De même donc que la tempérance calme les appétits de l'âme, obtient qu'ils obéissent à la droite raison et fait respecter les jugements éclairés de l'esprit, ainsi l'intempérance, son ennemie, enflamme, bouleverse, révolutionne toutes les assises de l'âme et engendre les chagrins, les craintes et toutes les autres passions.

Les effets des passions.

X 23 Tout de même que, quand le sang est vicié ou qu'il y a excès de pituite ou de bile, les maladies et maux chroniques prennent naissance dans le corps, ainsi l'afflux tumultueux des idées fausses et les conflits qui les opposent l'une à l'autre ravissent à l'âme sa santé et y introduisent les passions qui la rendent malade. Les passions provoquent d'abord les maladies, que les Stoïciens appellent νοσήματα, et les états opposés à ces maladies, états qui comportent

θύμωσις Graece dicitur, odium ira inueterata, inimicitia ira ulciscendi tempus obseruans, discordia ira acerbior intimo *animo* et corde concepta, indigentia libido inexplebilis, desiderium libido eius qui nondum adsit uidendi. Distinguunt illud etiam, ut libido sit earum rerum quae dicuntur de quodam aut quibusdam, quae κατηγορήματα dialectici appellant, ut habere diuitias, capere honores, indigentia rerum ipsarum *sit*, ut honorum, ut pecuniae. **22** Omnium autem perturbationum fontem esse dicunt intemperantiam, quae est [a] tota mente a recta ratione defectio sic auersa a praescriptione rationis, ut nullo modo adpetitiones animi nec regi nec contineri queant. Quem ad modum igitur temperantia sedat adpetitiones et efficit ut eae rectae rationi pareant, conseruatque considerata iudicia mentis, sic huic inimica intemperantia omnem animi statum inflammat, conturbat, incitat, itaque et aegritudines et metus et reliquae perturbationes omnes gignuntur ex ea.

X **23** Quem ad modum, cum sanguis corruptus est aut pituita redundat aut bilis, in corpore morbi aegrotationesque nascuntur, sic prauarum opinionum conturbatio et ipsarum inter se repugnantia sanitate spoliat animum morbisque perturbat. Ex perturbationibus autem primum morbi conficiuntur, quae uocant illi νοσήματα, eaque

**21** animo *Lb.* : odio Φ ‖ indigentia $V^2$φ : diligentia *X* ‖ sit *Man.* : est Φ ‖ ut pec. *cet.* : et pec. *H.*

**22** a *del. ab Arnim* : a *in r.* $G^3$ a *cet.* ‖ a recta ratione *X* : *del. Bentl.* et a r. φ. ‖ nec regi nec contineri *cet.* : regi nec c. *V* ‖ eae *cet.* : aeae $K^1$ (hae $K^2$) *R* hae *B* ‖ rectae *cet.* : -te *VHP*.

**23** νοσήματα *edd.* : nosemata *X* ‖ uitiosam offensionem φ : -sa -ne *X* (-sas -es $V^{rec}$).

une aversion vicieuse et du dégoût pour des objets déterminés, puis les maux chroniques que les Stoïciens appellent ἀρρωστήματα, et les aversions contraires qui là encore leur correspondent. Ici les Stoïciens, et notamment Chrysippe, se donnent une peine excessive pour établir une analogie entre les maladies de l'âme et celles du corps. Nous laisserons ces développements, dont on peut fort bien se passer, pour approfondir les données essentielles du problème. **24** Ce qu'il faut bien comprendre, c'est que, au milieu d'opinions qui se bousculent sans ordre et sans suite, la passion est dans un perpétuel mouvement ; puis, quand cette agitation fiévreuse de l'âme se sera prolongée et se sera fixée pour ainsi dire dans les veines et les moelles, alors apparaîtront et les maladies et les maux chroniques et les aversions qui sont opposées à ces maladies et maux chroniques. XI Les états dont je parle, distincts en théorie, sont d'ailleurs étroitement liés l'un à l'autre en pratique, et ils dérivent du désir et de la joie. Par exemple, lorsqu'on éprouve un vif attrait pour l'argent sans recourir sur-le-champ à la raison comme à une espèce de traitement socratique qui guérirait cette passion, le mal circule dans les veines et prend racine dans les chairs ; on voit alors apparaître une maladie et un mal chronique dont on ne peut plus venir à bout une fois qu'ils sont invétérés, et cette maladie a nom l'avarice. **25** C'est de cette façon que les autres maladies, comme la passion de la gloire, comme la passion des femmes, si l'on peut désigner ainsi ce que les Grecs nomment φιλογυνία, c'est, dis-je, de la même façon que toutes les autres maladies et maux chroniques prennent naissance. Quant aux états opposés à ces maladies, on estime qu'ils prennent naissance dans la crainte, comme la haine des femmes, telle qu'on la trouve dans *le Misogyne* d'Atilius (1), comme la haine du genre humain en général, ainsi que la tradition le rapporte de Timon (2), surnommé le Misanthrope, comme l'aversion

quae sunt eis morbis contraria, quae habent ad res certas uitiosam offensionem atque fastidium, deinde aegrotationes, quae appellantur a Stoicis ἀρρωστήματα, hisque item oppositae contrariae offensiones. Hoc loco nimium operae consumitur a Stoicis, maxime a Chrysippo, dum morbis corporum comparatur morborum animi similitudo. Qua oratione praetermissa minime necessaria ea quae rem continent pertractemus. **24** Intellegatur igitur perturbationem iactantibus se opinionibus inconstanter et turbide in motu esse semper : cum autem hic feruor concitatioque animi inueterauerit et tamquam in uenis medullisque insederit, tum exist*e*t et morbus et aegrotatio et offensiones eae quae sunt eis morbis aegrotationibusque contrariae. XI Haec quae dico cogitatione inter se differunt, re quidem copulata sunt, eaque oriuntur ex libidine et ex laetitia. Nam cum est concupita pecunia nec adhibita continuo ratio quasi quaedam Socratica medicina, quae sanaret eam cupiditatem, permanat in uenas et inhaeret in uisceribus illud malum, existitque morbus et aegrotatio, quae *e*uelli inueterata non possunt, eique morbo nomen est auaritia. **25** Similiterque ceteri morbi, ut gloriae cupiditas, ut mulierositas, ut ita appellem eam quae Graece φιλογυνία dicitur, ceterique similiter morbi aegrotationesque nascuntur. Quae autem sunt his contraria, ea nasci putantur

**23** operae *cet.* : -re *GKV*.
**24** intellegatur. — **30** uelocitas *habet H* ‖ in motu $V^{rec}$ : inmotus *cet.* ‖ existet *Kueh.* : -it *X* ‖ existitque $V^{rec}$ B *in r.* φ : existit qui m. *X* ‖ euelli *Wopkens* (*cf.* § 32) : auelli Φ.
**25** similiterque *cet.* : similiter quae *GKV* ‖ similiterque — dicitur *habet* Non. 142 ‖ eam φ *Nonii G* : ea *X Nonii LH*.

pour les hôtes, tous maux chroniques de l'âme qui prennent naissance dans certaine crainte inspirée par les choses pour lesquelles on éprouve de la répulsion et de la haine. 26 Pour la définition des maux chroniques de l'âme, elle est la suivante : un violent parti-pris, fixé et profondément enraciné dans l'esprit, qui nous fait voir comme très désirable une chose qui n'est pas désirable ; d'autre part la définition des états qui prennent naissance dans l'aversion est : un violent parti-pris, fixé et profondément enraciné dans l'âme, qui nous fait voir comme une chose à éviter une chose qu'il n'y a pas lieu d'éviter ; quant au parti-pris dont il s'agit ici, il consiste à juger que l'on sait ce qu'on ne sait pas. A la catégorie des maux chroniques se rattachent des espèces du genre de celles-ci : l'avarice, l'ambition, la passion des femmes, l'opiniâtreté, la gourmandise, l'ivrognerie, la friandise, et autres analogues. Ainsi l'avarice est, relativement à l'argent, un violent parti-pris, fixé et profondément enraciné dans l'âme, qui nous le fait voir comme un bien très désirable, et les autres espèces qui appartiennent à la même catégorie se définissent de façon analogue. 27 Quant aux aversions, on définit l'aversion pour les hôtes, par exemple, un violent parti-pris, fixé et profondément enraciné dans l'âme, d'après quoi avoir un hôte est une chose qu'il convient grandement d'éviter, et c'est de façon analogue que l'on définit la haine des femmes, comme chez Hippolyte (1), celle du genre humain, comme chez Timon.

**Analogie des passions et des maladies du corps.**

XII Venons-en enfin à l'analogie qu'offre l'état de la santé, et tirons parti de ce rapprochement, mais plus sobrement que ne le font les Stoïciens. De même qu'il y a des gens sujets à une maladie, et d'autres à une autre — et c'est dans ce sens que nous disons de certains qu'ils sont catarrheux et

a metu, ut odium mulierum, quale in Μισογύνῳ Atili est, ut in hominum uniuersum genus, quod accepimus de Timone, qui μισάνθρωπος appellatur, ut inhospitalitas est, quae omnes aegrotationes animi ex quodam metu nascuntur earum rerum quas fugiunt et oderunt. **26** Definiunt autem animi aegrotationem opinationem uehementem de re non expetenda, tamquam ualde expetenda sit, inhaerentem et penitus insitam. Quod autem nascitur ex offensione, ita definiunt : opinionem uehementem de re non fugienda inhaerentem et penitus insitam tamquam fugienda ; haec autem opinatio est iudicatio se scire quod nesciat. Aegrotationi autem talia quaedam subiecta sunt : auaritia, ambitio, mulierositas, peruicacia, liguritio, uinulentia, cuppedia, et si qua similia. Est autem auaritia opinatio uehemens de pecunia, quasi ualde expetenda sit, inhaerens et penitus insita, similisque est eiusdem generis definitio reliquarum. **27** Offensionum autem definitiones sunt eius modi, ut inhospitalitas sit opinio uehemens ualde fugiendum esse hospitem, eaque inhaerens et penitus insita, similiterque definitur et mulierum odium, ut Hippolyti, et, ut Timonis, generis humani.

XII Atque ut ad ualetudinis similitudinem ueniamus eaque conlatione utamur aliquando, sed parcius quam solent Stoici : ut sunt alii ad alios morbos procliuiores

**25** quale — appellatur *om. H* ‖ in μισογύνῳ *edd.* : inmisso gyno *X* (immissum *K*[2]) ‖ appellatur *edd.* : -antur *X*.
**26** fugienda *cet.* : expetenda *KRH* ‖ ambitio — cuppedia *habet* Non. 85 ‖ uinulentia *Non.* : uinol. *X*.
**27** inhospitalitas *cet.* : inhospitalis *KRH* ‖ ueniamus ς : ueniam *X* ‖ conlatione *cet.* : consol. *V*.

d'autres qu'ils sont dyssentériques, non pas avec l'idée qu'ils aient pour le moment le catarrhe ou la dyssenterie, mais avec l'idée qu'ils en souffrent souvent — ainsi il y a des gens sujets à la crainte et d'autres qui sont sujets à une autre passion. De là vient qu'à propos des uns on parle d'anxiété (d'où anxieux), à propos d'autres de caractère colérique, ce qui diffère de la colère, car autre chose est d'être coléreux et autre chose d'être en colère, de même que l'anxiété diffère de l'angoisse, car tous ceux à qui il arrive d'être angoissés ne sont pas anxieux, tout comme ceux qui sont anxieux ne sont pas toujours angoissés ; de même encore il y a une distinction à faire entre ivresse ⟨et ivrognerie⟩, et ce n'est pas la même chose d'être un coureur de femmes et d'être amoureux. Au reste, la disposition de tel ou tel individu à telle ou telle maladie offre un champ de comparaison fort étendu, car il n'y a pas de passion à quoi elle ne s'applique. **28** Elle se manifeste aussi dans nombre de vices, mais il n'y a pas de mot qui désigne la chose. Si donc il y a des envieux, des malveillants, [des jaloux], des craintifs, des miséricordieux, c'est qu'il y a des gens portés à ces passions, et non pas qu'elles les animent toujours. Par suite nous pouvons bien, par analogie avec le corps, appeler mal chronique la tendance qui porte à des genres de passion particuliers, mais avec cette réserve qu'il faut entendre par là une tendance à tomber dans ce mal. Du reste on appellera cette tendance aptitude, lorsqu'elle s'applique au bien, car il existe des dispositions particulières pour chaque espèce de bien ; si elle s'applique au mal, on dira penchant, de façon à dégager l'idée de propension à tomber ; si elle s'applique à des choses indifférentes, elle gardera le premier de ces deux noms.

XIII Mais dans le corps il y a maladie, il y a mal chronique, il y a vice : de même pour l'âme. On appelle maladie une altération de tout le corps, mal chronique une maladie accompagnée de faiblesse, vice l'état où les parties du

(itaque dicimus grauidinosos quosdam, ⟨quosdam⟩ torminosos, non quia iam sint, sed quia saepe sint), sic alii ad metum, alii ad aliam perturbationem ; ex quo in aliis anxietas, unde anxii, in aliis iracundia dicitur, quae ab ira differt, estque aliud iracundum esse, aliud iratum, ut differt anxietas ab angore ; neque enim omnes anxii qui anguntur aliquando, nec qui anxii semper anguntur, ut inter ebrietatem ⟨et ebriositatem⟩ interest, aliudque est amatorem esse, aliud amantem. Atque haec aliorum ad alios morbos procliuitas late patet ; nam pertinet ad omnes perturbationes. **28** In multis etiam uitiis apparet, sed nomen res non habet. Ergo et inuidi et maliuoli [et liuidi] et timidi et misericordes, quia procliues ad eas perturbationes sunt, non quia semper feruntur. Haec igitur procliuitas ad suum quodque genus a similitudine corporis aegrotatio dic*a*tur, dum ea intellegatur ad aegrotandum procliuitas. Sed haec in bonis rebus, quod alii ad alia bona sunt aptiores, facilitas nominetur, in malis procliuitas, ut significet lapsionem, in neutris habeat superius nomen.

XIII Quo modo autem in corpore est morbus, est aegrotatio, est uitium, sic in animo. Morbum appellant totius corporis corruptionem, aegrotationem morbum cum imbecillitate, uitium, cum partes corporis inter se dissi-

**27** itaque... -torminosos *habet* Non. 32 *et* 115 || *alterum* quosdam *add. Beroaldus* : *om.* Φ *Non.* || torminosos *cet.* : term. *KRH Nonii pars* || saepe sint sic *Gr* : saepe sint *cet.* saepe sic *Man.* || aliud — amantem *habet* Non. 441 || nec *BP*φ : haec *cet.* || nec — ut *om. Non.* || et ebriositatem *Nonii cod. pars.* : *om.* Φ *Nonii L*[1].

**28** etiam *cet.* : enim *H*φ || et liuidi *del. Wesenberg* : *habent* Φ || sunt φ : *om. X* || dicatur *Bentl.* (*cf.* nominetur) : —itur Φ || est uitium *Gr* : et u. *cet.*

corps ne s'harmonisent pas, et de là viennent la difformité des membres, leur distorsion, la laideur. **29** Ainsi les deux premiers états, la maladie et le mal chronique, proviennent d'un ébranlement et d'un bouleversement qui portent sur la santé du corps tout entier, tandis que le vice est indépendant de la santé, qui peut être parfaite. En ce qui concerne l'âme, remarquons d'abord que ce n'est que théoriquement que l'on peut classer à part maladie d'un côté et mal chronique de l'autre, et quant à l'état vicieux, c'est une façon d'être ou mieux une disposition, qui se retrouve dans toute la conduite, à vivre dans l'inconséquence et le désaccord avec soi-même. Il s'ensuit que, dans le premier cas, c'est l'altération des opinions qui provoque maladie et mal chronique, tandis que dans le second c'est leur inconséquence et leur incompatibilité. Si je dis incompatibilité, c'est parce que tout ce qui est vice ne comporte pas au même degré des éléments discordants, et, par exemple, les gens qui ne sont point fort éloignés de la sagesse ont bien une disposition de l'âme où, du fait qu'ils ne sont pas sages, il y a contradiction, mais il n'y a là ni distorsion ni difformité. D'autre part, les maladies et les maux chroniques sont des espèces de l'état vicieux, et la question se pose de savoir s'il en est de même des passions. **30** Mais les vices sont des dispositions durables, tandis que les passions sont des dispositions changeantes, en sorte qu'elles ne sauraient être des espèces qui relèveraient de dispositions durables.

La comparaison du corps et de l'âme trouve son application en ce qui concerne les biens comme en ce qui concerne les maux. En effet les qualités éminentes du corps sont la beauté, la force, la santé, la vigueur, l'agilité : ces qualités existent de même dans l'âme. Tout comme la santé, c'est pour le corps l'état d'harmonie qui résulte de la concordance des éléments dont nous sommes constitués, de même on dit qu'il y a santé de l'âme quand ses

dent, ex quo prauitas membrorum, distortio, deformitas. **29** Itaque illa duo, morbus et aegrotatio, ex totius ualetudinis corporis conquassatione et perturbatione gignuntur, uitium autem integra ualetudine ipsum ex se cernitur. Sed in animo tantum modo cogitatione possumus morbum ab aegrotatione seiungere ; uitiositas autem est habitus aut adfectio in tota uita inconstans et a se ipsa dissentiens. Ita fit ut in altera corruptione opinionum morbus efficiatur et aegrotatio, in altera inconstantia et repugnantia. Non enim omne uitium par*is* habet dissen*siones*, ut eorum qui non longe a sapientia absunt, adfectio est illa quidem discrepans sibi ipsa, dum est insipiens, sed non distorta nec praua. Morbi autem et aegrotationes partes sunt uitiositatis, sed perturbationes sintne eiusdem partes, quaestio est. **30** Vitia enim adfectiones sunt manentes, perturbationes autem mouentes, ut non possint adfectionum manentium partes esse. Atque ut in malis attingit animi naturam corporis similitudo, sic in bonis. Sunt enim in corpore praecipua pulchritudo, uires, ualetudo, firmitas, uelocitas, sunt item in animo. Est enim corporis temperatio, cum ea congruunt inter se e quibus constamus, sanitas, sic animi dicitur, cum eius iudicia opinionesque concordant, eaque animi est uirtus quam alii ipsam temperantiam dicunt esse, alii obtemperantem temperantiae praeceptis, et eam subsequentem nec habentem ullam

**29** paris habet dissensiones *Bentl.* : partis h. dissentientis *X* || aegrotationes *K*[2] : -is *X*.
**30** est enim *V*[rec] (*cf. de off.* 3, 10, 42 ; *de nat. deor.* 1, 27, 75) : est *om. cet.* ut enim *Camerarius* || alii ipsam *cet.* : alii aliam *GRV*[1] (*corr. V*[c]).

jugements et opinions concordent, et c'est là la qualité de l'âme où les uns voient précisément la tempérance, tandis que les autres y voient la conformité aux préceptes de la tempérance et une annexe de celle-ci qui ne se manifesterait pas de façon indépendante ; au reste, dans l'une et l'autre hypothèse, on s'accorde à reconnaître cette qualité seulement chez le sage, et il ne faut pas la confondre avec la santé de l'âme que le non-sage même peut acquérir du fait qu'un traitement médical le délivre de troubles mentaux. **31** Et de même que dans le corps l'agencement harmonieux des membres joint à certain charme du teint a nom la beauté, ainsi appelle-t-on beauté d'âme l'égalité et l'accord des opinions et des jugements joints à une fermeté vraiment inébranlable, ces qualités étant des dépendances de la vertu ou en constituant l'essence même. De même encore à la force, à la vigueur, à la puissance physique répondent pour l'âme autant de désignations et dans les mêmes termes. Quant à l'agilité du corps, on l'appelle promptitude, ce qui est considéré également comme une qualité de l'esprit, en raison de la faculté qu'a l'âme de parcourir en peu de temps une infinité d'objets. XIV Ce en quoi le corps et l'âme ne se ressemblent pas, c'est qu'une âme robuste ne peut être attaquée par la maladie, tandis que le corps peut l'être ; mais le corps peut tomber malade sans qu'il y ait de notre faute, tandis qu'il n'en est pas de même de l'âme dont toutes les maladies et passions ont pour cause le mépris de la raison. C'est pourquoi on ne les trouve que chez l'homme, car les bêtes ont bien certaine façon d'agir qui est comparable à la nôtre, mais elles ne sont pas susceptibles d'éprouver des passions. **32** D'autre part il y a une différence entre les gens d'esprit et les imbéciles : c'est que les gens intelligents, comparables au bronze de Corinthe qui s'oxyde difficilement, opposent assez de résistance à la maladie et s'en relèvent assez vite, ce qui n'est pas le cas

speciem suam, sed, siue hoc siue illud sit, in solo esse sapiente. Est autem quaedam animi sanitas quae in insipientem etiam cadat, cum curatione [et perturbatione] medicorum conturbatio mentis aufertur. **31** Et ut corporis est quaedam apta figura membrorum cum coloris quadam suauitate, eaque dicitur pulchritudo, sic in animo opinionum iudiciorumque aequabilitas et constantia cum firmitate quadam et stabilitate uirtutem subsequens aut uirtutis uim ipsam continens pulchritudo uocatur. Itemque uiribus corporis et neruis et efficacitati similes similibus ⟨quo⟩que uerbis animi uires nominantur. Velocitas autem corporis celeritas appellatur, quae eadem ingeni etiam laus habetur propter animi multarum rerum breui tempore percursionem. XIV Illud animorum corporumque dissimile, quod animi ualentes morbo temptari non possunt, corpora possunt; sed corporum offensiones sine culpa accidere possunt, animorum non item, quorum omnes morbi et perturbationes ex aspernatione rationis eueniunt; itaque in hominibus solum existunt; nam bestiae simile quiddam faciunt, sed in perturbationes non incidunt. **32** Inter acutos autem et inter hebetes interest, quod ingeniosi, ut aes Corinthium in aeruginem, sic illi in morbum et incidunt tardius et recreantur ocius, hebetes non item. Nec uero in omnem morbum ac perturbatio-

**30** insipientem *cet.* : *in* sapientem *mut.* $V^1$ *aut* $V^2$ || et perturbatione *del.* *Victorius* : habent Φ et gubernatione $V^{rec}$ et purgatione *Lb.*

**31** sed ut — incidunt *habet* *H* || eaque *edd.* : eaquae *X* || similibus quoque *Man.* : similibusque Φ || propter — percursiones *habet* Non. 161 || percursionem $V^{rec}$ *Non.* : percussionem *cet.* || eueniunt *cet.* : ueniunt *H.*

des imbéciles. De plus, chez l'homme intelligent l'âme n'est pas sujette à toutes les maladies et passions indifféremment, *(texte altéré)* car ses passions n'ont pas un caractère de sauvagerie et de bestialité ; mais il y a aussi certaines passions qui au premier abord sont empreintes de douceur, telles la pitié, le chagrin, la crainte. Enfin on estime qu'il est plus difficile de se débarrasser des maux chroniques et maladies de l'âme que de ces vices capitaux qui sont opposés aux vertus, les vices pouvant être éliminés tandis que les maladies subsistent, car on va moins vite à guérir celles-ci qu'à éliminer ceux-là. **33** Voilà dans quelle forme serrée les Stoïciens traitent des passions ; ils appellent cela propositions logiques, parce que leur analyse est particulièrement précise. Mais, puisque dans cet exposé notre navire a franchi pour ainsi dire l'âpre zone des récifs, suivons la ligne droite pendant le reste de la discussion, pourvu toutefois que je t'aie dit les choses aussi clairement que le comportait l'obscurité du sujet.

— Tu les as dites tout à fait clairement. Au reste, s'il y a lieu d'étudier de plus près quelque point, nous en remettrons l'examen à une autre fois ; pour le moment, ce que j'attends de toi, c'est, selon ta propre comparaison, que tu mettes à la voile et ailles de l'avant.

**La vertu est incompatible avec les passions.**

XV **34** Étant donné — nous l'avons dit en d'autres endroits et nous aurons à le redire souvent, — car dans la plupart des problèmes qui intéressent la vie morale, il faut remonter à un principe qui est la vertu — étant donné, dis-je, que la vertu est une disposition de l'âme à vivre d'accord et conséquemment avec soi-même, laquelle rend dignes d'éloges ceux qui la possèdent et a déjà par elle-même son mérite propre, abstraction faite de son utilité, c'est de la vertu que procèdent les intentions, les pensées, les activités morale-

nem animus ingeniosi cadit ; † non enim multa ecferata et inmania ; quaedam autem humanitatis quoque habent primam speciem, ut misericordia, aegritudo, metus. Aegrotationes autem morbique animorum difficilius euelli posse putantur quam summa illa uitia, quae uirtutibus sunt contraria. Morbis enim manentibus uitia sublata esse [non] possunt, quia non tam celeriter sanantur, quam illa tolluntur. **33** Habes ea quae de perturbationibus enucleate disputant Stoici, quae λογικά appellant, quia disseruntur subtilius. Ex quibus quoniam tamquam ex scrupulosis cotibus enauigauit oratio, reliquae disputationis cursum teneamus, modo satis illa dilucide dixerimus pro rerum obscuritate.

Prorsus satis ; sed si quae diligentius erunt cognoscenda, quaeremus alias, nunc uela quae modo dicebas expectamus et cursum.

XV **34** Quando, *ut* aliis locis de uirtute et diximus et saepe dicendum erit (pleraeque enim quaestiones quae ad uitam moresque pertinent a uirtutis fonte ducuntur), quando igitur uirtus est adfectio animi constans conueniensque, laudabiles efficiens eos in quibus est et ipsa per se sua sponte separata etiam utilitate laudabilis, ex ea proficiscuntur honestae uoluntates, sententiae, actiones omnisque recta ratio, quamquam ipsa uirtus breuissume recta ratio dici potest. Huius igitur uirtutis contraria est uitiositas (sic enim malo quam malitiam

**32** non enim multa *locus conclamatus mutilus* : sunt enim multa *Madvig* non enim in ulla *Bentl.* ‖ quaedam autem — tolluntur *habet H.* ‖ possunt *Lb.* : non p. Φ.
**33** habes — disputant *habet* Non. 60 ‖ λογικά *edd.* : logica *X* ‖ **34** ut aliis *Man.* : et a Φ ‖ uirtutis *cet.* : uirtus *KR.*

ment belles, et, d'une façon générale, la droite raison ; du reste, la plus courte définition de la vertu considérée en elle-même, c'est qu'elle est la droite raison. A la vertu ainsi comprise s'oppose le vice — j'aime mieux ce terme que celui de malignité pour désigner ce que les Grecs appellent κακία, car malignité est le nom d'un vice déterminé, tandis que vice se dit de tous — ; c'est le vice qui soulève les passions, lesquelles sont, ainsi que nous venons de le dire, des mouvements désordonnés et impétueux de l'âme, mouvements opposés à la raison et absolument incompatibles avec la tranquillité de la pensée et de la vie. Les passions en effet introduisent en nous les chagrins angoissants et amers, abattent l'âme et la paralysent par la crainte ; en même temps, par l'appétition excessive que nous désignons tantôt par avidité, tantôt par désir, elles déchaînent une espèce d'état révolutionnaire de l'âme, en complète révolte contre la tempérance et la modération.
35 Et si nous venons à obtenir ce que nous avions ambitionné, alors l'allégresse nous transportera au point que « nous ne saurons plus où nous en sommes », selon la parole de l'homme (1) qui estimait qu' « une joie excessive est le comble de l'égarement ». Dans tous ces maux donc la guérison ne peut être obtenue que par la seule vertu.

XVI. Mais qu'y a-t-il, non seulement de plus misérable, mais encore de plus ignominieux et de plus laid que l'état d'un homme que le chagrin abat, paralyse, anéantit ? A peine moins misérable est l'état de celui qui a peur à l'approche de quelque mal et dont l'âme reste immobile de saisissement, car c'est pour symboliser cet effet funeste de la peur que les poètes représentent Tantale au pied d'un rocher suspendu sur sa tête :

> « En châtiment de ses crimes, de ses débordements, de ses fanfaronnades (2). »

C'est là un châtiment commun à tous les sots. Oui, tous

appellare eam quam Graeci κακίαν appellant ; nam malitia certi cuiusdam uiti nomen est, uitiositas omnium) ; ex qua co*nc*itantur perturbationes, quae sunt, ut paulo ante diximus, turbidi animorum concitatique motus, auersi a ratione et inimicissimi mentis uitaeque tranquillae. Inportant enim aegritudines anxias atque acerbas animosque adfligunt et debilitant metu ; iidem inflammant adpetitione nimia, quam tum cupiditatem, tum libidinem dicimus, inpotentiam quandam animi a temperantia et moderatione plurimum dissidentem. **35** Quae si quando *a*depta *erit* id quod ei fuerit concupitum, tum *ec*fer*e*tur alacritate, ut « nihil ei constet quod agat », ut ille qui « uoluptatem animi nimiam summum esse errorem » arbitratur. Eorum igitur malorum in una uirtute posita sanatio est.

XVI Quid autem est non miserius solum, sed foedius etiam et deformius quam aegritudine quis adflictus, debilitatus, iacens ? Cui miseriae proxumus est is qui adpropinquans aliquod malum metuit exanimatusque pendet animi. Quam uim mali significantes poëtae impendere apud inferos saxum Tantalo faciunt

Ob scelera animique inpotentiam et superbiloquentiam.

Ea communis poena stultitiae est. Omnibus enim, quorum mens abhorret a ratione, semper aliqu*i* *t*ali*s* terror

**34** concitantur *Camerarius* : cogitantur Φ || iidem *cet.* : item $K^2$ || animi a $P^2 \varphi V^3$ : anima *X*.

**35** adepta erit *Lb.* : ea deptaretur $K^2$ eademptaretur *cet.* || ecferetur *Wesenberg* : fertur *Gr* fert *X* || ei *B* (*e corr.*) : est *GRV* .e.*K* esse $V^2$ || quod φ : quid *X* || aliquod — animi *habet* NON. 498 || *uersus est Trag. inc.* 116 || animique — superbiloquentiam *habet* NON. 175 || aliqui talis terror *Gronov* (aliquis t. *Victorius*) : aliquid aliis t. Φ.

ceux dont l'esprit s'écarte de la raison sont toujours sous le coup de quelque frayeur semblable. **36** A côté de ces passions qui sont des passions dévorantes — je parle du chagrin et de la crainte — les autres passions qui ont un aspect moins revêche, l'avidité toujours à la poursuite de quelque objet convoité, et la vaine allégresse, c'est-à-dire la gaieté exubérante, ne sont pas fort éloignées de la folie. Ceci fait comprendre ce que doit être l'homme dont nous disons tout à tour qu'il est modéré, mesuré, tempérant, équilibré, maître de soi, tous qualificatifs que nous résumons parfois dans le mot d'honnêteté, comme si cette qualité était le principe de toutes les autres. Que si ce mot n'épuisait pas l'idée de vertu, jamais on n'aurait dit, si couramment que cette pensée est passée en proverbe : « l'honnête homme fait en toute chose ce qu'il faut faire », et cela quand la même définition, dans la bouche des Stoïciens qui l'appliquent au sage, paraît trop paradoxale et trop emphatique. XVII **37** Nous le disions donc, l'homme, quel qu'il soit d'ailleurs, à qui la modération et la fermeté valent d'avoir l'âme tranquille et d'être en paix avec lui-même, en sorte qu'il n'est ni consumé par le chagrin, ni brisé par la crainte, ni dévoré par la soif du désir, ni amolli par une joie délirante et sans objet, cet homme est le sage que nous cherchons, c'est l'homme heureux à qui rien dans les choses humaines ne peut paraître ni assez intolérable pour que son âme s'effondre, ni assez extraordinairement réjouissant pour qu'elle en exulte. Au reste quelle grandeur pourrait-il y avoir dans les choses humaines aux yeux de qui connaît toute l'éternité et la grandeur de l'univers ? Oui, à considérer ce qui passionne les hommes aussi bien que l'extrême brièveté de la vie, que saurait-il y avoir de grand pour le sage dont l'âme monte une perpétuelle faction, en sorte qu'il ne peut lui arriver rien qu'il n'ait prévu, qu'il n'ait pressenti, en un mot rien de nouveau. **38** En même temps

impendet. **36** Atque ut haec tabificae mentis perturbationes sunt, aegritudinem dico et metum, sic hilariores illae, cupiditas auide semper aliquid expetens et inanis alacritas, id est laetitia gestiens, non multum differunt ab amentia. Ex quo intellegitur qualis ille sit quem tum moderatum, alias modestum temperantem, alias constantem continentemque dicimus ; non nunquam haec eadem uocabula ad frugalitatis nomen tamquam ad caput referre uolumus. Quodnisi eo nomine uirtutes continerentur, numquam ita peruolgatum illud esset, ut iam prouerbi locum optineret : « hominem frugi omnia recte facere ». Quod idem cum Stoici de sapiente dicunt, nimis admirabiliter nimisque magnifice dicere uidentur.

XVII **37** Ergo hic, quisquis est qui moderatione et constantia quietus animo est sibique ipse placatus, ut nec tabescat molestiis nec frangatur timore nec sitienter quid expetens ardeat desiderio nec alacritate futtili gestiens deliquescat, is est sapiens quem quaerimus, is est beatus cui nihil humanarum rerum aut intolerabile ad demittendum animum aut nimis laetabile ad ecferendum uideri potest. Quid enim uideatur ei magnum in rebus humanis, cui aeternitas omnis totiusque mundi nota sit magnitudo ? Nam quid aut

**36** atque — perturbationis *(sic) habet* Non. 179 ‖ haec Φ : hae *Non.* ‖ modestum temperantem *X* : m. et t. $\varphi$ m. tum t. *Wolf* ‖ recte $\varsigma$*P* : recta *cel.* ‖ nimis $B^2V^3\varphi$ : animis *X*.

**37** hic *cel.* : is *K* ‖ expetens *Gr et del.* c *KV* : expectens *cel.* ‖ ardeat $\varsigma V^3P^2B$ (*in mg.*) : ardet *cel.* ‖ is ergo sapiens — magnitudo *habet H* ‖ ecferendum (eff. $V^2\varphi$) *edd.* (*cf.* § 35) : ferendum *X*. ‖ nam *cel.* : a *in r.* $V^c$ num *P*.

le sage dirige en tous sens des regards si pénétrants qu'il aperçoit toujours un endroit où s'installer pour y mener une vie exempte de peine et d'angoisse, en sorte que, quels que soient les hasards où la fortune l'engage, il saura s'y adapter et y trouver le repos. En agissant ainsi, on sera exempt non seulement de chagrin, mais aussi de toutes les autres passions. Or, ce qui fait la vie heureuse dans son absolue perfection, c'est une âme exempte de passion, tandis que si une agitation se produit, si on s'écarte des principes fixes et intangibles de la raison, on ne perd pas seulement son équilibre moral, mais encore sa santé.

**Critique de la thèse péripatéticienne des passions moyennes.**

D'après cela, on ne peut voir que mollesse et impuissance dans la thèse des Péripatéticiens et le langage (1) qu'ils tiennent. Ces philosophes regardent les passions comme nécessaires, mais leur fixent une limite qu'il faudrait ne pas dépasser. **39** Fixer une limite au vice ! Serait-ce donc que désobéir à la raison n'a rien de vicieux ? Serait-ce encore que la raison est impuissante à montrer, et que l'objet de vos désirs ardents ou, quand vous l'avez obtenu, de votre inconvenante exaltation, n'est pas un bien, et que ce n'est pas non plus un mal, cela qui vous consterne quand il vous atteint ou vous affole quand vous redoutez ses atteintes ? Ne fait-elle-pas voir que tous ces excès de tristesse ou de joie procèdent d'une idée fausse ? Et puisque cette idée fausse doit finir chez les sots par s'effacer avec le temps, en sorte que leur attitude est différente selon qu'est récente ou ancienne l'impression produite par des objets qui n'ont pas changé, elle ne doit même pas effleurer le

1. Le groupe *ratio et oratio* est fréquent dans Cicéron. Proprement, c'est la raison et le langage, les deux liens les plus forts de la société humaine ; cf. *De officiis*, I, 16, 50. Ici c'est la théorie et les développements qu'on lui donne ; cf. aussi *Tusculanes* IV, 28, 60 et pour *oratio* V, 29, 83.

in studiis humanis aut in tam exigua breuitate uitae magnum sapienti uideri potest, qui semper animo sic excubat, ut ei nihil inprouisum accidere possit, nihil inopinatum, nihil omnino nouum ? **38** Atque idem ita acrem in omnis partis aciem intendit, ut semper uideat sedem sibi ac locum sine molestia atque angore uiuendi, ut, quemcumque casum fortuna inuexerit, hunc apte et quiete ferat ; quod qui faciet, non aegritudine solum uacabit, sed etiam perturbationibus reliquis omnibus. His autem uacuus animus perfecte atque absolute beatos efficit, idemque concitatus et abstractus ab integra certaque ratione non constantiam solum amittit, uerum etiam sanitatem.

Quocirca mollis et eneruata putanda est Peripateticorum ratio et oratio, qui perturbari animos necesse dicunt esse, sed adhibent modum quendam quem ultra progredi non oporteat. **39** Modum tu adhibes uitio ? an uitium nullum est non parere rationi ? an ratio parum praecipit nec bonum illud esse quod aut cupias ardenter aut adeptus ecferas te insolenter, nec porro malum quo aut oppressus iaceas aut, ne opprimare, mente uix constes ? eaque omnia aut nimis tristia aut nimis laeta errore fieri ? Qui si error stultis extenuetur die, ut, cum res eaedem maneant, aliter ferant inueterata, aliter recentia, sapientis ne attingat quidem omnino. **40** Etenim quis erit tandem modus iste ? quaeramus enim modum aegritudinis, in qua operae pluri-

**37** animo *RV*rec : -os *cel.*

**39** aut adeptus *BφV*ˢ : ut ad. *cel.* ‖ eaedem *Mφ* : eadem *cel.* = maneant *Xφ* : — atφ ‖ ferant φ : ferat *X.*

**40** in qua *cel.* : in quo *VBP* ‖ operae φ : -re *X.*

sage. **40** Aussi bien, quelle sera donc la limite dont vous parlez ? Oui, demandons-nous quelle sera la limite du chagrin, puisque c'est lui qui donne le plus d'occupation à ces philosophes. Fannius (1) nous apprend que Publius Rupilius (2) fut très chagriné de l'échec de son frère au consulat, et sans doute il n'avait pas tort, mais l'on peut vraiment dire qu'il dépassa la limite, puisqu'aussi bien il en mourut. Nous dirons donc qu'il aurait dû mieux limiter son chagrin. Eh bien ! supposons que, son chagrin étant contenu dans des limites raisonnables, il eût par surcroît perdu ses enfants. C'eût été l'origine d'un chagrin nouveau, mais d'un chagrin limité. Sans doute, mais il y aurait eu là un surcroît d'importance. Et puis, si là-dessus étaient survenus souffrances physiques aiguës, perte des biens, cécité, exil : en admettant qu'à chacun de ces maux ait correspondu un surcroît de chagrin, le total aurait été tel qu'il aurait été écrasant. XVIII **41** Oui, chercher une limite au vice, c'est raisonner comme si l'on admettait qu'un homme, sautant dans le vide du haut du cap Leucate, pouvait arrêter sa chute quand il le voudrait. Autant cela est impossible, autant il est impossible à une âme troublée et emportée par la passion de se ressaisir et de s'arrêter là où elle le voudrait. D'une façon générale d'ailleurs, ce qui est pernicieux quand il se développe est aussi vicieux dès sa naissance ; **42** or le chagrin et toutes les autres passions sont assurément infectieuses quand elles ont atteint leur développement ; donc, dès le moment où elles prennent corps, elles renferment déjà un élément d'infection qui est redoutable. C'est qu'en effet elles se poussent en avant d'elles-mêmes, sitôt qu'on s'est éloigné de la raison, et, comme on se complaît dans sa propre faiblesse, on se trouve porté au large sans qu'on

1. Orateur et historien contemporain des Gracques. Ses *Annales* étaient très estimées.
2. P. Rupilius Lupus, consul en 132 av. J.-C.

mum ponitur. Aegre tulisse P. Ru*p*ilium fratris repulsam consulatus scriptum apud Fannium est. Sed tamen transisse uidetur modum, quippe qui ob eam causam a uita recesserit ; moderatius igitur ferre debuit. Quid, si, cum id ferret modice, mors liberorum accessisset ? Nata esset aegritudo noua, sed ea modica ; magna tamen facta esset accessio. Quid, si deinde dolores graues corporis, si bonorum amissio, si caecitas, si exilium ? Si pro singulis malis aegritudines accederent, summa ea fieret quae non sustineretur.

XVIII **41** Qui modum igitur uitio quaerit, similiter facit, ut si posse putet eum qui se e Leucata praecipitauerit, sustinere se cum uelit. Vt enim id non potest, sic animus perturbatus et incitatus nec cohibere se potest nec quo loco uult insistere, omninoqu*e*, qu*ae* crescentia perniciosa sunt, eadem sunt uitiosa nascentia ; **42** aegritudo autem ceteraeque perturbationes, amplificatae certe, pestiferae sunt ; igitur etiam susceptae continuo in magna pestis parte uersantur. Etenim ipsae se impellunt, ubi semel a ratione discessum est, ipsaque sibi inbecillitas indulget in altumque prouehitur imprudens nec reperit locum consistendi. Quam ob rem nihil interest utrum moderatas perturbationes adprobent an moderatam iniustitiam, moderatam ignauiam, moderatam intemperantiam ; qui enim uitiis modum apponit, is partem suscipit uitiorum ; quod

**40** P. Rupilium *Man. ex Fastis Cap.* (*cf. de amicitia* 73) : prutilium *X* (p *exp. in RV*) P. Rutilium *P.*
**41** omninoque quae *edd.* : omnino quaeque *X* (quaequae *K*).
**42** ipsae *cet.* : ipse *GV* || reperit *ç* : repp. *X.*

s'en soit rendu compte et sans qu'on puisse trouver un endroit où prendre pied. Aussi est-ce même chose d'approuver des passions modérées et d'approuver une injustice modérée, un dérèglement modéré, car fixer des bornes au vice, c'est en prendre à son compte une partie. Or, outre que cela déjà est odieux en soi, c'est encore fort dangereux, car le vice se meut sur un terrain glissant, et une fois lancé roule sur une pente où rien ne saurait le retenir.

XIX **43** Mais les Péripatéticiens ne s'en tiennent pas là ; non contents d'appeler naturelles ces passions que, à notre avis, il faut extirper, ils disent que la nature nous les a données pour notre bien. Voici le langage qu'ils tiennent à ce sujet : ils commencent par faire longuement l'éloge de la colère, ils disent qu'elle est la pierre à aiguiser du courage, qu'un homme en colère a bien plus de fougue pour attaquer un ennemi, un concitoyen pervers, tandis que ne comptent guère les petits syllogismes des personnes qui raisonneraient ainsi : « il est logique de livrer cette bataille, il est beau de lutter pour nos lois, notre liberté, notre patrie. » Pareils raisonnements ne mènent à rien, si le courage n'est avivé par la colère. Et ce n'est pas seulement les combattants qu'ils allèguent : ils estiment qu'il n'y a point d'autorité réelle dans le commandement sans un peu de l'âpreté que donne la colère ; enfin il n'y aurait point de bon orateur, non seulement dans l'accusation, mais même dans la défense, sans le mordant que donne la colère, et, à supposer qu'on n'eût point de colère, encore faudrait-il en donner l'impression par le ton et par le geste, pour allumer par le moyen de l'action oratoire la colère de l'auditeur. Bref, à leur avis, ce ne serait pas être un homme qu'être incapable de colère, et ce que nous appelons douceur, ils le flétrissent du nom d'indolence. **44** De plus, ils ne bornent pas leur éloge à cette forme du désir — la colère étant, selon notre

cum ipsum per se odiosum est, tum eo molestius, quia sunt in lubrico incitataque semel procliui labuntur sustinerique nullo modo possunt.

XIX **43** Quid, quod iidem Peripatetici perturbationes istas quas nos extirpandas putamus, non modo naturalis esse dicunt, sed etiam utiliter a natura datas ; quorum est talis oratio. Primum multis uerbis iracundiam laudant, cotem fortitudinis esse dicunt, multoque et in hostem et in inprobum ciuem uehementioris iratorum impetus esse, leuis autem ratiunculas eorum qui ita cogitarent : « Proelium rectum est hoc fieri, conuenit dimicare pro legibus, pro libertate, pro patria. » Haec nullam habent uim, nisi ira excanduit fortitudo. Nec uero de bellatoribus solum disputant ; imperia seueriora nulla esse putant sine aliqua acerbitate iracundiae ; oratorem denique non modo accusantem, sed ne defendentem quidem probant sine aculeis iracundiae, quae etiamsi non adsit, tamen uerbis atque motu simulandam arbitrantur, ut auditoris iram oratoris incendat actio. Virum denique uideri negant qui irasci nesciet, eamque quam lenitatem nos dicimus, uitioso lentitudinis nomine appellant. **44** Nec uero solum hanc libidinem laudant (est enim ira, ut modo definiui, ulciscendi libido), sed ipsum illud genus uel libidinis uel cupiditatis ad summam utilitatem esse dicunt a natura datum ; nihil

**42** sustinerique *V* (que *in r.*) : sustineri quae *X*.
**43** nos *V*^c^ *φP* (*in mg.*) *B* (*e corr.*) : non X ‖ et in improbum *V*^2^ : et impr. *cet.* ‖ eamque — appellant *habet* Non. 134.
**44** uel cup. *cet.* : uel *om.* *KR*.

définition de tout à l'heure, un désir de vengeance — : c'est tout ce qui relève du désir ou de l'avidité que la nature, assurent-ils, nous aurait donné pour notre plus grand bien, car en toute chose il faut avoir la passion de ce qu'on fait pour réussir brillamment. Thémistocle, sentant qu'il ne pourrait s'endormir, circulait la nuit dans les rues, et aux questions qu'on lui posait répondait que les trophées de Miltiade le tiraient de son sommeil. Qui n'a entendu parler des veilles de Démosthène ? Cet orateur disait qu'il était peiné, s'il arrivait qu'un artisan se mît au travail plus matin que lui. Enfin, dans la philosophie même, les grands maîtres n'auraient jamais réalisé tant de progrès dans les domaines de leurs recherches, s'ils n'avaient été soutenus par une passion ardente. La tradition veut que Pythagore, Démocrite, Platon soient allés jusqu'aux extrémités du monde : ils estimèrent en effet que, en quelque lieu qu'il y eût quoi que ce soit à apprendre, ils devaient s'y rendre. Est-il croyable qu'ils l'eussent fait, s'ils n'avaient été poussés par l'ardeur d'une vive passion ?

XX 45 Le chagrin même, dont nous avons dit qu'il fallait le fuir (1) comme une horrible et cruelle bête fauve, est d'après les Péripatéticiens une loi naturelle dont l'avantage est considérable, car la nature a voulu que les hommes éprouvassent une souffrance, lorsqu'ils se sont attiré par leur faute des réprimandes, des critiques, des traitements ignominieux : c'est en effet bénéficier de l'impunité qu'être insensible à l'ignominie et à l'infamie, et mieux vaut éprouver des remords. Telle est l'idée qu'il y a dans un passage d'Afranius où s'exprime l'expérience de la vie :

« Hélas ! malheureux que je suis »,

1. III, 11, 25 et 34, 83.

enim quemquam nisi quod lubeat praeclare facere posse. Noctu ambulabat in publico Themistocles, quod somnum capere non posset, quaerentibusque respondebat Miltiadis tropaeis se e somno suscitari. Cui non sunt auditae Demosthenis uigiliae ? qui dolere se aiebat, si quando opificum antelucana uictus esset industria. Philosophiae denique ipsius principes numquam in suis studiis tantos progressus sine flagranti cupiditate facere potuissent. Vltimas terras lustrasse Pythagoran, Democritum, Platonem accepimus. Vbi enim quicquid esset quod disci posset, eo ueniendum iudicauerunt. Num putamus haec fieri sine summo cupiditatis ardore potuisse ?

XX 45 Ipsam aegritudinem quam nos ut taetram et inmanem beluam fugiendam diximus, non sine magna utilitate a natura dicunt constitutam, ut homines castigationibus, reprehensionibus, ignominiis adfici se in delicto dolerent. Inpunitas enim peccatorum data uidetur iis qui ignominiam et infamiam ferunt sine dolore ; morderi est melius conscientia. Ex quo est illud e uita ductum ab Afranio. Nam cum dissolutus filius :

Heu me miserum !

tum seuerus pater :

Dum modo doleat aliquid, doleat quidlubet.

**44** Miltiadis $V^{2}$ : militiadis *cel.* || tropaeis $R^{1}$ : trophaeis *uel* tropheis *cel.*, militia adstropheis *K* || suscitari $V^{rec}$ *BP*ꝑ : -re *cel.* || aiebat *cel.* : agebat *K* || disci *cel.* : dici *G.*

**45** fugiendam $V^{c}$ *PB* : – a *cel.* || homines ꝑ : omnes *X* || adfici e $V^{2}$ : adficisse *X* || *uersus est Afr. fr.* 409.

s'écrie un fils débauché ; à quoi le père, homme sévère, de répondre :

« il suffit que tu aies du chagrin, la cause importe peu. »

46 Les autres espèces du chagrin sont aussi utiles, à ce qu'ils disent. La pitié nous engage à prêter assistance à autrui et à soulager ceux qui sont dans la détresse sans qu'il y ait de leur faute. La jalousie elle-même, la rivalité ne sont pas sans avantage, en nous faisant voir qu'un autre a obtenu ce qui nous a échappé ou la même chose que nous. Quant à la peur, la supprimer serait supprimer toute cette application à se bien conduire dans laquelle entre pour beaucoup la crainte des lois, des magistrats, de la pauvreté, de l'ignominie, de la mort, de la douleur. Ils ne vont pas, il est vrai, jusqu'à dire qu'il ne faille pas élaguer les passions, mais ils soutiennent qu'on ne peut ni ne doit les extirper de fond en comble, et qu'au reste en toute chose généralement le mieux est de se tenir dans un juste milieu. Cette thèse, dis-moi, est-elle sans valeur, ou te paraît-elle intéressante ?

— Eh bien ! je pense qu'elle est intéressante, et je me demande ce que tu as à leur répondre.

— XXI 47 J'en trouverai peut-être le moyen, mais une remarque d'abord : vois-tu combien les Académiciens sont gens discrets ? Ils disent tout simplement ce qui peut intéresser la question, et ce sont les Stoïciens qui donnent la réplique aux Péripatéticiens. Qu'ils tirent l'épée ensemble, je n'y vois pas d'inconvénient, car moi, je ne suis pas astreint à autre chose qu'à la recherche du vraisemblable. Où donc, en ce sujet, se présente-t-il quelque chose d'où l'on puisse partir pour dégager une notion vraisemblable, limite que l'esprit humain ne saurait dépasser ? C'est la définition de la passion, et j'estime que celle qu'a donnée Zénon est logique. Aux termes de cette définition, la passion serait un ébranlement de l'âme opposé à la raison et contre nature, ou, plus brièvement, la passion serait un

**46** Reliquas quoque partis aegritudinis utilis esse dicunt, misericordiam ad opem ferendam et calamitates hominum indignorum subleuandas ; ipsum illud aemulari, obtrectare non esse inutile, cum aut se non idem uideat consecutum quod alium, aut alium idem quod se ; metum uero si qui sustulisset, omnem uitae diligentiam sublatam fore, quae summa esset in iis qui leges, qui magistratus, qui paupertatem, qui ignominiam, qui mortem, qui dolorem timerent. Haec tamen ita disputant, ut resecanda esse fateantur, euelli penitus dicant nec posse nec opus esse, et in omnibus fere rebus mediocritatem esse optumam existiment. Quae cum exponunt, nihilne tibi uidentur an aliquid dicere ?

Mihi uero dicere aliquid, itaque expecto quid ad ista.

XXI **47** Reperiam fortasse, sed illud ante : uidesne quanta fuerit apud Academicos uerecundia ? Plane enim dicunt quod ad rem pertineat. Peripateticis respondetur a Stoicis. Digladientur illi per me licet, cui nihil est necesse nisi ubi sit illud quod ueri simillimum uideatur anquirere. Quid est igitur quod occurrat in hac quaestione, e quo possit attingi aliquid ueri simile, quo longius mens humana progredi non potest ? Definitio perturbationis qua recte Zenonem usum puto. Ita enim definit, ut perturbatio sit auersa

**46** indignorum subl. *PV*$^{2}$ : calamitates *post* ind. *repetunt cet.* || si qui *cet* : si quis *GPV*$^{rec}$ || timerent *cet.* : tenerent *K* || existiment *X* : — ant φ.
**47** e quo *B*$^{2}$φ : e qua *V*$^{rec}$ aequa *X*.

élan exagéré, exagéré ayant le sens de fort éloigné de l'équilibre naturel. **48** Que pourrais-je, dis-moi, objecter à ces définitions ? J'ajoute que nous avons ici presque toujours affaire à des analyses judicieuses et pénétrantes, tandis que les autres (les Péripatéticiens), avec leurs « âmes enflammées, leurs pierres à aiguiser de la vertu », ne font qu'emprunter aux décors de la rhétorique. Franchement, est-ce qu'un homme courageux ne saurait être courageux avant d'avoir pris de l'humeur ? Cela, c'est bon pour un gladiateur, et du reste nous voyons souvent les gladiateurs mêmes être de sang-froid :

« Ils s'adressent la parole, ils s'abordent, ils demandent des nouvelles, des services »,

donnant ainsi l'impression du calme plutôt que de la colère. Mais admettons que dans cette catégorie de gens on trouve un Pacideianus, ce gladiateur si acharné qu'il dit dans le récit de Lucilius :

« Oui, je le renverserai et je le vaincrai, si vous voulez le savoir ; mais je pense que les choses se passeront comme ceci : je serai touché au visage avant d'enfoncer mon glaive dans la gorge et les poumons du mauvais garnement. Je le hais personnellement, la colère m'anime au combat, le temps me dure que mon adversaire mette l'épée au poing, tant la rivalité et la haine que je lui porte exaltent ma colère ; »

XXII **49** en revanche, il n'y a pas trace de cette colère de gladiateur chez l'Ajax d'Homère, car il est de fort joyeuse humeur quand nous le voyons marcher au combat décisif qu'il doit livrer à Hector (1). Et cependant, dès qu'il a pris les armes, son entrée sur le champ de bataille soulève l'allégresse parmi ses compagnons, et parmi les ennemis tant d'épouvante que Hector même, à ce que dit Homère,

1. *Iliade*, VII, 211.

a ratione contra naturam animi commotio, uel breuius, ut perturbatio sit adpetitus uehementior, uehementior autem intellegatur is qui procul absit a naturae constantia. **48** Quid ad has definitiones possim dicere ? Atqu*e* haec pleraque sunt prudenter acuteque disserentium, illa quidem ex rhetorum pompa : « ardores animorum cotesque uirtutum. » An uero uir fortis, nisi stomachari coepit, non potest fortis esse ? Gladiatorium id quidem ; quamquam in iis ipsis uidemus saepe constantiam :

Conlocuntur, congrediuntur, quaerun*t* aliquid, postulant,

ut magis placati quam irati esse uideantur. Sed in illo genere sit sane Pacideianus aliquis hoc animo, ut narrat Lucilius :

Occidam illum equidem et uincam, si id quaeritis, inquit.
Verum illud credo fore : in os prius accipiam ipse,
Quam gladium in stomacho *furi* ac pulmonibus sisto.
Odi hominem, iratus pugno, nec longius quicquam
Nobis, quam dextrae gladium dum accomodet alter ;
Vsque adeo studio atque odio illius ecferor ira ;

XXII **49** at sine hac gladiatoria iracundia uidemus progredientem apud Homerum Aiacem multa cum hilaritate, cum depugnaturus esset cum Hectore ; cuius ut arma sumpsit, ingressio laetitiam attulit

**47** a ratione *GrB*ꝓ : a *om. cet.* ‖ uehementior *bis BP* (*in mg.*) φ : *semel cet.*

**48** possim *cet.* : possint *Bernensis* ‖ atque *Tregder* : atqui Φ ‖ quaerunt *Schlenger* : quaeruntur *GVR* (a *del* *R*[1]) queruntur *K*Gr ‖ furi *Tischerel* : sura *K* suria *cet.* ‖ nobis φ : uobis *X* ‖ ecferor *cet.* : haec feror *K*[c] eff. *P*.

**49** at *V*[c]ꝓ : ac *cet.* ‖ attulit *cet.*: attolit *K*.

tremble jusqu'au fond du cœur et se repent de l'avoir provoqué au combat. Au reste, nos deux personnages, avant d'en venir aux mains, commencent par converser bien posément, et au fort du combat même ne font rien où l'on puisse voir un mouvement de colère ou de rage. A mon avis, le fameux Torquatus même, celui qui fut le premier à porter ce surnom, n'était pas en colère quand il arracha son collier au chef gaulois, et ce n'est pas parce qu'il aurait été en colère que Marcellus fut valeureux à Clastidium. **50** En tout cas, pour l'Africain, que nous connaissons mieux parce que son époque est récente, je pourrais jurer au besoin que ce n'est pas un accès de colère qui le fit, en pleine bataille, couvrir de son bouclier Marcus Alliennius Paelignus et enfoncer son épée dans la poitrine de l'ennemi. S'il s'agissait de Brutus, je serais moins affirmatif, car il se peut bien que la haine immense qui l'animait contre la tyrannie ait précipité son élan contre Arruns : je vois en effet que, dans un corps à corps, ils tombèrent face à face sous les coups l'un de l'autre. Je demandais donc pourquoi vous faites intervenir ici la colère. Est-ce que la vaillance ne possède pas son élan propre et lui faut-il se mettre à déraisonner ? Eh quoi ? Hercule, que cette seule vaillance où vous voulez voir une propension à la colère éleva au ciel, pensez-vous qu'il était en colère quand il en vint aux prises avec le sanglier d'Erymanthe ou le lion de Némée ? Est-ce que Thésée même était en colère quand il empoigna par les cornes le taureau de Marathon ? Prenez-y garde, la vaillance pourrait bien ne rien avoir de commun avec la rage, et la propension à la colère n'être qu'une totale absence de caractère. C'est qu'en effet il n'y a point de vaillance là où il n'y a point de raison. XXIII **51** Mépris des choses humaines, dédain de la mort, idée que souffrances et fatigues sont supportables, voilà les principes qu'il faut avoir bien arrêtés dans l'esprit pour qu'apparaisse ce

sociis, terrorem autem hostibus, ut ipsum Hectorem, quem ad modum est apud Homerum, toto pectore trementem prouocasse ad pugnam paeniteret. Atque hi conlocuti inter se, prius quam manum consererent, leniter et quiete nihil ne in ipsa quidem pugna iracunde rabioseue fecerunt. Ego ne Torquatum quidem illum, qui hoc cognomen inuenit, iratum existimo Gallo torquem detraxisse, nec Marcellum apud Clastidium ideo fortem fuisse, quia fuerit iratus. **50** De Africano quidem, quia notior est nobis propter recentem memoriam, uel iurare possum non illum iracundia tum inflammatum fuisse, cum in acie *M*. Alliennium Paelignum scuto protexerit gladiumque hosti in pectus infixerit. De L. Bruto fortasse dubitarim an propter infinitum odium tyranni ecfrenatius in Arruntem inuaserit ; uideo enim utrumque comminus ictu cecidisse contrario. Quid igitur huc adhibetis iram ? an fortitudo, nisi insanire coepit, impetus suos non habet ? Quid ? Herculem, quem in caelum ista ipsa quam uos iracundiam esse uultis sustulit fortitudo, iratumne censes conflixisse cum Erymanthio apro aut leone Nemeaeo ? an etiam Theseus Marathonii tauri cornua conprehendit iratus ? Vide ne fortitudo minime sit rabiosa sitque iracundia tota leuitatis. Neque enim est ulla fortitudo quae rationis est expers.

XXIII **51** Contemnendae res humanae sunt, negle-

49 cognomen *e corr.* $V^{rec}$ *BPφ* : cognouit nomen *cet.*
50 acie M. Alliennium *edd.* : acie malliennium *V* aciem all. *cet.* || Arruntem φ : -te *X*. || iratumne *PV²φ* : ratumne *cet.* | Erymanthio *R²* : — mathio *X* || Nemeaco φ : nemaeo *X*.
51 sunt *BP* : sint *cet.*

qui s'appelle la vigoureuse et ferme vaillance, à moins de voir de la propension à la colère dans tout ce qui se fait avec ardeur, avec élan, avec énergie. Mais, pour mon compte, je ne pense pas que même Scipion, l'illustre grand pontife qui fit voir de façon éclatante combien était fondé ce précepte stoïcien « le sage n'est jamais simple particulier », je ne pense pas, dis-je, que Scipion ait été en colère contre Tibérius Gracchus, le jour où il se sépara d'un consul sans énergie, et, simple particulier, se comporta en consul, invitant à le suivre quiconque s'intéressait au salut de l'État. 52 Peut-être ai-je personnellement fait preuve de courage au service de l'État ; si cela est, il est bien sûr que je n'ai pas agi par colère. Y a-t-il rien qui ressemble plus à la folie que la colère, dont Ennius a si bien dit qu'elle était « un commencement de folie ? » Dans le teint, la voix, les yeux, le souffle, dans l'incohérence des paroles et des actions 〈chez l'homme en colère〉, subsiste-t-il trace de la santé 〈de l'âme〉 ? Quoi de plus indécent que l'Achille et l'Agamemnon d'Homère, lorsqu'ils se querellent ? (1). Et je ne parle pas d'Ajax, dont la colère aboutit à la folie furieuse et à la mort. Ainsi donc le courage se passe fort bien des conseils de la colère ; il est par lui-même suffisamment pourvu, équipé, armé. Aussi bien, à raisonner comme ces gens-là, on pourrait dire que l'ivrognerie et même la démence servent le courage, parce que les gens ivres et les déments témoignent souvent d'une impétuosité exceptionnelle. Ajax est toujours courageux, mais c'est quand il est fou furieux qu'il est le plus courageux, car :

« Il a fait un exploit extraordinaire, en gagnant la bataille à lui seul, alors que les Danaëns fléchissaient. » (2)

XXIV 53 Il a rétabli le combat dans un accès de

1. *Iliade*, I, 122.
2. Fragment d'une tragédie non identifiée.

genda mors est, patibiles et dolores et labores putandi. Haec cum constituta sunt iudicio atque sententia, tum est robusta illa et stabilis fortitudo, nisi forte quae uehementer, acriter, animose fiunt iracunde fieri suspicamur. Mihi ne Scipio quidem ille pontufex maxumus, qui hoc Stoicorum uerum esse declarauit « numquam priuatum esse sapientem », iratus uidetur fuisse Ti. Graccho tum, cum consulem languentem reliquit atque ipse priuatus, ut si consul esset, qui rem publicam saluam esse uell*en*t, se sequi iussit. **52** Nescio ecquid ipsi nos fortiter in re publica fecerimus ; si quid fecimus, certe irati non fecimus. An est quicquam similius insaniae quam ira ? quam bene Ennius « initium » dixit « insaniae. » Color, uox, oculi, spiritus, inpotentia dictorum ac factorum quam partem habent sanitatis ? Quid Achille Homerico foedius, quid Agamemnone in iurgio ? Nam Aiacem quidem ira ad furorem mortemque perduxit. Non igitur desiderat fortitudo aduocatam iracundiam ; satis est instructa, parata, armata per sese. Nam isto quidem modo licet dicere utilem uinulentiam ad fortitudinem, utilem etiam dementiam, quod et insani et ebrii multa faciunt saepe uehementius. Semper Aiax fortis, fortissimus tamen in furore ; nam

Facinus fecit maximum, cum Danais inclinantibus
Summam rem perfecit man*u*.

**51** mihi ne *BP (in r.)* : minime *V* mihime *cet.* || saluam *PBφ* : -a *cet.* || uellent *Wesenberg* : uellet Φ.

**52** insaniae *ante* quam *Bφ* : -a *cet.* || isto quidem modo *Wesenberg* : isto m. qu. Φ || uinulentiam — utilem *om. V* || *uersus sunt trag. inc.* 64 || perficit *φ* : perfecit *X* || manu *Bentl.* : manus Φ.

folie. ». Faut-il dire pour autant que la folie est utile ? Examine de près les définitions du courage, tu te rendras compte qu'il se passe de la fureur, car voici ce que c'est que le courage : « une disposition à se conformer à la loi suprême dans la souffrance », ou « la conservation d'un jugement ferme lorsqu'il s'agit d'affronter et de repousser des objets qui paraissent redoutables », ou encore « la science des objets qui sont ou redoutables, ou le contraire, ou tout à fait négligeables, avec la conservation d'un jugement ferme relativement à ces objets », ou plus brièvement, d'après Chrysippe — les définitions précédentes sont en effet de Sphaerus, qui, de l'avis des Stoïciens, avait à un haut degré l'art de définir, et il faut reconnaître que, d'une façon générale, elles se ressemblent fort, bien que les notions communes ressortent mieux dans l'une que dans l'autre — nous disions donc que, d'après Chrysippe, « le courage est la science de ce qui est à supporter » ou, si l'on veut, « la disposition d'une âme qui, lorsqu'il s'agit de souffrir et de supporter, obéit à la loi suprême et ne connaît pas la crainte. » Nous aurons beau chercher chicane à ces gens-là, ainsi que Carnéade se plaisait à le faire, je crains bien qu'il n'y ait qu'eux de philosophes. Parmi les définitions que tu as là, en est-il une seule qui ne fasse la lumière sur la notion du courage qui est la nôtre et qui se trouve, mais obscure et voilée, chez tous les hommes ? Et quand on a fait la lumière sur cette notion, est-il personne qui souhaite quelque chose de plus chez le guerrier, le général ou l'orateur, et s'imagine qu'ils ne font rien de courageux sans l'appoint de la rage ?
**54** Eh quoi ? Quand les Stoïciens disent que tous les non-sages sont fous, n'est-ce point là-dessus qu'ils fondent leur conclusion ? Retire ⟨de la notion de l'*insania*⟩ les passions et surtout la colère, aussitôt leur thèse paraîtra extravagante. Mais en fait ils expliquent que, quand ils disent que tous les sots sont fous, ils raisonnent comme

XXIV **53** Proelium restituit insaniens : dicamus igitur utilem insaniam ? Tracta definitiones fortitudinis, intelleges eam stomacho non egere. Fortitudo est igitur « adfectio animi legi summae in perpetiendis rebus obtemperans », uel « conseruatio stabilis iudici in eis rebus quae formidolosae uidentur subeundis et repellendis » uel « scientia rerum formidolosarum contrariarumque aut omnino neglegendarum conseruans earum rerum stabile iudicium » uel breuius, ut Chrysippus (nam superiores definitiones erant Sphaeri, hominis in primis bene definientis, ut putant Stoici ; sunt enim omnino omnes fere similes, sed declarant communis notiones alia magis alia) — quo modo igitur Chrysippus ? « Fortitudo est », inquit, « scientia rerum perferendarum uel adfectio animi in patiendo ac perferendo summae legi parens sine timore. » Quamuis licet insectemur istos, ut Carneades solebat, metuo ne soli philosophi sint. Quae enim istarum definitionum non aperit notionem nostram quam habemus omnes de fortitudine tectam atque inuolutam ? qua aperta quis est qui aut bellatori aut imperatori aut oratori quaerat aliquid neque eos existumet sine rabie quicquam fortiter facere posse ? **54** Quid ? Stoici qui omnes insipientes insanos esse dicunt, nonne ista conligunt ? Remoue perturbationes maxumeque iracundiam, iam uidebuntur monstra dicere. Nunc autem ita

**53** proelium restituit insaniens *recte Ciceroni tribuit Plasberg* : manu sua restituit proelium insaniens *G. Hermann poetae tribuens* ‖ insaniam *cet.* : -em *KR* ‖ contrariarumque aut *X* : c. perferendarum aut φ.

**54** uidebuntur *cel.* : — bantur *K.*

quand l'on dit que la boue sent toujours mauvais. — Mais la boue ne sent pas toujours. — Remue-la, tu seras fixé. De même l'homme colérique n'est pas toujours en colère, mais provoque-le, et tu le verras fou furieux. Et puis, ce tempérament colérique si utile à la guerre, comment se comporte-t-il quand on est de retour au foyer, avec une femme, des enfants, des serviteurs ? Est-il encore avantageux à ce moment là ? Diras-tu donc qu'il y a des choses où l'on réussit mieux si on a l'esprit dérangé que si on l'a équilibré, ou faut-il admettre que l'on puisse se mettre en colère sans avoir l'esprit dérangé ? Aussi nos Romains ont-ils bien fait de réserver le nom de *morosi* (mauvais caractères) aux gens colériques, parce que, s'il est vrai que tous les vices tiennent au caractère *(mores)*, il n'y en a point de plus honteux que la colère. XXV 55 Quant à l'orateur, il est fort mauvais qu'il se fâche, s'il n'est pas mauvais qu'il s'en donne l'air. Franchement, crois-tu que nous nous mettions en colère quand en plaidant nous nous animons et haussons le ton ? Eh bien ! quand l'affaire est réglée et enterrée, et que nous rédigeons nos discours, est-ce que nous sommes en colère en les rédigeant ?

« Y en a-t-il un pour y mettre ordre ? Attachez-le ! (1) »

Penses-tu que jamais Esope ait été en colère en jouant ce passage, qu'Accius ait été en colère lorsqu'il l'écrivait ? Ce sont là morceaux qui se prêtent bien à la déclamation, et même un orateur, si c'est vraiment un orateur, y réussit mieux que n'importe quel acteur, mais on ne perd en les déclamant ni son calme ni son sang-froid.

Quant au désir capricieux, ne faut-il pas être singulièrement capricieux pour en faire l'éloge ? Vous m'alléguez Thémistocle et Démosthène, renforcés de Pythagore, Démocrite, Platon. Hé quoi ! vous appelez ca-

disserunt, sic se dicere omnes stultos insanire, ut male olere omne caenum. At non semper. Commoue, senties. Sic iracundus non semper iratus est ; lacesse, iam uidebis furentem. Quid ? ista bellatrix iracundia, cum domum rediit, qualis est cum uxore, cum liberis, cum familia ? an tum quoque est utilis ? Est igitur aliquid quod perturbata mens melius possit facere quam constans ? an quisquam potest sine perturbatione mentis irasci ? Bene igitur nostri, cum omnia essent in moribus uitia, quod nullum erat iracundia foedius, iracundos solos morosos nominauerunt.

XXV 55 Oratorem uero irasci minime decet, simulare non dedecet. An tibi irasci tum uidemur, cum quid in causis acrius et uehementius dicimus ? quid ? cum iam rebus transactis et praeteritis orationes scribimus, num irati scribimus ?

> Ecquis hoc animaduertit ? uincite !

num aut egisse umquam iratum Aesopum aut scripsisse existimas iratum Accium ? Aguntur ista praeclare, et ab oratore quidem melius, si modo est orator, quam ab ullo histrione, sed aguntur leniter et mente tranquilla.

Libidinem uero laudare cuius est libidinis ? Themistoclem mihi et Demosthenen profertis, additis Pythagoran, Democritum, Platonem. Quid ? uos studia

54 moribus $V^{c}B\varphi$ : morbus $GR^{1}V^{1}$ morbis *PKR e corr.*
55 simulare non dedecet *om.* *V* ‖ dedecet φ : decet *X* ‖ *uersus est Accii Atr.* 233 ‖ ecquis φ : etquis *X* ‖ animaduertit *hic* Φ : -uortet *de orat.* 3, 217 *M* ‖ existimas *cet.* : — amus *KR.*

price ce qui est goût. Mais le goût, même s'il s'applique aux choses les meilleures, comme sont celles que vous alléguez, n'en doit pas moins être mesuré et réglé. Quant à faire l'éloge du chagrin, de la chose la plus abominable qui soit au monde, est-ce là, dites-moi, faire de la philosophie ? Il est vrai qu'Afranius a dit avec à propos :

« pourvu que tu aies du chagrin, la cause importe peu »,

mais c'est parce qu'il s'agissait d'un jeune homme perverti et débauché, tandis que nous, c'est à l'homme équilibré et sage que nous avons affaire. Je veux même que leur fameuse colère soit bonne à quelque chose chez un centurion, un porte-étendard, d'autres encore dont il vaut mieux ne rien dire pour ne pas dévoiler les secrets de la rhétorique. Oui, il y a intérêt à utiliser un mouvement de l'âme quand on ne peut utiliser la raison ; mais nous, c'est au sage que nous avons affaire, et j'en prends acte une fois de plus.

XXVI 56 Mais, dira-t-on, la jalousie, la rivalité, la pitié sont aussi utiles. Pourquoi s'apitoyer au lieu de porter assistance, si on est à même de le faire ? Ne peut-on être généreux sans éprouver de pitié ? Ce n'est pas à prendre à notre compte les chagrins des autres que consiste le devoir, mais à soulager leur chagrin, si possible. Quant à éprouver un sentiment de rivalité ou cette jalousie vicieuse qui est comparable à la rivalité en amour, à quoi cela sert-il ? La jalousie est le chagrin provoqué par l'idée qu'un autre a un bien que nous n'avons pas, la rivalité est le chagrin de voir aussi aux mains d'un autre un bien qu'on a soi-même. Or comment approuver la conduite d'un homme qui se chagrine au lieu d'essayer sa chance d'avoir ce qu'il désire ? Et pour la prétention d'être seul à l'avoir, c'est pure folie.

57 Quant aux formes atténuées du mal, est-il rai-

libidinem uocatis ? quae uel optimarum rerum, ut ea sunt quae profertis, sedata tamen et tranquilla esse debent. Iam aegritudinem laudare, unam rem maxime detestabilem, quorum est tandem philosophorum ? At commode dixit Afranius

Dum modo doleat aliquid, doleat quidlubet.

Dixit enim de adulescente perdito ac dissoluto, nos autem de constanti uiro ac sapienti quaerimus. Et quidem ipsam illam iram centurio habeat aut signifer uel ceteri de quibus dici non necesse est, ne rhetorum aperiamus mysteria. Vtile est enim uti motu animi qui uti ratione non potest ; nos autem, ut testificor saepe, de sapiente quaerimus.

XXVI **56** At etiam aemulari utile est, obtrectare, misereri. Cur misereare potius quam feras opem, si id facere possis ? an sine misericordia liberales esse non possumus ? Non enim suscipere ipsi aegritudines propter alios debemus, sed alios si possumus leuare aegritudine. Obtrectare uero alteri aut illa uitiosa aemulatione quae riualitati similis est aemulari, quid habet utilitatis, cum sit aemulantis angi alieno bono quod ipse non habeat, obtrectantis autem angi alieno bono, quod id etiam alius habeat ? Qui id adprobari possit aegritudinem suspicere pro experientia, si quid habere uelis ? nam solum habere uelle summa dementia est. **57** Mediocritates autem malorum quis laudare

55 libidinem (*ante* uoc.) *cet.* : -ne *GK* || at *cet.* : ad *KRP* || Afranius : *fr.* 409 || doleat *cet.* : lateat *G.*

56 obtrectare (*ante* mis.) φ : — ri *X* || qui φ *P* (*in mg.*) : quid *K*[1] quis *cet.* || nam *BP*φ : non *cet.*

sonnablement possible de les approuver ? Qui pourrait, par exemple, s'il y a en lui de la convoitise ou de l'avidité, n'être pas convoiteux et avide ? S'il y a de la colère, n'être pas coléreux ? S'il y a de l'angoisse, n'être pas anxieux ? S'il y a de la peur, n'être pas peureux ? Convoiteux et coléreux et anxieux et peureux, est-ce donc ainsi que nous nous représentons le sage ? Certes, sa distinction est telle que son éloge prêterait aux développements les plus abondants et les plus amples, mais le voici en peu de mots : « la sagesse est la science des choses divines et humaines et la connaissance des causes particulières à chacune », ce qui a pour conséquence l'imitation des choses divines, tandis que toutes choses humaines sont considérées comme étant au-dessous de la vertu. Telle est la sagesse, et pourtant, comme s'il s'agissait de la mer, qui est le jouet des vents, tu as dit qu'elle était susceptible d'être bouleversée. Qu'est-ce donc qui serait capable de bouleverser tant de gravité et de fermeté ? Serait-ce un événement imprévisible ou subit ? Que peut-il arriver de pareil au sage quand rien de ce qui peut survenir à l'homme ne saurait le prendre au dépourvu ? Quant à leur affirmation que, s'il faut retrancher dans ce qui est excessif, il faut ménager ce qui est naturel, est-ce donc qu'une chose peut être naturelle tout en étant excessive ? Aussi bien toutes ces idées ont-elles pris corps sur les préjugés qui en sont les racines, et il s'agit de les arracher et de les extirper complètement, non pas de les émonder ni de les ébrancher.

**Le traitement des maladies de l'âme.**

XXVII 58 Mais j'ai le sentiment que tu t'intéresses moins au sage qu'à ta propre personne, car tu penses bien qu'il est, lui, affranchi de toute passion, tandis que toi, tu aspires à le devenir : voyons

recte possit ? Quis enim potest in quo libido cupiditasue sit, non libidinosus et cupidus esse ? in quo ira, non iracundus ? in quo angor, non anxius ? in quo timor, non timidus ? Libidinosum igitur et iracundum et anxium et timidum censemus esse sapientem ? de cuius excellentia multa quidem dici quamuis fuse lateque possunt, sed breuissime illo modo, sapientiam esse rerum diuinarum et humanarum scientiam cognitionemque quae cuiusque rei causa sit. Ex quo efficitur ut diuina imitetur, humana omnia inferiora uirtute ducat. In hanc tu igitur tamquam in mare quod est uentis subiectum, perturbationem cadere tibi dixisti uideri ? Quid est quod tantam grauitatem constantiamque perturbet ? an inprouisum aliquid aut repentinum ? Quid potest accidere tale ei cui nihil quod homini euenire possit ⟨ non praemeditatum sit ⟩ ? Nam quod aiunt nimia resecari oportere, naturalia relinqui, quid tandem potest esse naturale quod idem nimium esse possit ? Sunt enim omnia ista ex errorum orta radicibus, quae euellenda et extrahenda penitus, non circumcidenda nec amputanda sunt.

XXVII 58 Sed quoniam suspicor te non tam de sapiente quam de te ipso quaerere (illum enim putas omni perturbatione esse liberum, te uis), uideamus quanta sint quae a philosophia remedia morbis animorum adhibeantur. Est enim quaedam medicina

**57** fuse *cet.* : *om.* *V* ‖ possunt *B*[1] *e corr.* φ : possit *X* ‖ ei *K*φ : et *cet.* ‖ non praemeditatum sit *add. Bouhier* : *om.* Φ ‖ et extrahenda *cet.* : *om.* *V*.
**58** sint *V*[2]φ : sit *X* ‖ a B[2]*M*[2]φ : *om.* *X*.

donc quelle est la puissance des remèdes dont la philosophie dispose pour les maladies de l'âme. Oui, il existe pour elles une médecine spéciale incontestablement, et la nature n'a pas été malintentionnée et cruelle envers notre espèce au point de ne découvrir aucun moyen de guérison pour l'âme, alors qu'elle a tant fait pour le corps ; sur un point même l'âme se trouve avantagée du fait que, pour le corps, les traitements sont empruntés à l'extérieur, tandis que l'âme recèle en elle-même sa thérapeutique. Mais dans la mesure même où l'âme est d'un ordre supérieur et apparenté au divin, elle réclame aussi plus de soins. Aussi la raison, si on la met en œuvre comme il faut, discerne-t-elle bien où est le meilleur remède, tandis que, si on la laisse à l'abandon, elle tombe dans mille erreurs. **59** Cela posé, c'est à toi maintenant que s'adressera toute ma démonstration, car tu feins bien de prendre des renseignements sur le sage, mais c'est probablement à toi même que tu songes.

Ainsi donc, pour les passions que j'ai passées en revue, il y a diverses méthodes de traitement. Par exemple, on ne soulage pas n'importe quel chagrin par un procédé unique : autre est le remède à employer s'il s'agit d'un deuil, autre s'il s'agit de pitié ou encore de jalousie. Il y a aussi, qu'il s'agisse de n'importe laquelle des quatre passions, à examiner le pour et le contre sur la question de savoir si c'est sur la passion en général, laquelle est un refus d'écouter la raison ou un élan trop violent, ou bien si c'est sur les passions particulières, telles la crainte, le désir, etc... qu'il vaut mieux faire porter la démonstration ; de même on se demandera s'il faut montrer que l'objet particulier du chagrin ne mérite pas qu'on s'en attriste, ou s'il faut s'attaquer au chagrin en général et quel qu'en soit l'objet : ainsi, à supposer qu'un individu s'attristât d'être pauvre,

certe, nec tam fuit hominum generi infensa atque inimica natura, ut corporibus tot res salutaris, animis nullam inuenerit ; de quibus hoc etiam est merita melius, quod corporum adiumenta adhibentur extrinsecus, animorum salus inclusa in his ipsis est. Sed quo maior est in eis praestantia et diuinior, eo maiore indigent diligentia. Itaque bene adhibita ratio cernit quid optumum sit, neglecta multis implicabitur erroribus. **59** Ad te igitur mihi iam conuertenda omnis oratio est ; simulas enim quaerere te de sapiente, quaeris autem fortasse de te.

Earum igitur perturbationum quas exposui uariae sunt curationes. Nam neque omnis aegritudo una ratione sedatur ; alia est enim lugenti, alia miseranti aut inuidenti adhibenda medicina. Est etiam in omnibus quattuor perturbationibus illa distinctio, utrum ad uniuersam perturbationem, quae est aspernatio rationis aut adpetitus uehementior, an ad singulas, ut ad metum, lubidinem, reliquas, melius adhibeatur oratio, et utrum illudne non uideatur aegre ferundum ex quo suscepta sit aegritudo, an omnium rerum tollenda omnino aegritudo, ut, si quis aegre ferat se pauperem esse, idne disputes, paupertatem malum non esse, an hominem aegre ferre nil oportere. Nimirum hoc melius, ne, si forte de paupertate non persuaseris, sit aegritudini concedendum ; aegritudine

58 nullam *φP* : nulla *GKR* nullas *V* ‖ indigent *Pφ* : — et *X* ‖ implicabitur *K* : -atur *cet.*.

59 earum *BPφ* : eorum *cet.* ‖ reliquas $V^1$ (-que *add.* $V^3$) : -quias *cet.* ‖ tollenda *φ* : toleranda *X* ‖ nil *scripsi propter clausulam* : nihil *Φ*.

faudrait-il soutenir que la pauvreté n'est pas un mal ou que, dans la condition humaine, on ne doit s'attrister de rien ? Naturellement c'est ce procédé-ci qui serait le meilleur, car on risque, s'il arrive que sur le chapitre de la pauvreté on ne réussisse pas à convaincre son homme, de laisser le champ libre au chagrin, tandis que, si on élimine le chagrin grâce aux arguments topiques que j'ai employés hier (1), le mal qu'est la pauvreté est pour ainsi dire éliminé du même coup. XXVIII
60 Du reste, pour toutes les passions de ce genre, il est sans doute possible d'obtenir un soulagement grâce à l'effet apaisant de cette démonstration que, à l'origine de notre joie ou de notre désir, il n'y a pas de bien, ni de mal à l'origine de notre crainte ou de notre chagrin ; néanmoins il n'y a de guérison sûre et durable que si l'on arrive à montrer qu'en elles-mêmes déjà les passions sont vicieuses et ne renferment rien ni de naturel ni de nécessaire : ainsi voyons-nous le chagrin même s'apaiser, quand on reproche aux affligés la faiblesse d'une âme efféminée et qu'on vante l'attitude digne et ferme de ceux qui savent endurer sans révolte les épreuves attachées à notre nature. Et c'est souvent le cas chez des gens même qui considèrent ces épreuves comme des maux, mais estiment qu'il faut les supporter d'une âme égale. Une personne considère que le plaisir est un bien ; pour une autre, c'est l'argent : cependant on peut détourner celui-là de la sensualité tout comme celui-ci de l'avidité. Quant à la première méthode de démonstration (2), celle qui vise à supprimer le chagrin en éliminant l'opinion erronée, elle offre sans doute plus d'avantages, mais il est rare qu'elle fasse de l'effet, et ce n'est pas aux gens du commun qu'il faut l'appliquer. 61
D'autre part, il y a certaines formes de chagrin que cette médication serait absolument incapable de soulager : par exemple, dans le cas où l'on serait chagriné de n'avoir

autem sublata propriis rationibus quibus heri usi sumus, quodam modo etiam paupertatis malum tollitur. XXVIII **60** Sed omnis eius modi perturbatio animi placatione abluatur illa quidem, cum doceas nec bonum illud esse ex quo laetitia aut libido oriatur, nec malum ex quo aut metus aut aegritudo ; uerum tamen haec est certa et propria sanatio, si doceas ipsas perturbationes per se esse uitiosas nec habere quicquam aut naturale aut necessarium, ut ipsam aegritudinem leniri uidemus, cum obicimus maerentibus imbecillitatem animi ecfeminati, cumque eorum grauitatem constantiamque laudamus qui non turbulente humana patiantur. Quod quidem solet iis etiam accidere qui illa mala esse censent, ferenda tamen aequo animo arbitrantur. Putat aliquis esse uoluptatem bonum, alius autem pecuniam ; tamen et ille ab intemperantia et hic ab auaritia auocari potest. Illa autem altera ratio et oratio, quae simul et opinionem falsam tollit et aegritudinem detrahit, est ea quidem utilior, sed raro proficit neque est ad uolgus adhibenda. **61** Quaedam autem sunt aegritudines quas leuare illa medicina nullo modo possit, ut, si quis aegre ferat nihil in se esse uirtutis, nihil animi, nihil offici, nihil honestatis, propter mala is quidem angatur, sed alia quaedam sit ad eum admouenda curatio, et talis quidem quae possit esse omnium etiam de ceteris rebus

**60** nec (*ante* bonum) *φV² P in mg.* : et *cet.* || obicimus *VφP in mg.* : obicibus *cet.* || grauitatem constantiamque *cet.* : -e -aque *GR* || ferenda *cet.* : -um *K* || arbitrantur *KBφ* : -atur *GRV¹P* || ratio et oratio *cet.* : et or. *om. V* || falsam *cet.* : -a *GRV¹* || aegritudinem *cet.* — ne *GRV¹*.

nulle trace de vertu, de courage, de conscience, de moralité, ce sont bien des maux qui causeraient notre tourment, mais c'est à un traitement d'un autre genre qu'il faudrait avoir recours, et ce traitement est tel que tous les philosophes, même s'ils sont en désaccord sur tout le reste, peuvent se l'approprier. Tous en effet doivent reconnaître que les manifestations du trouble de l'âme contraires à la droite raison sont vicieuses, si bien que, à supposer même que les objets qui provoquent la crainte ou le chagrin fussent des maux, ceux qui provoquent le désir ou la joie des biens, l'état de trouble n'en est pas moins vicieux en lui-même. Aussi bien l'homme que nous avons en tête, quand nous le qualifions de magnanime et de brave, est-il d'une nature équilibrée, calme, digne, supérieure à toutes les contingences. Or les états d'affliction et de crainte, de désir et de joie sont incompatibles avec cette définition : ils appartiennent à ceux qui considèrent les contingences humaines comme plus fortes que leurs âmes.

XXIX **62** Voilà pourquoi les philosophes, ainsi que je viens de le dire, ont tous une même méthode (1), laquelle consiste à traiter non de la valeur de l'objet qui porte le trouble dans l'âme, mais du trouble lui-même. Ainsi tout d'abord en ce qui concerne le désir pris en lui-même et s'il s'agit uniquement de le supprimer, il ne faut pas examiner si ce qui provoque l'avidité est ou non un bien ; c'est à l'avidité elle-même qu'il faut s'en prendre ; par suite, que l'on voie le souverain bien dans la moralité ou dans le plaisir ou dans une combinaison de ces deux éléments ou dans les trois catégories si connues de biens, et quand bien même l'objet d'un appétit trop violent serait la pure vertu, c'est toujours à la même démonstration qu'il faut recourir pour en détourner les esprits. D'autre part la considération de la nature humaine est la source de

discrepantium philosophorum. Inter omnis enim conuenire oportet commotiones animorum a recta ratione auersas esse uitiosas, ut, etiamsi *uel* mala sint illa quae metum aegritudinemue, *uel* bona quae cupiditatem laetitiamue moueant, tamen sit uitiosa ipsa commotio. Constantem enim quendam uolumus, sedatum, grauem, humana omnia prementem illum esse quem magnanimum et fortem uirum dicimus. Talis autem nec maerens nec timens nec cupiens nec gestiens esse quisquam potest. Eorum enim haec sunt qui euentus humanos superiores quam suos animos esse ducunt.

XXIX 62 Quare omnium philosophorum, ut ante dixi, una ratio est medendi, ut nihil quale sit illud quod perturbet animum, sed de ipsa sit perturbatione dicendum. Itaque primum in ipsa cupiditate, cum id solum agitur ut ea tollatur, non est quaerendum bonum illud necne sit quod lubidinem moueat, sed lubido ipsa tollenda est, ut, siue quod honestum est id sit summum bonum, siue uoluptas siue horum utrumque coniunctum siue tria illa genera bonorum, tamen, etiamsi uirtutis ipsius uehementior adpetitus sit, eadem sit omnibus ad deterrendum adhibenda oratio. Continet autem omnem sedationem animi humana in conspectu posita natura ; quae quo facilius expressa cernatur, explicanda est oratione communis

61 uitiosas *cet* : *om.* V || uel mala uel bona *Bentl.* : nec — nec Φ || constantem — 62 uitae *habet H* || prementem Φ (praem. *GKH*) : spernentem *Anonymus ap. Lb.* || ducunt φ : dicunt *X*.
62 etiamsi *cet.* : si *H* || uirtutis *cet.* : uirtus *KRH*.

tout apaisement moral, et, pour la mettre dans un relief qui la fasse mieux voir, il faut faire ressortir dans notre démonstration la condition générale de l'humanité et la loi de l'existence. 63 Aussi n'est-ce pas sans motif que, à une représentation donnée par Euripide de sa pièce d'*Oreste*, Socrate fit, dit-on, répéter les trois premiers vers :

« Il n'est pas de situation si inouïe, pas de fatalité, pas de fléau provoqué par la colère céleste dont la nature humaine ne puisse venir à bout par la patience ».

D'autre part, pour déterminer la conviction qu'il est possible et aussi qu'il est avantageux de supporter les malheurs, il est bon de passer en revue ceux qui les supportèrent. Au reste, en ce qui concerne l'apaisement du chagrin, j'ai développé ce thème dans notre entretien d'hier, et il se trouve encore dans le traité *de la Consolation* que je rédigeai — car je n'étais pas sage — au fort de ma désolation et de ma souffrance ; oui, ce que Chrysippe interdit de faire, médicamenter ce que j'appellerai les ulcères de l'âme quand ils sont récents, je le fis pour mon compte, et je violentai la nature, pour que la puissance du remède fît lâcher prise à la puissance de la douleur.

XXX 64 Mais le chagrin, dont nous avons parlé suffisamment, est voisin de la crainte, et il faut dire quelques mots de celle-ci. En effet la crainte est au mal à venir ce que le chagrin est au mal actuel. C'est ce qui faisait dire à quelques-uns que la crainte était une espèce du chagrin, tandis que d'autres qualifiaient la crainte de peine anticipée, dans la pensée qu'elle était pour ainsi dire l'avant-courrière d'une peine qui suivrait immédiatement. Cela posé, les méthodes qui font supporter les maux présents font aussi mépriser les maux à venir : dans l'un et l'autre cas il faut prendre

condicio lexque uitae. **63** Itaque non sine causa, cum Orestem fabulam doceret Euripides, primos tris uersus reuocasse dicitur Socrates :

> Neque tam terribilis ulla fando oratio est
> Nec fors nec ira caelitum in*uec*tum malum,
> Quod non natura humana patiendo ecferat.

Est autem utilis ad persuadendum ea quae acciderint ferri et posse et oportere enumeratio eorum qui tulerunt. Etsi aegritudinis sedatio et hesterna disputatione explicata est et in Consolationis libro, quem in medio (non enim sapientes eramus) maerore et dolore conscripsimus ; quodque uetat Chrysippus, ad recentis quasi tumores animi remedium adhibere, id nos fecimus naturaeque uim attulimus, ut magnitudini medicinae doloris magnitudo concederet.

XXX **64** Sed aegritudini de qua satis est disputatum finitimus est metus, de quo pauca dicenda sunt. Est enim metus, ut aegritudo praesentis, sic ille futuri mali. Itaque non nulli aegritudinis partem quandam metum esse dicebant, alii autem metum praemolestiam appellabant, quod es*se*t quasi dux consequentis molestiae. Quibus igitur rationibus instantia feruntur, eisdem contemnuntur sequentia. Nam uidendum est in utrisque ne quid humile, summissum, molle, ecfe-

**63** non — Euripides *habet* Prisc. *Gl.* 2, 246, 2 ‖ doceret φ *Prisc.* : diceret X ‖ neque — ferat *habet* Prisc. *Gl.* 3, 426, 7 ‖ oratio φ (ἔπος *Eur. Or.* 1) : ratio *X Prisc.* ‖ fors *X* (sor $G^1$ fors $G^2$) *Prisc.* : sors *uulgo* ‖ inuectum *edd.* (θεήλατος) : inuentum *X* inuictum *Prisc.* ‖ ut cum magnitudine — concederet *habet* Non. 270.
**64** sed — faciamus *habet H* ‖ ille *BP in mg.* $V^3$φ : illi *cet.* ‖ praemolestiam *P*$V^2$φ. -a *cet.* ‖ esset *Bentl.* : est Φ.

garde à ne rien faire qui sente la bassesse, la faiblesse, la lâcheté, la sensiblerie, l'abattement et le découragement. Mais, bien qu'il faille parler de l'inconstance, de la pusillanimité, de la faiblesse de caractère qu'il y a dans la crainte considérée en elle-même, il n'y a pas moins grand profit à montrer directement l'insignifiance des objets qui la provoquent. Aussi, soit hasard, soit intention, c'est fort à propos que nos entretiens du premier jour et du lendemain ont porté sur les deux choses qui inspirent le plus de crainte, la mort et la douleur, et si notre conviction est faite sur ces points, nous nous trouvons affranchis de la crainte dans une large mesure.

XXXI **65** Mais en voilà assez sur l'opinion fausse qu'on se fait des maux ; examinons maintenant celle qu'on se fait des biens, c'est-à-dire la joie et le désir. Pour moi, dans tout le débat qui a trait aux passions, la question, ce me semble, se ramène à un seul fait, qui est que toutes dépendent de nous, que nous les contractons toutes délibérément, qu'elles sont toutes volontaires. Cela posé, c'est l'erreur où nous sommes sur ce point qu'il faut arracher, c'est là qu'est l'idée fausse dont il faut se délivrer, et de même que, lorsqu'il s'agit de maux présumés, il faut les présenter comme supportables, ainsi, lorsqu'il s'agit de biens, faut-il rabaisser ceux que l'on estime considérables et propres à inspirer de la joie. De plus, et c'est là une prescription qui s'applique également aux maux et aux biens, à supposer même qu'on éprouvât de la difficulté à convaincre que nul des objets qui passionnent l'âme ne doit être tenu ni pour un bien ni pour un mal, il n'en faudrait pas moins appliquer un traitement différent aux différents troubles, et recourir à des méthodes différentes pour redresser soit la malveillance, soit la passion amoureuse, soit inversement l'anxiété ou la

minatum, fractum abiectumque faciamus. Sed quamquam de ipsius metus inconstantia, inbecillitate, leuitate dicendum est, tamen multum prodest ea quae metuuntur ipsa contemnere. Itaque siue casu accidit siue consilio, percommode factum est, quod eis de rebus quae maxime metuuntur, de morte et de dolore, primo et proxumo die disputatum est. Quae si probata sunt, metu magna ex parte liberati sumus.

XXXI **65** Ac de malorum opinione hactenus ; uideamus nunc de bonorum, id est de laetitia et de cupiditate. Mihi quidem in tota ratione ea quae pertinet ad animi perturbationem, una res uidetur causam continere, omnis eas esse in nostra potestate, omnis iudicio susceptas, omnis uoluntarias. Hic igitur error est eripiendus, haec detrahenda opinio atque, ut in malis opinatis tolerabilia, sic in bonis sedatiora sunt efficienda ea quae magna et laetabilia ducuntur. Atque hoc quidem commune malorum et bonorum, ut, si iam difficile sit persuadere nihil earum rerum quae perturbent animum aut in bonis aut in malis esse habendum, tamen alia ad alium motum curatio sit adhibenda aliaque ratione maliuolus, alia amator, alia rursus anxius, alia timidus corrigendus. **66** Atque erat facile sequentem eam rationem quae maxume probatur de bonis et malis, negare umquam laetitia

**64** casu *cel.* : causa V ‖ disputatum est *cel.* : -andum est *K* -tata sunt *G.*
**65** pertinet φ : -nt *X* ‖ haec detrahenda opinio *cel.* : h. d. o. ne consererent *Gr* ‖ ducuntur *Wolf* : dic. Φ.

timidité. **66** Au reste, il eût été facile, à suivre la théorie qui est la plus plausible dans la question des biens et des maux, de soutenir que jamais le non-sage ne saurait ressentir de joie, pour la raison que jamais il ne saurait connaître de bien ; mais nous parlons maintenant le langage de tout le monde. Admettons, si l'on veut, que ces choses, honneurs, richesses, plaisirs, etc... qui passent pour des biens, soient des biens réels : une joie exaltée et délirante n'en est pas moins honteuse dans la jouissance de ces choses mêmes, et par exemple, à supposer que l'on fût en droit de rire, il serait indécent néanmoins de rire aux éclats. Car l'état d'une âme qui ne se contient pas de joie est immoral au même titre que l'état de celle qui se contracte dans la souffrance ; il y a même légèreté à montrer de l'avidité dans le désir que du délire dans la jouissance, et, tout comme ceux que la peine déprime exagérément, ceux que la joie exalte outre mesure passent à bon droit pour des gens sans caractère ; et, la jalousie relevant du chagrin, tandis que le fait de prendre plaisir au malheur d'autrui relève de la joie, il est d'usage de les corriger également en représentant ce qu'il y a là de barbare et de sauvage ; de plus, tout de même que l'assurance est de mise et la crainte ne l'est pas, ainsi le contentement est de mise et la joie n'est pas de mise, puisqu'aussi bien, dans l'intérêt de notre démonstration, nous établissons une différence entre contentement et joie ; **67** nous l'avons déjà dit plus haut (1), s'il ne saurait jamais être raisonnable que le cœur se serre, il peut l'être qu'il s'épanouisse. Aussi bien le contentement de l'Hector de Naevius est-il une chose :

« Je suis heureux d'un éloge venu de vous, mon père, qui êtes un homme digne d'éloge (2) »,

et ⟨ la joie ⟩ du personnage de Trabea (3) en est une autre :

adfici posse insipientem, quod nihil umquam haberet boni. Sed loquimur nunc more communi. Sint sane ista bona quae putantur, honores, diuitiae, uoluptates, cetera, tamen in eis ipsis potiundis exultans gestiensque laetitia turpis est, ut, si ridere concessum sit, uituperetur tamen cachinnatio. Eodem enim uitio est ecfusio animi in laetitia quo in dolore contractio, eademque leuitate cupiditas est in appetendo qua laetitia in fruendo, et, ut nimis adflicti molestia, sic nimis elati laetitia iure iudicantur leues ; et, cum inuidere aegritudinis sit, malis autem alienis uoluptatem capere laetitiae, utrumque immanitate et feritate quadam proponenda castigari solet ; atque, ut confidere decet, timere non decet, sic gaudere decet, laetari non decet, quoniam docendi causa a gaudio laetitiam distinguimus ; **67** illud iam supra diximus contractionem animi recte fieri numquam posse, elationem posse. Aliter enim Naeuianus ille gaudet Hector :

Laetus sum laudari me abs te, pater, a laudato uiro,

aliter ille apud Trabeam :

Lena delenita argento nutum obseruabit meum,
Quid uelim, quid studeam ; adueniens digito impellam ianuam,
Fores patebunt ; de inprouiso Chrysis ubi me axpexerit,
Alacris ob uiam mihi ueniet complexum exoptans meum,
Mihi se dedet.

**66** sint *cet.* : sunt *V* ‖ adflicti φ : adflictio *X* ‖ nimis φ : animis *X* (animi *V*²) ‖ iudicantur *cet.* : dicantur *V* ‖ atque -timere non decet *habet Non.* 444 ‖ confidere Φ *Non.* : cauere *Davis* prouidere *Tregder.*

**67** contractionem *V*²φ : -e *X* ‖ *uersus est Hect. profic.* 15 ‖ Trabeam : *fr.*1 ‖ ianuam *cet.* : genuam *K* ‖ dedet *cet.* : dedit *K* sedet *V*.

« La maquerelle amadouée par l'argent sera attentive au moindre signe de ma volonté et de mon désir. En arrivant, je frapperai du doigt à la porte : elle s'ouvrira à deux battants. Surprise de me voir contre son attente, enchantée, Chrysis se précipitera au devant de moi ; ravie, elle tombera dans mes bras, elle sera à moi. »

Combien cela lui paraît beau, lui-même va nous le dire :

« La Fortune en personne sera moins fortunée que moi. »

XXXII 68 Il suffit de fixer son attention sur pareille joie pour voir pleinement ce qu'elle a de honteux.

Et de même qu'ils se couvrent de honte, ceux que la joie met hors d'eux-mêmes au moment où ils jouissent des plaisirs de l'amour, ils se dégradent ceux dont ces plaisirs enflamment l'âme de convoitise. Au surplus, tout ce que l'on appelle communément l'amour — et, ma foi ! je ne vois pas de quel autre nom on pourrait le désigner — dénote une si grande faiblesse de caractère que je ne vois pas de terme de comparaison. Eh bien ! Caecilius estime :

« Qu'à moins d'être ou sot ou naïf, il faut considérer l'amour comme le dieu suprême ; car il dépend de lui que nous soyons fous, que nous soyons raisonnables, que nous guérissions, que nous tombions malades... et inversement que nous soyons aimés, que nous soyons recherchés, que nous soyons désirés ».

69 O la belle école à réformer les mœurs que la poésie, elle qui va faire place dans l'assemblée des Dieux à l'amour, conseiller de débauche et d'inconduite ! Mais à quoi bon parler de la comédie, quand aussi bien, si nous ne prenions goût à ces ignominies, elle n'aurait plus qu'à disparaître. Que dit un personnage de la tragédie, le fameux chef des Argonautes ?

« Si tu m'as sauvé, c'est en considération de ton amour et non pas de ma personne (1) ».

Quam haec pulchra putet, ipse iam dicet :

Fortunam ipsam anteibo fortunis meis.

XXXII **68** Haec laetitia quam turpis sit, satis est diligenter attendentem penitus uidere. Et ut turpes sunt qui ecferunt se laetitia tum cum fruuntur ueneriis uoluptatibus, sic flagitiosi qui eas inflammato animo concupiscunt. Totus uero iste qui uolgo appellatur amor (nec hercule inuenio quo nomine alio possit appellari), tantae leuitatis est, ut nihil uideam quod putem conferendum. Quem Caecilius

'deum qui non summum putet,
Aut stultum aut rerum esse imperitum' existumat,
Cui in manu sit, quem esse dementem uelit,
Quem sapere, quem *sanari*, quem in morbum inici,
. . . . . . . . . . . . . . . . . . . . . . . . . . .
Quem contra amari, quem expeti, quem arcessi*er*'.

**69** O praeclaram emendatricem uitae poëticam ! quae amorem flagiti et leuitatis auctorem in concilio deorum conlocandum putet. De comoedia loquor quae, si haec flagitia non probaremus, nulla esset omnino ; quid ait ex tragoedia princeps ille Argonautarum ?

Tu me amoris magis quam honoris serua*ui*sti gratia.

Quid ergo ? hic amor Medeae quanta miseriarum ex-

**68** Caecilius : *fr.* 259 ‖ existumat φ : -et *X* ‖ dementem *cet.* : -te *GR* ‖ sanari *Man.* : insanare $K^1$ (-nire $K^2$) insanire *cet.* ‖ *post* inici *uersus excidit* ‖ arcessier *Bentl.* : arcessiri Φ (arcesciri $V^1$).

**69** amorem *BP* : amore *cet.* (*in K* s *in fine eras.*) ‖ non φ*P in ras.* : *om. B* nos *cet.* ‖ *uersus est Enn. Med. exul.* 278 ‖ seruauisti *Cratander* : seruasti Φ.

Eh quoi ? cet amour qu'éprouvait Médée, quels lamentables incendies n'alluma-t-il point ? Et cela ne l'empêche pas, chez un autre poète (1), d'avoir le front de dire à son père :

« que l'époux qu'elle avait, elle le tenait de l'Amour, lequel a plus de puissance et plus de droits qu'un père. »

XXXIII 70 Mais laissons les poètes à leurs fantaisies, les poètes dont les fictions nous montrent Jupiter même se roulant dans la débauche ; passons aux professeurs de vertu, aux philosophes : ils affirment, eux, que l'objet de l'amour n'est point le plaisir charnel, et là-dessus chicanent avec Épicure, lequel, à mon sens, n'est pas loin de la vérité. Qu'est-ce en effet que leur amour de l'amitié ? Pourquoi ne voit-on personne s'éprendre ni d'un jeune homme laid ni d'un beau vieillard ? Pour moi, les relations de ce genre ont, ce me semble, pris naissance dans les gymnases de la Grèce, où ces amours là sont admis et autorisés. Aussi Ennius a-t-il raison de dire : « c'est une source de débauche que l'habitude de se montrer nu en public. » En admettant que ces gens soient chastes, et je constate que la chose est possible, ils n'en sont pas moins mal à l'aise et inquiets, et cela d'autant plus qu'ils n'ont à compter que sur eux-mêmes pour assurer leur dignité. 71 Au surplus, sans parler des passions inspirées par les femmes et qui sont bien plus autorisées de la nature, qui ne voit, s'il s'agit de l'enlèvement de Ganymède, à quoi songent les poètes, ou ne devine, à lire Euripide (2), à quoi riment les discours de Laïus ? Enfin que ne révèlent point les déclarations que font dans leurs poèmes et leurs chants de très grands philosophes et d'illustres poètes ? Que n'a point écrit sur l'amour des jeunes gens Alcée, qui s'était signalé par sa vaillance au service de sa patrie ? Quant à Anacréon, certes, son œuvre poétique tout entière est animée par l'amour, mais c'est

citauit incendia ! Atque ea tamen apud alium poëtam patri dicere audet se « coniugem » habuisse

Illum, Amor quem dederat, qui plus pollet potiorque est patre.

XXXIII **70** Sed poëtas ludere sinamus, quorum fabulis in hoc flagitio uersari ipsum uidemus Iouem. Ad magistros uirtutis philosophos ueniamus, qui amorem negant stupri esse et in eo litigant cum Epicuro non multum, ut opinio mea fert, mentiente. Quis est enim iste amor amicitiae ? Cur neque deformem adulescentem quisquam amat neque formosum senem ? Mihi quidem haec in Graecorum gymnasiis nata consuetudo uidetur, in quibus isti liberi et concessi sunt amores. Bene ergo Ennius :

Flagit*i* principium est nudare inter ciuis corpora.

Qui ut sint, quod fieri posse uideo, pudici, solliciti tamen et anxii sunt, eoque magis quod se ipsi continent et coërcent. **71** Atque, ut muliebris amores omittam quibus maiorem licentiam natura concessit, quis aut de Ganymedi raptu dubitat quid poëtae uelint, aut non intellegit quid apud Euripidem et loquatur et cupiat Laius ? Quid denique homines doctissimi et summi poëtae de se ipsis et carminibus ed*u*nt et cantibus ? Fortis uir in sua re publica cognitus quae de iuuenum amore scribit Alcaeus ! Nam Anacreontis quidem tota poësis est amatoria. Maxume uero omnium flagrasse amore Reginum Ibycum apparet ex scriptis.

**69** se ϛ*V*²*P* : sed *cet.* ‖ *uersus est Trag. inc.* 174.
**70** Ennius : *sc.* 395 ‖ flagiti *edd.* : -ii *X* ‖ ciuis *cet.* : -es *GR*rec. ‖
**71** edunt *Lb.* : edant Φ.

encore Ibycus de Rhegium — ses écrits en font foi — chez qui, de tous les poètes, la passion fut la plus ardente.

XXXIV Or, chez tous ces gens-ci, c'est à l'amour voluptueux que nous avons affaire. Mais nous-mêmes, les philosophes, ne sommes-nous pas intervenus — c'est d'ailleurs notre cher Platon qui en a donné l'exemple, et Dicéarque le lui reproche à bon droit — pour nous porter caution de l'amour. **72** Les Stoïciens vont plus loin : d'une part ils disent que le sage sera amoureux d'autre part ils définissent l'amour « une tendance à se lier d'amitié qui s'inspire d'un idéal de beauté. » Cet amour-là, si tant est qu'il existe dans le monde réel un amour exempt d'inquiétude, de regrets, de soucis, de soupirs, je l'admets volontiers : aussi bien il ne connaît pas la sensualité et c'est elle qui nous occupe ici. Mais s'il existe un autre amour, et il existe assurément, qui ne diffère pas ou ne diffère guère de la folie, c'est autre chose. Ainsi pour le personnage de *la Leucadienne* (1) :

« Si du moins il y avait quelque dieu pour s'intéresser à moi ! »

**73** Oui vraiment, tous les dieux auraient dû se mettre en peine de procurer à notre homme les plaisirs de l'amour !

« Hélas ! malheureux que je suis ! »

Rien de plus véritable. Et c'est à juste titre qu'il s'entend dire :

« es-tu fou de te lamenter sans raison ? »

Ainsi ses amis même le prennent pour un fou. Mais quel déploiement de pathos :

« O toi, Apollon vénérable, à mon secours, et toi, Neptune, roi des eaux, je t'invoque, et vous encore, ô vents. »

XXXIV Atque horum omnium lubidinosos esse amores uidemus. Philosophi sumus exorti, et auctore quidem nostro Platone, quem non iniuria Dicaearchus accusat, qui amori auctoritatem tribueremus. **72** Stoici uero et sapientem amaturum esse dicunt et amorem ipsum « conatum amicitiae faciendae ex pulchritudinis specie » definiunt. Qui si quis est in rerum natura sine sollicitudine, sine desiderio, sine cura, sine suspirio, sit sane ; uacat enim omni libidine ; haec autem de libidine oratio est. Sin autem est aliquis amor, ut est certe, qui nihil absit aut non multum ab insania, qualis in Leucadia est :

Si quidem sit quisquam deus, cui ego sim curae.

**73** At id erat deis omnibus curandum, quem ad modum hic frueretur uoluptate amatoria !

Heu me infelicem !

Nihil uerius. Probe et ille

sanusne es, qui temere lamentare ?

Sic insanus uidetur etiam suis. At quas tragoedias efficit !

Te, Apollo sancte, fer opem, teque, *a*mnipotens Neptune inuoco,
Vosque adeo, Venti !

Mundum totum se ad amorem suum subleuandum conuersurum putat, Venerem unam excludit ut iniquam.

**72** qui si *cel* : quin *V* || Leucadia : *Turpil.* 115.
**73** at *cet.* : ad *V* || deis *VB* : dehis *cet.* || at *cet.* : ad *KR* || efficit φ : effecit *X* || te φ : et *X* || amnipotens *Woelfflin ap. Ribbeck* : tequea omnip. *GRB*[1] (o omnip. *B*[2]) tequeaomnip. *K* teque omnip. *V* (*ras. ante* o) omnip. *uulgo.*

Il compte réussir à mettre en branle tout l'univers pour le soulagement de son amour ; il n'écarte que la seule Vénus, dans la pensée qu'elle ne lui veut pas de bien :

« Mais j'aurais tort de m'adresser à toi, Vénus. »

La passion, explique-t-il, l'empêche de s'intéresser à quoi que ce soit. Comme si vraiment ce n'était pas la passion qui lui faisait à lui-même dire et faire tant de sottises.

XXXV 74 Le traitement qu'il faut appliquer à pareil état consiste d'abord à faire voir combien l'objet du désir est futile, combien méprisable, combien parfaitement insignifiant, combien aussi il serait facile de se le procurer ailleurs ou par un autre moyen ou encore d'en faire fi complètement. Parfois il faut chercher un dérivatif dans des goûts, des soucis, des soins, des occupations autres ; enfin un déplacement, comme pour les gens mal portants qui n'arrivent pas à se remonter, est souvent indiqué. 75 Certains estiment même que, comme un clou chasse l'autre, il y a lieu d'employer un amour nouveau pour chasser l'amour ancien. Mais surtout il faut attirer l'attention sur le degré de folie furieuse où atteint l'amour. De toutes les passions en effet il n'en est pas assurément de plus violente ; aussi, même sans mettre en cause ses grands effets, j'entends le viol, et la séduction, et l'adultère, l'inceste enfin, dont l'ignominie est justiciable des tribunaux, sans tenir compte de ces choses, le seul bouleversement de l'esprit qui se produit dans l'amour est par lui-même honteux. 76 Oui, sans faire état de ces effets-là, qui relèvent de la folie furieuse, de quelle faiblesse de caractère ne témoignent pas ceux-ci qui paraissent sans grande importance :

« Les froissements, les soupçons, les brouilles, les raccommodements, la guerre, puis la paix de nouveau. Dans ce milieu chan-

Nam quid ego te appellem, Venus ?

Eam prae lubidine negat curare quicquam ; quasi uero ipse non propter lubidinem tanta flagitia et faciat et dicat.

XXXV 74 Sic igitur adfecto haec adhibenda curatio est, ut et illud quod cupiat ostendat*ur* quam leue, quam contemnendum, quam nihili sit omnino, quam facile uel aliunde uel alio modo perfici uel omnino neglegi possit. Abducendus etiam est non numquam ad alia studia, sollicitudines, curas, negotia, loci denique mutatione tamquam aegroti non conualescentes saepe curandus est ; 75 etiam nouo quidam amore ueterem amorem tamquam clauo clauum eiciendum putant ; maxime autem admonendus ⟨ est ⟩ quantus sit furor amoris. Omnibus enim ex animi perturbationibus est profecto nulla uehementior, ut, si iam ipsa illa accusare nolis, stupra dico et corruptelas et adulteria, incesta denique, quorum omnium accusabilis est turpitudo, — sed ut haec omittas, perturbatio ipsa mentis in amore foeda per se est. 76 Nam ut illa praeteream, quae sunt furoris, haec ipsa per sese quam habent leuitatem, quae uidentur esse mediocria :

Iniuriae,<br>
Suspiciones, inimicitiae, indutiae,<br>
Bellum, pax rursum ! Incerta haec si tu postules

74 ostendatur *Dav.* : ostendat Φ -as *Bouhier* ‖ nihili *cet.* : nihil *V.*

75 clauo *cet.* : claua *V* ‖ est *add. Baiter* : *om.* Φ.

76 *uersus sunt Ter. Eun.* 59-63 ‖ si tu φ*B*[s] : sit ut *X* (*prius* t *exp. V*[2]).

geant, qui voudrait apporter de l'esprit de suite n'avancerait pas plus que s'il voulait déraisonner de sang-froid (1). »

Cet état de déséquilibre et d'instabilité de l'esprit, qui n'en serait détourné par ce seul fait qu'il est incohérent ? Il faut aussi bien dégager ici ce qui s'applique à la passion en général, à savoir qu'il n'est point de passion qui ne relève de l'opinion, qui ne soit contractée délibérément, qui ne soit volontaire. Aussi bien, si l'amour était naturel, tout le monde serait amoureux, et l'on serait amoureux toujours, et on le serait du même objet, sans que l'un en fût détourné par la honte, l'autre par la réflexion, un troisième par la satiété.

XXXVI 77 Et que dire de la colère, la colère qui, tout le temps qu'elle passionne l'âme, se confond absolument avec la folie, la colère qui amène deux frères même à le prendre sur ce ton (2) :

« Fut-il jamais au monde homme plus impudent que toi ?
— Dis plutôt de plus méchant que toi ? »

Tu connais la suite : en vers qui se répondent un à un, des frères se lancent à la face les plus graves injures, et l'on peut bien voir qu'ils sont fils d'Atrée, Atrée qui projette contre son frère une vengeance inouïe :

« Il me faut combiner une machination plus terrible, un châtiment plus effroyable, pour briser et réduire son cœur féroce (3). »

A quoi donc aboutit cette épouvantable machination ? Écoutez Thyeste lui-même :

Mon propre frère m'invita, malheureux que je suis, à manger mes propres enfants. »

1. Térence, *Eunuque*, I, 1, 14.
2. Ennius, *Iphigénie*.
3. Ces vers et les suivants sont empruntés à l'*Atrée* d'Accius.

Ratione certa facere, nihilo plus agas,
Quam si des operam, ut cum ratione insanias.

Haec inconstantia mutabilitasque mentis quem non ipsa prauitate deterreat ? Est *etiam* illud quod in omni perturbatione dicitur demonstrandum, nullam esse nisi opinabilem, nisi iudicio susceptam, nisi uoluntariam. Etenim si naturalis amor esset, et amarent omnes et semper amarent et idem amarent, neque alium pudor, alium cogitatio, alium satietas deterreret.

XXXVI 77 Ira uero quae quam diu perturbat animum, dubitationem insaniae non habet, cuius inpulsu existit etiam inter fratres tale iurgium :

Quis homo te exsuperauit u*s*quam gentium impudentia ?
Quis autem malitia te ?

Nosti quae sequuntur ; alternis enim uersibus intorquentur inter fratres grauissimae contumeliae, ut facile appareat Atrei filios esse, eius qui meditatur poenam in fratrem nouam :

Maior mihi moles, maius miscendum*s*t malum,
Qui illius acerbum cor contundam et conprimam.

Quo igitur haec *erum*pit moles ? Audi Thyestem :

> Ipsu*s* hortatur me frater, ut meos malis miser
> Mandarem natos...

76 etiam *Man.* : enim Φ ‖ etenim -deterreret *habet H* ‖ et idem amarent *om. H.*

77 *uersus sunt Enn. Iph.* 222 ‖ usquam *Bentl. (fortasse ex* φ) : umquam *X* ‖ enim *cet.* : eum *KR* ‖ grauissimae *cet.* : -me *KRV* ‖ *uersus sunt Acc. Atr.* 200 ‖ mi *cet.* : *om.* V ‖ miscendumst *de orat.* 3, 219 *de nat. deor.* 3, 26, 68 : miscendum *hic* Φ ‖ erumpit *Dav.* : erit *Gr* erunt *cet.* ‖ ipsus *de orat.* 3, 217 : ipsum Φ ‖ mandarem *cet.* : manderem *P et de orat.* 3, 217 *MLO (ed. Wilkins).*

Il sert sur table leurs chairs. Aussi bien, pour quelles raisons la colère n'irait-elle pas aussi loin que la folie ? C'est pourquoi l'on s'exprime avec propriété, quand l'on dit des gens en colère qu'ils n'ont plus leur jugement, leur raison, leur intelligence ; en effet le contrôle de ces facultés doit s'étendre à l'âme tout entière. **78** Aux gens dont il s'agit, il faut soustraire ceux contre qui ils tentent de se jeter, en attendant qu'ils se ressaisissent — or, qu'est-ce que se ressaisir, sinon regrouper dans leur place normale les éléments dispersés de l'âme — ou bien il faut les prier et les supplier, s'ils sont à même de satisfaire leur vengeance, de la renvoyer à un autre moment, jusqu'à ce que s'apaise le bouillonnement de leur colère. Or bouillonnement implique à coup sûr un échauffement de l'âme provoqué en dépit de la raison. C'est cette considération qui fait citer avec éloge le mot d'Archytas (1) ; s'étant pris de colère un peu violemment contre son fermier : « Quelle réception je t'aurais faite, dit-il, si je n'étais en colère ! »

XXXVII **79** Où en sont donc ceux pour qui la colère rend des services — quels services peut rendre la folie ! — ou encore est naturelle — peut-il y avoir conformité à la nature là où il y a conflit avec la raison ? Comment expliquer d'ailleurs, si la colère était naturelle, que tel individu y soit porté plus que tel autre, ou que l'envie de se venger prenne fin avant que la vengeance soit assouvie, ou qu'il arrive que l'on regrette ce qu'on a fait sous l'empire de la colère ? Témoin le roi Alexandre qui, ayant tué son intime ami Clitus, eut grand peine à ne pas attenter à sa propre vie, tant il en éprouva de remords. Ce point acquis, comment douter que le trouble de l'âme dont nous parlons ne procède aussi entièrement de l'opinion et de la volonté ? Qui pourrait douter en effet que les états maladifs de l'âme, de la nature de l'avidité ou du désir de la gloire, n'aient leur origine

Eorum uiscera apponit. Quid est enim quo non progrediatur eodem ira quo furor ? Itaque iratos proprie dicimus exisse de potestate, id est de consilio, de ratione, de mente ; horum enim potestas in totum animum esse debet. **78** His aut subtrahendi sunt ii in quos impetum conantur facere, dum se ipsi conligant, (quid est autem se ipsum colligere nisi dissupatas animi partis rursum in suum locum cogere ?) aut rogandi orandique sunt, ut, si quam habent ulciscendi uim, differant in tempus aliud, dum deferuescat ira. Deferuescere autem certe significat ardorem animi inuita ratione excitatum. Ex quo illud laudatur Archytae qui cum uilico factus esset iratior : « Quo te modo », inquit, « accepissem, nisi iratus essem ! »

XXXVII **79** Vbi sunt ergo isti qui iracundiam utilem dicunt (potest utilis esse insania ?) aut naturalem ? An quicquam est secundum naturam quod fit repugnante ratione ? quo modo autem, si naturalis esset ira, aut alius alio magis iracundus esset, aut finem haberet prius quam esset ul*t*a ulciscendi libido, aut quemquam paeniteret quod fecisset per iram ? Vt Alexandrum regem uidemus, qui cum interemisset Clitum, familiarem suum, uix a se manus abstinuit ; tanta uis fuit paenitendi. Quibus cognitis quis est qui dubitet quin hic quoque motus animi sit totus opinabilis ac uoluntarius ? Quis enim dubitarit quin aegro-

77 uiscera φ : uiscere *GKR* — ae *V* ‖ quo *cet.* : quod $V^3$.
78 se ipsi $BV^2P^2$φ : ipse ipsi *cet.*
79 an φ*P in mg.* : hanc *X* ‖ est secundum φ : es sec. *R* esse sec. *cet.* ‖ ulta *Man.* : ulla Φ ‖ dubitet *cet.* : -at *K*.

dans l'importance attachée aux objets qui ont déterminé la maladie de l'âme ? Ceci nous amène à reconnaître que n'importe quelle passion également consiste dans une opinion. **80** Et si l'assurance, c'est-à-dire l'état d'une âme vigoureusement déterminée, est une connaissance positive et une opinion sérieuse d'un homme qui n'acquiesce point sans raison, *(texte altéré)* la peur également est un manque d'assurance relativement à un mal attendu et imminent, et si l'espérance est l'attente d'un bien, forcément la peur est l'attente d'un mal. Or, il en est de toutes les autres passions comme de la peur, elles sont mauvaises. Donc, de même que l'équilibre de l'âme relève de la connaissance positive, ainsi la passion relève de l'erreur. Quant à ceux dont l'on dit qu'ils sont naturellement portés à la colère, ou à la pitié, ou à la jalousie, ou à quelque passion pareille, ils ont pour ainsi dire une mauvaise constitution morale, mais n'en sont pas moins guérissables, à preuve ce que l'on rapporte de Socrate. Dans une réunion, Zopyre, qui se faisait fort de reconnaître la nature de chaque individu à son type physique, ayant chargé Socrate de tous les vices, mit en gaieté l'assistance, laquelle ne retrouvait point ces vices en Socrate, et ce fut Socrate, l'intéressé, qui tira Zopyre d'affaire en disant que ces vices-là étaient bien innés en lui, mais que la raison l'en avait débarrassé. **81** Ainsi, de même que chez des personnes pourvues d'une santé excellente on peut voir un tempérament particulièrement sujet à telle maladie, de même les âmes sont portées de façon spéciale à tel ou tel vice. Quant à ceux dont l'on dit que leurs vices ne sont pas naturels, mais acquis, ces vices tiennent à des opinions erronées sur les choses bonnes et mauvaises, en sorte que les uns sont plus exposés à tel trouble passionnel, les autres à tel autre. Quant aux vices invétérés, il en est comme pour le corps : on a

tationes animi, qualis est auaritia, gloriae cupiditas, ex eo quod magni aestumetur ea res ex qua animus aegrotat, oriantur ? Vnde intellegi debet perturbationem quoque omnem esse in opinione. **80** Et si fidentia, id est firma animi confisio, scientia quaedam est et opinio grauis non temere adsentientis, † metus quoque est diffidentia expectati et impendentis mali, et, si spes est expectatio boni, mali expectationem esse necesse est metum. Vt igitur metus, sic reliquae perturbationes sunt in malo. Ergo ut constantia scientiae, sic perturbatio erroris est. Qui autem natura dicuntur iracundi aut misericordes aut inuidi aut tale quid, ei sunt constituti quasi mala ualetudine animi, sanabiles tamen, ut Socrates dicitur : cum multa in conuentu uitia conlegisset in eum Zopyrus qui se naturam cuiusque ex forma perspicere profitebatur, derisus est a ceteris qui illa in Socrate uitia non agnoscerent, ab ipso autem Socrate subleuatus, cum illa sibi *insita*, sed ratione a se deiecta diceret. **81** Ergo ut optuma quisque ualetudine adfectus potest uideri [ut] natura ad aliquem morbum procliuior, sic animus alius ad alia uitia propensior. Qui autem non natura, sed culpa uitiosi esse dicuntur, eorum uitia constant e falsis opinionibus rerum bonarum et malarum, ut sit alius ad alios motus perturbationesque procliuior.

**79** magni *cet.* : magna *V* ‖ oriantur φ : — atur *X*.
**80** metus quoque -metum Φ, *sed locus est desperatus* : diffidentia quoque est metus *Davis,* diffidentia — mali *ut glossema delet cui* adsensio eaque imbecilla *substituit Philipson alii aliter* ‖ sanabiles φ : sanabile est *X* ‖ insita *Bentl.* : signa *X*φ uitia φ *P in mg.* uitia inesse *edd. uett.*
**81** natura *Tregder* : ut n. Φ.

plus de peine à s'en défaire que d'une crise de passion, comme on a plus tôt fait de guérir les yeux d'une tumeur maligne que d'en finir avec une ophtalmie chronique.

Conclusion.

XXXVIII 82 Mais à présent que nous connaissons la cause des passions, qui toutes ont leur origine dans des jugements fondés sur des idées fausses et dans le parti-pris d'agir en conséquence, arrêtons ici notre leçon. Mais il faut bien nous rendre compte qu'une fois approfondie, autant qu'il est possible humainement de l'approfondir, la question du souverain bien et du souverain mal, il n'était pas possible de demander à la philosophie sujets ni plus importants ni plus profitables que ceux des leçons de ces quatre journées. Après avoir montré l'insignifiance de la mort et réduit la souffrance à être supportable, nous avons par surcroît donné les moyens d'apaiser le chagrin, qui est bien pour l'humanité le plus grand des maux. S'il est vrai en effet que n'importe quel trouble moral est grave et ne diffère guère de la folie, dans tous les cas où il s'agit de troubles relatifs à la crainte ou à la joie ou au désir, nous nous contentons généralement de dire que l'on est secoué et troublé, tandis que, lorsqu'il s'agit de personnes qui se sont abandonnées au chagrin, nous parlons de misère, d'accablement, de détresse, de désespoir. 83 Ainsi paraît-il que ce n'est pas par un effet du hasard, mais conformément à un plan, que tu m'as demandé de traiter séparément du chagrin d'une part, et d'autre part de toutes les autres passions : car c'est lui qui est la source et le principe de nos misères. D'ailleurs, aussi bien pour le chagrin que pour les autres maladies de l'âme, il n'existe qu'un remède, c'est de montrer que toutes tiennent à l'opinion et à la volonté, et que si on les contracte, c'est parce qu'on croit bien faire. Telle

Inueteratio autem, ut in corporibus, aegrius depellitur quam perturbatio, citiusque repentinus oculorum tumor sanatur quam diuturna lippitudo depellitur.

XXXVIII 82 Sed cognita iam causa perturbationum, quae omnes oriuntur ex iudiciis opinionum et uoluntatibus, sit iam huius disputationis modus. Scire autem nos oportet cognitis, quoad possunt ab homine cognosci, bonorum et malorum finibus nihil a philosophia posse aut maius aut utilius optari quam haec, quae a nobis hoc quadriduo disputata sunt. Morte enim contempta et dolore ad patiendum leuato adiunximus sedationem aegritudinis, qua nullum homini malum maius est. Etsi enim omnis animi perturbatio grauis est nec multum differt ab amentia, [tamen ita] ceteros, cum sunt in aliqua perturbatione aut metus aut laetitiae aut cupiditatis, commotos modo et perturbatos dicere solemus, at eos qui se aegritudini dediderunt, miseros, adflictos, aerumnosos, calamitosos. 83 Itaque non fortuito factum uidetur, sed a te ratione propositum, ut separatim de aegritudine et de ceteris perturbationibus disputaremus; in ea est enim fons miseriarum et caput. Sed et aegritudinis et reliquorum animi morborum una sanatio est, omnis opinabilis esse et uoluntarios ea reque suscipi, quod ita rectum esse uideatur. Hunc errorem quasi radicem malorum omnium stirpitus philosophia

82 nos φ : uos *X* ‖ quoad *BR*[1]*V*[rec]φ : quod ad *GKR*[2]*V*[1]*P* ‖ ab homine cognosci *cet.* : cogn. a. h. *K* ‖ a philosophia *cet.* : a *om.* *K* ‖ tamen ita *del.* *Nissen.*

83 sed et *cet.* : et *om.* *V.*

est l'erreur qui est pour ainsi dire la racine de tous les maux, et la philosophie s'engage à l'extirper radicalement. 84 Confions-nous donc à ses bons soins et souffrons qu'elle nous guérisse. Aussi bien, tant que ces maux sont enracinés en nous, sommes-nous incapables, non seulement d'être heureux, mais même d'avoir la santé. Cela posé, et à moins de soutenir que la raison ne donne absolument aucun résultat, alors que tout au contraire on ne peut sans la raison arriver à rien de bien, il nous faut, puisque le rôle de la philosophie est de rassembler les vues de la raison, nous adresser à elle, si nous voulons être vertueux et heureux, pour obtenir tous les appuis et tous les secours qui procurent vertu et bonheur.

se extracturam pollicetur. **84** Demus igitur nos huic excolendos patiamurque nos sanari. His enim malis insidentibus non modo beati, sed ne sani quidem esse possumus. Aut igitur negemus quicquam ratione confici, cum contra nihil sine ratione recte fieri possit, aut, cum philosophia ex rationum conlatione constet, ab ea, si et boni et beati uolumus esse, omnia adiumenta et auxilia petamus bene beateque uiuendi.

**84** ratione $V^2\varphi$ : -ni *X*.

# LIVRE V

## LIVRE V

### ARGUMENT ANALYTIQUE

Préface : Brutus est acquis d'avance à la thèse que Cicéron va soutenir. Éloge de la philosophie qui nous garantit le bonheur. Bref aperçu de l'histoire de la philosophie depuis les origines jusqu'à Socrate, le fondateur de la morale (1-11).

Opinion de l'auditeur : la vertu ne suffit pas pour être heureux (12).

Le maître commence par observer que la vertu assurant une vie morale, elle assure par le fait même une vie heureuse ; puis il esquisse une allégorie où le bonheur apparaît comme inséparable de la vertu, mais le disciple l'arrête et déclare qu'il lui faut des raisons moins spécieuses (13-14).

Rappel des résultats obtenus dans les conférences précédentes ; si le sage est inaccessible aux passions, il suit que son bonheur ne connaît aucun obstacle. Dès lors, la solution du problème paraît acquise (15-17). Mais en philosophie on ne procède pas comme dans les mathématiques ; le maître développera la question proposée (18-20).

Auparavant, le disciple désire que le maître éclaircisse un point : Brutus est d'avis que la vertu assure le

bonheur, même s'il existe d'autres biens que la vertu. Que faut-il en penser ? (21).

C'est là une thèse insoutenable. Théophraste n'a pas osé s'en charger, car si l'on voit des maux dans les disgrâces du corps ou de la destinée, on ne peut dire que le sage soit toujours heureux (22-25). Valait-il mieux faire comme Épicure, qui abonde en belles formules, mais se contredit à chaque instant (26-27) ?

Définition du bonheur. S'il existe des éléments de bonheur indépendants de la vertu, la vertu ne peut assurer le bonheur parfait (28-31).

Le disciple acquiesce, mais observe que le maître a toléré chez les Stoïciens ce qu'il refuse aux Péripatéticiens (32). Cicéron remontera donc jusqu'à Platon, comme à la source première de cette proposition qu'il n'y a d'autre bien que la moralité (33-36). Doctrine de Platon : la perfection de l'homme réside dans la perfection de la raison, c'est-à-dire dans la vertu, et puisque le bonheur ne manque jamais là où est réalisée la perfection que comporte l'espèce, la vertu assure le bonheur (37-39). Et ce bonheur est parfait, car il ne manque rien au bonheur de celui qui est assuré de ses biens, ce qui n'est plus le cas, dès qu'on range au nombre des biens les avantages du corps ou de la fortune (40-42). De plus, il est clair que la vertu est le seul bien, car on ne saurait mettre au nombre des biens ce qu'on peut avoir en abondance, tout en étant très malheureux (43-45). A raisonner autrement, il faudrait appeler biens des avantages insignifiants (46). Raisonnement de Socrate, d'où il suit que tous les vrais biens ont le caractère de la beauté morale (47-48). Si le beau moral ne se confondait pas avec le souverain bien, il y aurait des choses meilleures que le beau moral, ce qui est absurde (49-50). Critolaüs et Xénocrate ont beau exalter la vertu et déprécier les avantages du corps et de la Fortune, leur

thèse n'en aboutit pas moins à anéantir la vertu, car la vertu n'assurerait plus l'indépendance du sage, sa magnanimité, etc. (51-52). Or le sage est toujours pleinement content de son sort, tandis que l'insensé ne l'est jamais (53). Preuves : Cinna et Laelius, Marius et Catulus (54-56), Denys le tyran et Archimède (57-67). Portrait du sage : la science lui assure des joies continues et pleines, en sorte que la Fortune ne peut rien contre lui (68-72).

Reprise de l'objection soulevée au début : le bonheur du sage le suivra-t-il jusque dans les supplices ? (73)

Réfutation indirecte : si cette thèse a été soutenue par Épicure même, à plus forte raison les philosophes socratiques sont-ils en droit de la défendre (74-76). Réfutation directe : la nature ne redoute pas la douleur ; exemples (77-79). Développement de l'allégorie esquissée au début (80-81).

Ici l'auditeur demande s'il ne serait pas possible de concilier cette thèse avec la doctrine Péripatéticienne. Le maître s'y essaiera, non seulement pour les Péripatéticiens, mais pour toutes les écoles philosophiques (82-83).

Le souverain bien dans les différentes doctrines (84). Conséquences de la définition péripatéticienne du souverain bien, relativement au bonheur du sage (85-87). Même démonstration en ce qui concerne les doctrines d'Épicure, d'Hiéronyme, de Carnéade ; l'épicurisme devant la mort, la souffrance, la pauvreté (88-92). Comment Épicure classe les désirs (93-96) ; il s'ensuit que les épicuriens dédaignent le luxe de la table et d'une façon générale l'argent (97-102), ainsi que les honneurs (103-105) ; ils ne redoutent pas l'exil (106-109), ni le chagrin (110), ni même les infirmités (111-116) ; enfin, si le malheur s'acharne sur eux, il leur reste une ressource, la mort (117-118).

Reprise de la conclusion générale déjà formulée au § 82 : le sage est toujours heureux. Le maître se réjouit de voir

que toutes les écoles sont à même de soutenir cette belle thèse (119-120).

Les conférences de Tusculum sont achevées ; Cicéron se propose de les réunir dans un ouvrage qu'il dédiera à Brutus (121).

# LIVRE CINQUIEME

**Préface. C'est la philosophie qui a créé la civilisation.**

I 1 Nous voici, Brutus, au cinquième et dernier jour de nos entretiens de Tusculum, et le sujet que j'ai traité ce jour-là est celui qui te tient le plus à cœur. Je me suis aperçu en effet, à la lecture de l'ouvrage si soigné que tu m'as dédié (1) comme dans nombre de conversations avec toi, que tu es gagné entièrement à la thèse d'après laquelle la vertu se suffit pleinement à elle-même pour réaliser la vie heureuse. Sans doute il est difficile d'établir la vraisemblance de cette proposition, tant sont diverses et nombreuses les machinations de la Fortune ; elle est telle cependant qu'il y a lieu de s'appliquer à rendre plus facile la démonstration de sa vraisemblance, car dans toute la pensée philosophique il n'y en a point de plus importante ni de plus sublime. 2 Aussi bien, puisque la raison qui détermina l'activité des premiers philosophes fut assez forte pour qu'ils se consacrassent tout entiers, en reléguant à l'arrière-plan tout le reste, à la recherche de la meilleure règle de vie, c'est assurément l'espérance de la vie heureuse qui leur a inspiré tant

1. Brutus avait écrit un *De virtute* ; cf. *De finibus* I, 3, 8.

# LIBER QVINTVS

I 1 Quintus hic dies, Brute, finem faciet Tusculanarum disputationum, quo die est a nobis ea de re quam tu ex omnibus maxime probas disputatum. Placere enim tibi admodum sensi et ex eo libro quem ad me accuratissime scripsisti, et ex multis sermonibus tuis uirtutem ad beate uiuendum se ipsa esse contentam. Quod etsi difficile est probatu propter tam uaria et tam multa tormenta fortunae, tale tamen est, ut elaborandum sit quo facilius probetur. Nihil est enim omnium quae in philosophia tractantur, quod grauius magnificentiusque dicatur. 2 Nam cum ea causa impulerit eos qui primi se ad philosophiae studium contulerunt, ut omnibus rebus posthabitis totos se in optumo uitae statu exquirendo conlocarent, profecto spe beate uiuendi tantam in eo studio curam ope-

1 (*initio libere*) uirtutem.. — 5 correctio est *habet H* ‖ ipsa *cet.* : ipsam *Hφ* ‖ quod — fortunae *habet* Non. 163 ‖ difficile *cet.* : -li *GRV*.

2 tantam *cet.* : totam *Hφ*.

d'ardeur et tant de zèle. Et si ces philosophes ont découvert et développé pleinement la notion de vertu, si d'autre part la vertu suffit à nous garantir la vie heureuse, comment pourrait-on ne pas reconnaître que nous avons bien fait, eux de fonder et nous de pratiquer la recherche philosophique ? Si au contraire la vertu, exposée à des accidents divers et imprévisibles, est asservie à la Fortune et n'a point assez de force pour se défendre toute seule, je crains bien qu'au lieu de trouver en elle la certitude positive qui justifierait nos aspirations à la vie heureuse, nous n'en soyons réduits à formuler des souhaits. 3 Personnellement, quand ma pensée s'arrête aux rudes épreuves que la Fortune m'a fait subir, il m'arrive d'être ébranlé un moment dans mon opinion sur la vertu et de redouter la faiblesse et la fragilité de notre espèce. Je me demande en effet si la nature, puisqu'elle nous a donné des corps sans vigueur, auxquels s'attachent par surcroît et des maladies inguérissables et des souffrances intolérables, ne nous a pas donné aussi des âmes qui d'un côté ressentent les souffrances du corps, et de l'autre, considérées isolément, ont en propre des maladies et des peines dont on ne saurait se garder. 4 Mais je me rappelle à l'ordre moi-même en me disant que j'évalue la force de la vertu d'après la faiblesse d'autrui et peut-être la mienne, et non point d'après la vertu en soi. Elle, la vertu, si du moins elle existe — et l'exemple de ton oncle (1), Brutus, ne permet pas le doute à ce sujet — la vertu, dis-je, est au-dessus de tous les hasards qui peuvent atteindre l'homme ; les regardant de haut, elle méprise les contingences humaines ; incapable de la moindre défaillance, elle estime que rien ne l'intéresse, si ce n'est elle-même ; tandis que nous, nous exagérons toutes les formes de l'adversité, par notre crainte quand elles sont en marche, par notre

1. Caton d'Utique, frère de Servilie, mère de Brutus.

ramque posuerunt. Quodsi ab iis inuenta et perfecta uirtus est et si praesidi ad beate uiuendum in uirtute satis est, quis est qui non praeclare et ab illis positam et a nobis susceptam operam philosophandi arbitretur? Sin autem uirtus subiecta sub uarios incertosque casus famula fortunae est nec tantarum uirium est, ut se ipsa tueatur, uereor ne non tam uirtutis fiducia nitendum nobis ad spem beate uiuendi quam uota facienda uideantur. 3 Equidem eos casus in quibus me fortuna uehementer exercuit, mecum ipse considerans huic incipio sententiae diffidere interdum et humani generis imbecillitatem fragilitatemque extimescere. Vereor enim ne natura, cum corpora nobis infirma dedisset iisque et morbos insanabilis et dolores intolerabilis adiunxisset, animos quoque dederit et corporum doloribus congruentis et separatim suis angoribus et molestiis implicatos. 4 Sed in hoc me ipse castigo, quod ex aliorum et ex nostra fortasse mollitia, non ex ipsa uirtute, de uirtutis robore existumo. Illa enim, si modo est ulla uirtus, quam dubitationem auunculus tuus, Brute, sustulit, omnia quae cadere in hominem possunt subter se habet eaque despiciens casus contemnit humanos culpaque omni carens praeter se ipsam nihil censet ad se pertinere. Nos autem omnia aduersa cum uenientia metu augentes, tum maerore

3 equidem — exercuit *habet* Non. 295. ‖ infirma dedisset *cet.* : *om. H.*

4 sed — existimo *habet* Non. 251 ‖ existumo *cet.* : — mem $V^2$ ‖ hominem *cet.* : -e *GR* ‖ cum *Dav.* : tum Φ.

chagrin quand elles sont présentes, et préférons accuser la nature plutôt que notre propre ignorance.

II 5 Mais, pour la faiblesse dont il s'agit ici aussi bien que pour tous nos vices et toutes nos fautes sans exception, il faut s'adresser à la philosophie, qui seule est à même de les corriger. Dès nos débuts dans la vie, nous nous étions jetés dans ses bras par l'effet d'un choix raisonné et par goût, et voici que, dans la période critique que nous traversons, les puissants assauts de la tempête nous font chercher un refuge dans ce même port où nous avions pris la mer. O guide de l'existence, philosophie, qui avez la mission de découvrir la vertu et d'exterminer le vice ! Que seraient devenus sans vous, non pas seulement notre personne, mais d'une façon générale toute l'existence humaine ? C'est vous qui avez enfanté les villes, vous qui avez appelé à la vie sociale les hommes disséminés, vous qui les avez unis entre eux, d'abord par la fixité des demeures, puis par le mariage, enfin et surtout par la communauté de l'écriture et du langage ; vous avez inventé les lois, vous êtes la maîtresse de la morale et de la civilisation. C'est auprès de vous que nous cherchons un refuge, c'est à vous que nous demandons assistance, et si auparavant c'était dans une large mesure, à présent c'est tout entiers et sans réserve que nous nous remettons en vos mains. Or, une seule journée où l'on aura vécu honnêtement et conformément à vos règles est préférable à une immortalité qui serait immorale. Et à qui donc demander assistance plutôt qu'à vous, qui nous avez accordé la tranquillité de l'existence en même temps que vous supprimiez la crainte de la mort ?

6 Eh bien ! pourtant, il s'en faut de beaucoup que la philosophie soit glorifiée dans la mesure des services qu'elle a rendus à la civilisation, et cela est au point que la plupart la négligent et que beaucoup même vont jusqu'à la dénigrer. Comment ose-t-on dénigrer la mère de la

praesentia rerum naturam quam errorem nostrum damnare malumus.

II 5 Sed et huius culpae et ceterorum uitiorum peccatorumque nostrorum omnis a philosophia petenda correctio est. Cuius in sinum cum a primis temporibus aetatis nostra uoluntas studiumque nos compulisset, his grauissimis casibus in eundem portum ex quo eramus egressi magna iactati tempestate confugimus. O uitae philosophia dux, o uirtutis indagatrix expultrixque uitiorum! quid non modo nos, sed omnino uita hominum sine te esse potuisset? Tu urbis peperisti, tu dissipatos homines in societatem uitae conuocasti, tu eos inter se primo domiciliis, deinde coniugiis, tum litterarum et uocum communione iunxisti, tu inuentrix legum, tu magistra morum et disciplinae fuisti; ad te confugimus, a te opem petimus, tibi nos, ut antea magna ex parte, sic nunc penitus totosque tradimus. Est autem unus dies bene et ex praeceptis tuis actus peccanti inmortalitati anteponendus. Cuius igitur potius opibus utamur quam tuis, quae et uitae tranquillitatem largita nobis es et terrorem mortis sustulisti? 6 Ac philosophia quidem tantum abest ut proinde ac de hominum est uita merita laudetur, ut a plerisque neglecta a multis etiam

4 rerum — malumus *habet* Non. 277.

5 o uitae — 7 assequebatur *habet H* || o uitae — uitiorum *habet* Prisc. *Gl.* 2, 371, 10 || o (uitae *om. codd.*) philosophia — potuisset *et* tu inuentrix — fuisti *habet* Lact. *inst.* 3, 13, 15 || uirtutis *cet.* : uirtus *KRH* || expultrixque *R*uet *V*rec *MPφ Prisc. Lactantii BP*² : excultrixque *GKR*¹*V*¹*H Lactantii P*¹*V* || ad te opem ferimus, est autem (*om.* tibi — tradimus) *H*.

civilisation, se souiller d'un tel parricide, et témoigner d'une ingratitude assez impie pour accuser celle que l'on devrait vénérer, même si l'on était incapable de la comprendre ? Mais, je pense, il faut rapporter cette ignorance, cette obscurité qui enveloppe l'âme de ceux qui ne savent pas, à ce fait qu'ils sont incapables de porter leurs regards assez loin dans le passé pour reconnaître que les premiers artisans de la civilisation ont été des philosophes.

III 7 Sans doute nous constatons bien que la philosophie est chose très ancienne, mais nous devons reconnaître que le nom en est moderne, tandis que, en ce qui concerne la sagesse même, on ne saurait nier que non seulement la chose, mais encore le nom, ne soient anciens. C'est par l'étude des choses divines et humaines, puis celle des principes et des causes de toute chose, que, dans l'antiquité, on obtenait le beau nom de sage. Ainsi en est-il pour les sept personnages fameux dont la réputation de sagesse fut consacrée par le titre de Σοφοί en Grèce, de *Sapientes* à Rome, ainsi encore, bien des générations auparavant, pour Lycurgue, contemporain d'Homère, lequel, à ce qu'on rapporte, est antérieur à la fondation même de Rome, et dès l'âge héroïque pour Ulysse et Nestor, tous personnages dont nous savons qu'ils ont été des sages et ont été considérés comme tels. 8 Au surplus, la tradition ne ferait point d'Atlas le pilier du ciel, elle ne clouerait point Prométhée sur le Caucase, elle ne placerait point au rang des étoiles Céphée, en compagnie de sa femme, de son gendre, de sa fille (1), s'ils n'avaient eu de l'astronomie unscience merveilleuse que symbolisa la trompeuse mytholoegie (2). A la suite de ces initiateurs, tous ceux qui au cours

1. Céphée, roi d'Éthiopie, époux de Cassiopée, est le père d'Andromède. Son gendre est Persée.

2. Cicéron se range à la doctrine d'Évhémère : les dieux ne sont pas autre chose que des grands hommes divinisés. Cf. I, 13, 29, où il tire argument de cette thèse dans la démonstration de l'immortalité de l'âme.

uituperetur. Vituperare quisquam uitae parentem et hoc parricidio se inquinare audet et tam impie ingratus esse, ut eam accuset quam uereri deberet, etiamsi minus percipere potuisset ? Sed, ut opinor, hic error et haec indoctorum animis offusa caligo est, quod tam longe retro respicere non possunt nec eos a quibus uita hominum instructa primis sit fuisse philosophos arbitrantur.

III 7 Quam rem antiquissimam cum uideamus, nomen tamen esse confitemur recens. Nam sapientiam quidem ipsam quis negare potest non modo re esse antiquam, uerum etiam nomine ? Quae diuinarum humanarumque rerum, tum initiorum causarumque cuiusque rei cognitione hoc pulcherrimum nomen apud antiquos adsequebatur. Itaque et illos septem, qui a Graecis σοφοί, sapientes a nostris et habebantur et nominabantur, et multis ante saeculis Lycurgum, cuius temporibus Homerus etiam fuisse ante hanc urbem conditam traditur, et *i*am heroicis aetatibus Vlixem et Nestorem accepimus et fuisse et habitos esse sapientis. 8 Nec vero Atlans sustinere caelum nec Prometheus adfixus Caucaso nec stellatus Cepheus cum uxore, genero, filia traderetur, nisi caelestium diuina cognitio nomen eorum ad errorem fabulae traduxisset. A quibus ducti deinceps omnes qui in

6 quisquamne uituperare uitae — ingratus esse *habet* Lact. *inst.* 3, 14, 8 || audet Φ : audeat *Lactantii codd. praeter B.*

7 negare potest non *cet.* : neg. non p. *K*[1] || cuiusque *PBφVc* : cuius *GRKV*[1] || habebantur *PBφV*[2] : habeantur *GRKV*[1] || et iam *edd.* : etiam Φ.

8 omnesque qui — aetate *habet H.*

des âges se consacrèrent à la contemplation de la nature furent considérés comme des sages et qualifiés de ce nom, lequel resta en usage jusqu'à l'époque de Pythagore. Pythagore, d'après une tradition recueillie par un auditeur de Platon, Héraclide du Pont, qui fut un savant distingué, s'était rendu à Phlionte et avait traité devant Léon, prince de Phlionte, certaines questions où il s'était montré savant et disert. Émerveillé de son intelligence et de son éloquence, Léon lui aurait demandé quelle était la science dont il se réclamait spécialement, et voilà que Pythagore aurait répondu qu'en fait de spécialité il n'en avait aucune, mais qu'il était philosophe. Surpris par l'étrangeté de ce terme, Léon demanda ce que pouvait bien être un philosophe, et quelle différence il y avait entre un philosophe et le reste des hommes ; **9** à quoi Pythagore répondit que, à son avis, il y avait analogie entre la société humaine et la foire où se déploie toute la magnificence des Jeux et où afflue toute la Grèce (1). Là, expliquait-il, certains demandent aux exercices physiques les couronnes qui donnent la gloire et la célébrité, d'autres y viennent en acheteurs ou en vendeurs, poussés par le goût des affaires et l'appât d'un bénéfice, tandis qu'il y a une catégorie de gens et précisément les plus distingués, qui ne recherchent ni applaudissements ni bénéfices, mais sont venus en spectateurs et examinent curieusement comment les choses se passent ; il en était de même de nous : comme si nous étions partis de quelque cité, pour prendre part à certaine foire très suivie, ainsi nous étions partis d'une autre vie et d'une autre nature (2) pour notre vie actuelle, où les uns s'attachaient à la gloire, les autres à l'argent, tandis que certains individus, disséminés dans le monde, négligeaient tout le reste pour

1. Il s'agit de la grande assemblée (πανήγυρις) des Grecs aux Jeux Olympiques.
2. La métempsychose est un dogme du pythagorisme.

rerum contemplatione studia ponebant, sapientes et habebantur et nominabantur, idque eorum nomen usque ad Pythagorae manauit aetatem, quem, ut scribit auditor Platonis Ponticus Heraclides, uir doctus in primis, Phliuntem ferunt uenisse eumque cum Leonte, principe Phliasiorum, docte et copiose disseruisse quaedam ; cuius ingenium et eloquentiam cum admiratus esset Leon, quaesiuisse ex eo qua maxime arte confideret ; at illum artem quidem se scire nullam, sed esse philosophum. Admiratum Leontem nouitatem nominis quaesiuisse quinam essent philosophi, et quid inter eos et reliquos interesset ; **9** Pythagoram autem respondisse similem sibi uideri uitam hominum et mercatum eum qui haberetur maxumo ludorum apparatu totius Graeciae celebritate ; nam ut illic alii corporibus exercitatis gloriam et nobilitatem coronae peterent, alii emendi aut uendendi quaestu et lucro ducerentur, esset autem quoddam genus eorum idque uel maxime ingenuum, qui nec plausum nec lucrum quaererent, sed uisendi causa uenirent studioseque perspicerent quid ageretur et quo modo, item nos quasi in mercatus quandam celebritatem ex urbe aliqua sic in hanc uitam ex alia uita et natura profectos alios gloriae seruire, alios pecuniae ; raros esse quosdam qui ceteris omnibus pro nihilo habitis rerum naturam studiose intuerentur ; hos se appellare sapientiae studiosos (id est enim philosophos) ; et ut illic liberalissimum esset spec-

**9** uitam *BPV*rec : uita *cet.* ‖ illic φ *V*² : illi *X* ‖ item (iter *codd.*) — aliqua *habet* Non. 431 ‖ celebritatem *BV*² : — te *cet.*

observer curieusement la nature ; c'étaient ceux-là qui se qualifiaient de passionnés pour la sagesse, car tel est le sens de philosophe ; et de même que là-bas l'attitude la plus distinguée était celle du spectateur qui ne cherche aucun profit personnel, ainsi dans la vie la contemplation et l'étude de la nature l'emportent de beaucoup sur tous les autres genres d'activité.

IV. 10 Mais Pythagore n'a pas seulement créé le nom de philosophe, il a agrandi le domaine même de la philosophie. Après l'entretien de Phlionte dont nous avons parlé, il s'était rendu en Italie et là, soit comme particulier, soit comme homme d'État, il enrichit le pays qui fut appelé la Grande Grèce des institutions et des arts les plus brillants ; mais peut-être aurons-nous à revenir sur sa doctrine. Au reste, à partir de la philosophie antique pour venir jusqu'à Socrate, lequel avait suivi les cours d'Archélaüs, disciple d'Anaxagore, c'était des nombres et des mouvements qu'on s'occupait ; on étudiait aussi les principes de la génération et de la corruption de toutes choses, on s'appliquait à reconnaître les grandeurs des astres, leurs distances, leurs orbites et, d'une façon générale, tous les phénomènes célestes. Socrate le premier invita la philosophie à descendre du ciel, l'installa dans les villes, l'introduisit jusque dans les foyers, et lui imposa l'étude de la vie, des mœurs, des choses bonnes et mauvaises. 11 La complexité de sa méthode de controverse, la diversité des sujets traités, et l'étendue même de son génie, immortalisé par les écrits de Platon qui en ont fixé le souvenir, entraînèrent la création de nombreuses écoles dont les opinions divergeaient. Parmi ces écoles, nous nous sommes attachés de préférence à celle dont la méthode avait été, pensions-nous, celle de Socrate : suspendre son jugement personnel en dissipant les erreurs d'autrui et rechercher dans toute discussion ce qui peut être le plus vraisemblable. Ce procédé, Carnéade l'avait pratiqué avec beau-

tare nihil sibi adquirentem, sic in uita longe omnibus studiis contemplationem rerum cognitionemque praestare.

IV **10** Nec uero Pythagoras nominis solum inuentor, sed rerum etiam ipsarum amplificator fuit. Qui cum post hunc Phliasium sermonem in Italiam uenisset, exornauit eam Graeciam quae magna dicta est, et priuatim et publice praestantissimis et institutis et artibus. Cuius de disciplina aliud tempus fuerit fortasse dicendi. Sed ab antiqua philosophia usque ad Socratem, qui Archelaum, Anaxagorae discipulum, audierat, numeri motusque tractabantur, et unde omnia orerentur quoue reciderent, studioseque ab iis siderum magnitudines, interualla, cursus anquirebantur et cuncta caelestia. Socrates autem primus philosophiam deuocauit e caelo et in urbibus conlocauit et in domus etiam introduxit et coëgit de uita et moribus rebusque bonis et malis quaerere. **11** Cuius multiplex ratio disputandi rerumque uarietas et ingeni magnitudo Platonis memoria et litteris consecrata plura genera effecit dissentientium philosophorum, e quibus nos id potissimum consecuti sumus quo Socratem usum arbitrabamur, ut nostram ipsi sententiam tegeremus, errore alios leuaremus et in omni disputatione quid esset simillimum ueri quaereremus. Quem morem cum Carneades acutissime copiosissimeque

**9** cognitionemque $V^c$ ç : cogitationemque *X*.
**10** reciderent ç $V^c$ : reced. *X* ‖ domus *cet.* : domos ç domibus *Gr.*
**11** effecit ç : efficit *X* ‖ consecuti *cel.* : con *del.* $V^2$ ‖ arbitrabamur *X* : — tramur $V^2$ ç.

coup de finesse et d'éloquence, et c'est pourquoi nous avons tenu, pendant notre récent séjour à Tusculum, à suivre cette méthode de discussion, ainsi que nous l'avions fait bien des fois déjà. Tu as du reste une copie de nos entretiens de quatre journées dans les livres que nous t'avons adressés précédemment. Quant au cinquième jour, après que nous nous fûmes assis au même endroit, voici comment fut posé le sujet de la discussion :

**La vertu assure-t-elle le bonheur ?**

V 12 Je ne crois pas que la vertu suffise à assurer la vie heureuse.

— En revanche, c' st l'avis de mon ami Brutus, et, soit di. sans te froisser, je fais beaucoup plus de cas de son opinion que de la tienne.

— Je n'en doute pas, et la question ici n'est pas non plus de savoir quelle est pour lui l'étendue de ton affection ; c'est sur la valeur de la proposition dont j'ai dit qu'elle représentait mon avis que je tiens à t'entendre discuter.

— Tu dis, n'est-ce pas, que la vertu ne suffit pas à assurer la vie heureuse ?

— Oui, parfaitement.

— Eh bien ! s'il s'agit de réaliser une vie droite, belle, digne d'éloges et, en fin de compte, une vie bonne, la vertu offre-t-elle des garanties suffisantes ?

— Oui, assurément.

— Pourrais-tu donc, si un homme vit mal, ne pas dire qu'il est misérable, et s'il te paraît vivre bien, dire qu'il ne vit pas heureux ?

— Et pourquoi pas ? Je n'ignore pas d'ailleurs que même dans les tortures on peut vivre d'une façon juste, belle, digne d'éloges, et par là même vivre bien, à la condition toutefois de donner à vivre bien le sens que je lui donne dans le cas particulier, où j'entends parler d'une

tenuisset, fecimus et alias saepe et nuper in Tusculano, ut ad eam consuetudinem disputaremus. Et quadridui quidem sermonem superioribus ad te perscriptum libris misimus, quinto autem die cum eodem in loco consedissemus, sic est propositum, de quo disputaremus :

V **12** Non mihi uidetur ad beate uiuendum satis posse uirtutem.

At hercule Bruto meo uidetur, cuius ego iudicium, pace tua dixerim, longe antepono tuo.

Non dubito, nec id nunc agitur tu illum quantum ames, sed hoc quod mihi dixi uideri quale sit de quo a te disputari uolo.

Nempe negas ad beate uiuendum satis posse uirtutem ?

Prorsus nego.

Quid ? ad recte, honeste, laudabiliter, postremo ad bene uiuendum satisne est praesidi in uirtute ?

Certe satis.

Potes igitur aut qui male uiuat non eum miserum dicere aut, quem bene fateare, eum negare beate uiuere ?

Quidni possim ? nam etiam in tormentis recte, honeste, laudabiliter et ob eam rem bene uiui potest, dum modo intellegas quid nunc dicam « bene. » Dico enim constanter, grauiter, sapienter, fortiter. **13** Haec

**11** ad te *cet* : a te *R*.
**12** hoc φ : de hoc *X* ‖ possim *cet.* : possum *K* ‖ laudabiliter *cet.* : tolerabiliter *ss.* $V^2$ ‖ nunc *cet.* : num *K*.

vie de fermeté, de dignité, de sagesse et de courage. **13** Ce sont-là qualités qui ne reculent pas même devant le chevalet du bourreau, mais la vie heureuse n'a pas cette prétention.

— Eh quoi ! je te prie, est-ce que seule la vie heureuse va rester à la porte et sur le seuil de la prison, tandis que la fermeté, la dignité, le courage, la sagesse et les autres vertus se laisseront traîner devant le bourreau et ne se déroberont devant aucun supplice, devant aucune souffrance ?

— Toi, si tu veux obtenir quelque résultat, il faut que tu trouves du nouveau. Ce que tu me dis ici ne me touche pas le moins du monde, non seulement parce que c'est banalité, mais plus encore parce qu'il en va de tes maximes stoïciennes comme de certains vins légers qui ne supportent pas l'eau : on a plus de plaisir à les goûter qu'à les boire. Ainsi pour ton cortège des vertus hissées sur le chevalet : cela figure aux yeux des allégories tout à fait imposantes, en sorte qu'il semble que la vie heureuse, ne pouvant se résoudre à les abandonner, va s'élancer au pas de course pour les rejoindre. **14** Mais, si l'esprit se détourne de ce tableau allégorique des vertus pour se reporter à la froide réalité, il reste une question fort simple, celle de savoir si l'on peut être heureux tant que l'on est aux mains du bourreau. Aussi, pour le moment, tenons-nous en à ce point et, quant aux vertus, sois sans crainte : elles ne réclameront pas et ne se plaindront pas d'avoir été abandonnées par le bonheur. Car s'il est vrai que la prudence est un élément de toute vertu, la prudence précisément voit bien que la moralité n'implique pas toujours le bonheur ; il lui vient à l'esprit mille souvenirs touchant Marcus Atilius (1), Quintus Caepio (2), Manius Aquilius (3), et, puisque tu aimes mieux un langage figuré que les termes propres, quand la vie heureuse essaie de gagner le chevalet, c'est la prudence même qui

etiam in eculeum coiciuntur, quo uita non adspirat beata.

Quid igitur ? solane beata uita, quaeso, relinquitur extra ostium limenque carceris, cum constantia, grauitas, fortitudo, sapientia reliquaeque uirtutes rapiantur ad tortorem nullumque recusent nec supplicium nec dolorem ?

Tu, si quid es facturus, noua aliqua conquiras oportet ; ista me minime mouent, non solum quia peruulgata sunt, sed multo magis, quia, tamquam leuia quaedam uina nihil ualent in aqua, sic Stoicorum ista magis gustata quam potata delectant. Velut iste chorus uirtutum in eculeum impositus imagines constituit ante oculos cum amplissima dignitate, ut ad eas cursim perrectura nec eas beata uita a se desertas passura uideatur ; **14** cum autem animum ab ista pictura imaginibusque uirtutum ad rem ueritatemque traduxeris, hoc nudum relinquitur possitne quis beatus esse, quam diu torqueatur. Quam ob rem hoc nunc quaeramus ; uirtutes autem noli uereri ne expostulent et querantur se a beata uita esse relictas. Si enim nulla uirtus prudentia uacat, prudentia ipsa hoc uidet non omnis bonos esse etiam beatos, multaque de M. Atilio, Q. Caepione, *M'*. Aquilio recordatur, beatamque uitam, si imaginibus potius uti quam rebus ipsis placet, conantem ire in eculeum retinet ipsa prudentia

**14** uereri *BP* : uerereri *cet.* || Q. Caepione M' Aquilio *edd.* : quinto caepionem (coep. *K*) aquilo (caepionemaquilo *R*) *X* aquilio *e corr.* *V*c M'. Aquilio *Fabricius*.

la retient en lui assurant qu'elle n'a rien de commun avec la douleur et la torture (1).

**Les données du problème.**

VI 15 Je ne t'en veux pas de procéder de la sorte, bien qu'il ne soit pas juste que tu m'imposes une méthode de discussion. Mais réponds : faut-il croire que nos conversations des jours précédents ont donné des résultats ou n'ont rien donné ?

— Des résultats, ma foi ! et qui sont considérables.

— Eh bien ! s'il en est ainsi, la question qui nous occupe est fort entamée et toute proche de sa solution.

— Que veux-tu dire ?

— Je veux dire que les mouvements désordonnés, les violentes agitations d'une âme qu'un élan inconsidéré entraîne et rend sourde à toute raison, ne laissent subsister aucun des éléments du bonheur. Comment en effet pourrait-on ne pas être misérable, si l'on redoute la mort ou la douleur, dont l'une est souvent présente et l'autre toujours menaçante ? Et puis, si en même temps, ce qui est le cas le plus général, l'on craint la pauvreté, l'ignominie, l'infamie, si l'on craint la paralysie, la cécité, si enfin l'on craint ce qui est arrivé souvent, je ne dis pas à des individus, je dis à des peuples puissants, l'esclavage ? Qui donc pourrait être heureux avec ces craintes là ? 16 Et que sera-ce donc, s'il ne s'agit pas seulement de craintes pour l'avenir, mais de maux qui s'appesantissent actuellement sur nous ? A pareil état ajoute encore l'exil, le deuil, la perte des enfants : celui que ces choses ont brisé et qui sombre dans le chagrin pourrait-il enfin ne pas être très misérable ? Ce n'est pas tout. L'homme que nous voyons

1. Ici, le disciple traite sans égards l'allégorie qui illustre le fameux dogme stoïcien des vertus inséparables. Mais il ne protestera pas, quand elle sera reprise plus loin, 28, 80. Sans doute Cicéron pense-t-il que les paradoxes stoïciens ont grand besoin d'être soutenus par l'éloquence.

negatque ei cum dolore et cruciatu quicquam esse commune.

VI **15** Facile patior te isto modo agere, etsi iniquum est praescribere mihi te quem ad modum a me disputari uelis. Sed quaero utrum aliquid actum superioribus diebus an nihil arbitremur.

Actum uero, et aliquantum quidem.

Atqui, si ita est, profligata iam haec et paene ad exitum adducta quaestio est.

Quo tandem modo ?

Quia motus turbulenti iactationesque animorum incitatae et impetu inconsiderato elatae rationem omnem repellentes uitae beatae nullam partem relinquunt. Quis enim potest mortem aut dolorem metuens, quorum alterum saepe adest, alterum semper inpendet, esse non miser ? Quid, si idem, quod plerumque fit, paupertatem, ignominiam, infamiam timet, si debilitatem, caecitatem, si denique, quod non singulis hominibus, sed potentibus populis saepe contigit, seruitutem ? potest ea timens esse quisquam beatus ? **16** Quid, qui non modo ea futura timet, uerum etiam fert sustinetque praesentia ? Adde eodem exilia, luctus, orbitates ; qui rebus his fractus aegritudine eliditur, potest tandem esse non miserrimus ? Quid uero ?

**15** agere *V*$^{c}$*Pφ* : egere *GRV*$^{1}$ aegere *K* ‖ profligata — est *habet* NON. 160 ‖ adducta Φ : ded. *Non.* ‖ elatae *cet.* : aelate *KRV* ‖ quid si *cet.* : quod si *K* ‖ infamiam *BPV*$^{c}$ : — a *KRG* ‖ quod — contigit *habet* NON. 268 ‖ non singulis *cet.* : non modo s. *V*$^{3}$ *Non.* ‖ potentibus Φ : potentissimis *Non.* ‖ contigit *cet.* : contingit *G*$^{1}$ *Nonii pars.*

**16** adde *V P in mg.* : atde *GKR* acde *B* ‖ qui — esse non miser *(sic) habet* NON. 292.

enflammé et affolé par les désirs, qui se jette sur toute chose avec la rage d'une insatiable avidité, qui, à mesure que les plaisirs dont il s'abreuve lui arrivent de toute part avec plus d'abondance, en éprouve une soif plus violente et plus dévorante, n'est-on pas en droit de l'appeler très misérable ? Mais encore, celui-là que son impulsivité met hors de lui, qu'une joie sans objet exalte et plonge dans un délire insensé, n'est-il pas vrai qu'il est plus misérable dans la mesure même où il se croit plus heureux ? Je disais donc que, si ces gens-ci sont misérables, inversement ceux-là sont heureux que nulle peur n'épouvante, nul chagrin ne dévore, nul désir n'agite, nulle joie frivole n'exalte en dissolvant leur âme dans des plaisirs endormeurs. Ainsi donc que le calme de la mer se distingue à ce fait que pas le moindre souffle n'agite les flots, de même on reconnaît l'état de quiétude et de tranquillité dans l'âme à l'absence de toute passion qui la pourrait troubler. 17 Que si donc il existe un homme tel qu'il considère comme supportables et les assauts de la destinée et toutes les contingences humaines qui peuvent atteindre chacun de nous, en sorte qu'il soit au-dessus de toute crainte et de toute angoisse ; si en même temps il n'éprouve aucun désir violent, si nul plaisir vain ne le met hors de lui, qu'est-ce qui pourrait l'empêcher d'être heureux ? Et si ce sont là réalisations de la vertu, qu'est-ce qui pourrait empêcher la vertu de réaliser à elle seule le bonheur ? (1)

— VII Eh bien ! on ne saurait refuser le bonheur à qui n'éprouverait ni crainte, ni angoisse, ni désir violent, et qu'aucune joie immodérée n'exalterait ; aussi t'accordé-je ce deuxième point, et, quant au premier, la question n'est plus entière, car nos discussions précédentes ont établi que le sage est exempt de toute passion.

1. On voit comment les trois livres précédents ont préparé la thèse du V^e^. Que la vertu soit créatrice de bonheur, cela est acquis ; il reste à prouver qu'elle peut le réaliser à elle seule.

illum quem libidinibus inflammatum et furentem uidemus, omnia rabide adpetentem cum inexplebili cupiditate, quoque affluentius uoluptates undique hauriat, eo grauius ardentiusque sitientem, nonne recte miserrimum dixeris ? Quid ? elatus ille leuitate inanique laetitia exultans et temere gestiens nonne tanto miserior quanto sibi uidetur beatior ? Ergo ut hi miseri, sic contra illi beati quos nulli metus terrent, nullae aegritudines exedunt, nullae libidines incitant, nullae futtiles laetitiae exultantes languidis liquefaciunt uoluptatibus. Vt maris igitur tranquillitas intellegitur nulla ne minima quidem aura fluctus commouente, sic animi quietus et placatus status cernitur, cum perturbatio nulla est qua moueri queat. **17** Quodsi est qui uim fortunae, qui omnia humana quae cuique accidere possunt, tolerabilia ducat, ex quo nec timor eum nec angor attingat, idemque si nihil concupiscat, nulla ecferatur animi inani uoluptate, quid est cur is non beatus sit ? Et si haec uirtute efficiuntur, quid est cur uirtus ipsa per se non efficiat beatos ?

VII Atqui alterum dici non potest, quin ii qui nihil metuant, nihil angantur, nihil concupiscant, nulla impotenti laetitia ecferantur, beati sint, itaque id tibi concedo ; alterum autem iam integrum non est. Superi-

**16** cum - sitientem habet Non. 319 ‖ quoque — hauriat Φ : quo fluentius uoluptates undique hauriret *Non.* ‖ elatus *cet.* : eleuatus *KR* ‖ temere *R*°*V*[2] : timere *GKR*[1]*V*[1] timore *B*.

**17** Quae cuique *X* : quaecumque φ ‖ ecferatur *cet.* : haec feratur *K* ‖ qui nihil metuant — nulla inpotentia *(sic)* ecferantur *habet* Non. 129 ‖ angantur *cet.* : agantur *KV*[1] agant *Non.* ‖ ecferantur *V*[2]φ *Non.* : ecferant *X*.

— 18 Par suite, n'est-ce pas, la cause est entendue ; il semble en effet que nous soyons arrivés à la solution de notre problème.

— Oui, ou peu s'en faut.

— Sans doute, mais ce serait là procéder en mathématicien et non en philosophe. Car, dans les traités de géométrie, lorsque quelque point antérieurement démontré intéresse la démonstration que l'on veut faire, on le considère comme accordé et acquis, et l'on développe seulement les points dont il n'a pas été question auparavant. Mais, en philosophie, quel que soit le point dont l'on s'occupe, on accumule tout ce qui tend à l'établir, même s'il s'agit de points déjà traités ailleurs. S'il en était autrement, pourquoi les Stoïciens s'étendraient-ils longuement sur la question de savoir si la vertu suffit à assurer le bonheur ? Il leur suffirait de rappeler qu'ils ont établi antérieurement qu'il n'y a rien de bon que ce qui est beau ; ce point acquis, il suivrait que le bonheur est tout entier dans la vertu, et de même que ce second point est une conséquence du premier, ainsi le premier l'est du second, car si le bonheur est tout entier dans la vertu, il n'y a rien de bon que ce qui est beau. 19 Telle n'est pas cependant leur méthode, car ils ont des ouvrages distincts pour le beau moral comme pour le souverain bien, et bien qu'au terme de ces études la démonstration soit faite que la vertu a une puissance suffisante pour réaliser le bonheur, on n'en traite pas moins ce point à part. Il faut en effet en tout sujet recourir aux preuves et aux observations qu'il comporte spécialement, surtout quand il s'agit d'un sujet de cette importance. Prends-y bien garde en effet, jamais maxime plus belle n'est sortie de la bouche d'un philosophe, et la philosophie n'a point de proposition qui soit plus riche de conséquences ni plus importante. Car à quoi s'engage-t-elle, ô dieux bons ! Elle s'engage à mettre quiconque aura été docile à ses lois en état d'être constam-

oribus enim disputationibus effectum est uacare omni animi perturbatione sapientem.

**18** Nimirum igitur confecta res est ; uidetur enim ad exitum uenisse quaestio.

Propemodum id quidem.

Verum tamen mathematicorum iste mos est, non est philosophorum. Nam geometrae cum aliquid docere uolunt, si quid ad eam rem pertinet eorum quae ante docuerunt, id sumunt pro concesso et probato, illud modo explicant de quo ante nihil scriptum est ; philosophi quamcumque rem habent in manibus, in eam quae conueniunt congerunt omnia, etsi alio loco disputata sunt. Quod ni ita esset, cur Stoicus, si esset quaesitum satisne ad beate uiuendum uirtus posset, multa diceret ? cui satis esset respondere se ante docuisse nihil bonum esse nisi quod honestum esset, hoc probato consequens esse beatam uitam uirtute esse contentam, et quo modo hoc sit consequens illi, sic illud huic, ut, si beata uita uirtute contenta sit, nisi honestum quod sit, nihil aliud sit bonum. **19** Sed tamen non agunt sic ; nam et de honesto et de summo bono separatim libri sunt, et cum ex eo efficiatur satis magnam in uirtute ad beate uiuendum esse uim, nihilo minus hoc agunt separatim. Propriis enim et suis argumentis et admonitionibus tractanda quaeque res est, tanta praesertim. Caue enim putes

**17** uacare *BPV²φ* : -ri *GKRV¹*.
**18** se ante docuisse *φP in mg.* : sed ante docuisset *X* si a. docuisset *Vcφ* ‖ uita *V²φBP* : *om. KRGV*.

ment armé contre la Fortune, de trouver en soi-même toutes les garanties d'une vie bonne et heureuse, en un mot d'être toujours heureux. 20 Mais nous aurons à revenir sur la façon dont elle tient parole ; en attendant, je fais état de sa seule promesse comme d'une chose de grand prix. Pour son compte, Xerxès, bien que comblé de toutes les faveurs de la fortune, malgré sa cavalerie, ses troupes d'infanterie, sa flotte innombrable, ses trésors inépuisables, n'en avait pas encore assez, et il proposa un prix à qui découvrirait un plaisir nouveau, lequel, au reste, ne put suffire à le satisfaire, car l'avidité ne connaîtra jamais de bornes. Eh bien ! j'aurais voulu, moi, pouvoir provoquer la découverte d'une raison propre à fortifier ma croyance que la vertu suffit au bonheur.

**S'il est d'autres biens que la vertu, le sage ne peut être assuré du bonheur ?**

VIII 21 — Je l'aurais voulu comme toi, certes, et toutefois j'ai à te demander de préciser un détail. Oui, je reconnais avec toi que tes deux propositions sont des conséquences logiques l'une de l'autre : si l'on admet que la moralité est le seul bien, il s'ensuit que la vertu réalise pleinement le bonheur, et inversement, si l'on admet que le bonheur dépend de la vertu, il s'ensuit que la vertu est le seul bien. Mais ton ami Brutus, à la suite d'Aristus et d'Antiochus, n'est pas de cet avis : il estime en effet que la vertu fait le bonheur, même dans l'hypothèse où il y aurait des biens autres que la vertu.

— Où veux-tu en venir ? Te figures-tu que je suis disposé à réfuter Brutus ?

— Mais pas du tout ; c'est à toi d'aviser et je n'ai pas à te tracer ton programme.

— 22 Eh bien ! nous verrons ailleurs qui de Brutus ou de moi raisonne conséquemment. Quant à ton objection, il faut te dire qu'elle m'a mis en conflit avec Antiochus,

ullam in philosophia uocem emissam clariorem, ullumue esse philosophiae promissum uberius aut maius. Nam quid profitetur ? o di boni ! perfecturam se, qui legibus suis paruisset, ut esset contra fortunam semper armatus, ut omnia praesidia haberet in se bene beateque uiuendi, ut esset semper denique beatus. **20** Sed uidero quid efficiat ; tantisper hoc ipsum magni aestumo quod pollicetur. Nam Xerxes quidem refertus omnibus praemiis donisque fortunae, non equitatu, non pedestribus copiis, non nauium multitudine, non infinito pondere auri contentus praemium proposuit qui inuenisset nouam uoluptatem ; qua ipsa non fuit contentus ; neque enim umquam finem inueniet libido. Nos uellem praemio elicere possemus qui nobis aliquid attulisset quo hoc firmius crederemus.

VIII **21** Vellem id quidem, sed habeo paulum quod requiram. Ego enim adsentior eorum quae posuisti alterum alteri consequens esse, ut, quem ad modum, si, quod honestum sit, id solum sit bonum, sequatur uitam beatam uirtute confici, sic, si uita beata in uirtute sit, nihil esse nisi uirtutem bonum. Sed Brutus tuus auctore Aristo et Antiocho non sentit hoc ; putat enim, etiamsi sit bonum aliquod praeter uirtutem, tamen ad beate uiuendum satis posse uirtutem.

Quid igitur ? contra Brutumne me dicturum putas ?

**19** in philosophia *cel.* : a ph. $V^c$.
**20** uoluptatem *R*$V^c$ *P e corr.* φ : uoluntatem *BGK*$V^1$ || qua *cel.* : quia *K*.
**21** Aristo *cf. de finibus* 5, 3, 8 *Brutus* 332 : aristone *X* || tamen — uirtutem *add.* $V^c$ || Brutumne me $V^c$ : brutum nec me *X*,

à maintes reprises, et tout récemment avec Aristus (1). alors que j'étais *imperator* (2) et logeais chez lui à Athènes. Ma thèse, c'est qu'il n'était pas possible d'être heureux, quand l'on éprouvait des maux ; or le sage pouvait éprouver des maux, si l'on admettait qu'il existât des maux liés au corps ou à la Fortune. On me disait — et Antiochus l'a même écrit en maints endroits — que la vertu à elle seule pouvait bien réaliser la vie heureuse, mais non pas toutefois la vie parfaitement heureuse ; on ajoutait que la plupart des choses tirent leur nom de l'élément qui y domine, même s'il s'y trouve des lacunes, et c'était le cas pour la force, la santé, la richesse, l'honneur, la gloire, toutes choses dont l'on juge en gros et non en détail ; tout de même pour le bonheur : même s'il présentait quelque point faible, il justifiait néanmoins son titre, s'il était tel dans une très large mesure. **23** Ce sont là raisonnements qu'il n'y a pas urgence à analyser ici, et je me bornerai à observer qu'ils ne sont pas fort logiques. D'une part en effet je ne vois pas bien ce que l'homme heureux pourrait souhaiter de plus pour augmenter son bonheur, car, si quelque chose lui fait défaut, c'est le bonheur aussi qui lui fait défaut, et quant à leur élément dominant sur quoi serait fondée la désignation des choses et la considération qui s'y attache, il y a des cas où il joue le rôle qu'on lui prête ; mais ces philosophes admettent trois catégories de maux, et, si l'on suppose un individu accablé par tous les maux des deux premières catégories, en sorte qu'il n'ait que disgrâces de la destinée, que toutes les souf-

1. Les frères Aristus et Antiochus d'Ascalon étaient liés avec Cicéron aussi bien qu'avec Brutus. Antiochus, successeur de Philon à la tête de l'Académie, essaya de concilier la doctrine platonicienne avec le stoïcisme.

2. Cicéron, proconsul de Cilicie, avait remporté quelques succès militaires, ce qui lui fit décerner pas ses troupes le titre d'*imperator*. Il séjourna à Athènes lors de son voyage de retour, en 50.

Tu uero, ut uidetur ; nam praefinire non est meum.
**22** Quid cuique igitur consentaneum sit, alio loco. Nam ista mihi et cum Antiocho saepe et cum Aristo nuper, cum Athenis imperator apud eum deuersarer, dissensio fuit. Mihi enim non uidebatur quisquam esse beatus posse, cum in malis esset ; in malis autem sapientem esse posse, si essent ulla corporis aut fortunae mala. Dicebantur haec, quae scripsit etiam Antiochus locis pluribus, uirtutem ipsam per se beatam uitam efficere posse neque tamen beatissimam ; deinde ex maiore parte plerasque res nominari, etiamsi quae pars abesset, ut uires, ut ualetudinem, ut diuitias, ut honorem, ut gloriam, quae genere, non numero cernerentur ; item beatam uitam, etiamsi ex aliqua parte clauderet, tamen ex multo maiore parte optinere nomen suum. **23** Haec nunc enucleare non ita necesse est, quamquam non constantissime dici mihi uidentur. Nam et qui beatus est non intellego quid requirat, ut sit beatior (si est enim quod desit, ne beatus quidem est), et, quod ex maiore parte unam quamque rem appellari spectarique dicunt, est ubi id isto modo ualeat ; cum uero tria genera malorum esse dicant, qui duorum generum malis omnibus urgeatur, ut omnia aduorsa sint in fortuna, omnibus oppressum corpus et confectum doloribus, huic paulumne ad beatam uitam deesse dicemus, non modo ad beatissimam ?

**22** scripsit *V*c*P*φ : scriptasit *GRKB* scripta sunt φ ‖ clauderet *cet.* : claudicaret *ex* clauderet *V*c.
**23** uidentur *BP*φ : -etur *GKRV* ‖ quod desit *cet.* : qui d. *K* ‖ rem φ : partem *X*.

frances physiques s'appesantissent sur lui et le minent, dirons-nous qu'il lui manque peu de chose, je ne dis pas pour être heureux de façon parfaite, mais simplement pour être heureux ? IX **24** Cela, c'est la thèse bien connue que Théophraste ne fut pas à même de soutenir : ayant posé en principe que les coups, les tourments, la torture, les catastrophes nationales, l'exil, la perte des enfants contribuaient puissamment à rendre la vie mauvaise et misérable, il n'osa pas allier un langage élevé et noble à des sentiments de faiblesse et d'impuissance. Avait-il raison ? C'est une autre affaire, mais du moins il était incontestablement dans la logique et je n'aime guère que l'on critique les conséquences quand l'on a accordé les prémisses. Or on ne critique pas grandement ce philosophe, qui est sans rival pour la logique et la science, lorsqu'il dit qu'il y a trois catégories de biens, tandis que tout le monde lui tombe dessus à propos de son livre *du Bonheur*, où il développe longuement cette thèse qu'on ne saurait être heureux au milieu des tourments et des tortures. On assure même qu'il dit dans ce livre que la vie heureuse ne monte pas sur la roue (instrument de torture grec), et il est vrai qu'il ne le dit nulle part expressément, mais ce qu'il dit revient au même. **25** Eh bien ! si j'avais accordé que les douleurs physiques sont des maux, que les revers de fortune sont des maux, pourrais-je trouver mauvais qu'on vînt me dire que tous les gens de bien ne sont pas heureux, alors que tous les gens de bien sont exposés aux accidents que l'on range au nombre des maux ? Tous les philosophes tombent encore sur Théophraste, et dans leurs ouvrages et dans leurs cours, sous prétexte que dans son *Callisthène* il prône cette maxime :

« C'est la Fortune et non la sagesse qui gouverne la vie. »

On assure que jamais philosophe n'a rien dit de si décourageant, et l'on n'a pas tort sans doute, mais je

IX 24 Hoc illud est quod Theophrastus sustinere non potuit. Nam cum statuisset uerbera, tormenta, cruciatus, patriae euersiones, exilia, orbitates magnam uim habere ad male misereque uiuendum, non est ausus elate et ample loqui, cum humiliter demisseque sentiret ; quam bene, non quaeritur, constanter quidem certe. Itaque mihi placere non solet consequentia reprehendere, cum prima concesseris. Hic autem elegantissimus omnium philosophorum et eruditissimus non magnopere reprehenditur, cum tria genera dicit bonorum, uexatur autem ab omnibus primum in eo libro quem scripsit de uita beata, in quo multa disputat quam ob rem is qui torqueatur, qui crucietur, beatus esse non possit. In eo etiam putatur dicere in rotam — id est genus quoddam tormenti apud Graecos — beatam uitam non escendere. Non usquam id quidem dicit omnino, sed quae dicit idem ualent. **25** Possum igitur, cui concesserim in malis esse dolores corporis, in malis naufragia fortunae, huic suscensere dicenti non omnis bonos esse beatos, cum in omnis bonos ea quae ille in malis numerat cadere possint ? Vexatur idem Theophrastus et libris et scholis omnium philosophorum, quod in Callisthene suo laudarit illam sententiam :

Vitam regit fortuna, non sapientia.

**24** euersiones *cet.* : —nis *V* || non loqui humiliter dimisseque dicere *habet* Non. 286 || id est — Graecos Φ : *in R his uerbis linea subducta est, s.* XVII *uel* XVIII *sec. Stroux* ; *uerba ut glossema del. Ernesti* || escendere $V^1$ (t *eras.*) : — ret *GR* ascendere *KPBGr* || non usquam *cet.* : nusquam $V^2$.
**25** regit *cet.* : gerit *K*.

ne vois pas comment Théophraste aurait pu témoigner de plus de logique. Car, s'il est vrai que tant de biens relèvent du corps, que tant de biens étrangers au corps relèvent du hasard et de la Fortune, n'est-il pas manifeste que la Fortune, à qui l'on reconnaît le domaine des choses qui nous arrivent du dehors et de celles qui intéressent le corps, a plus d'influence que la sagesse ? **26** Vaut-il mieux prendre modèle sur Épicure ? Lui, c'est souvent qu'il abonde en formules brillantes, mais il faut dire aussi qu'il ne se soucie guère d'être logique et conséquent. Il prône la sobriété, et c'est là sans doute le langage d'un philosophe, mais il faudrait que ce philosophe fût Socrate ou Antisthène, et non pas l'homme qui place le souverain bien dans le plaisir. Il affirme qu'on ne saurait vivre agréablement sans vivre aussi dans la moralité, la sagesse, la justice. Rien de plus noble, rien de plus digne de la philosophie ; mais il ne faudrait pas en même temps mettre ces vertus mêmes, moralité, sagesse, justice, au service du plaisir. Quoi de meilleur que cette maxime : « la Fortune a bien peu de prise sur le sage » ? Mais l'homme qui parle ainsi n'est-il pas celui qui est allé jusqu'à dire de la douleur, non seulement qu'elle est le plus grand des maux, mais qu'elle est le seul mal ? Or, les douleurs les plus cruelles peuvent s'abattre sur tout son corps, à l'instant précis où il est en train de braver la Fortune. **27** Métrodore a pour la même idée une formule encore plus heureuse : « je t'ai réduite à l'impuissance en devançant ton attaque, ô Fortune, et j'ai bloqué tous les passages dont tu disposes, en sorte que tu ne saurais avoir la prétention de m'atteindre. » Langage magnifique : oui, s'il était dans la bouche d'Ariston de Chio ou du stoïcien Zénon, pour qui rien ne saurait être mauvais qui ne soit honteux. Mais toi, Métrodore, toi qui as remisé tout ton bien dans tes entrailles et dans tes moëlles, et fais consister le souverain bien dans une santé robuste jointe à l'espoir fondé de la

Negant ab ullo philosopho quicquam dictum esse languidius. Recte id quidem, sed nihil intellego dici potuisse constantius. Si enim tot sunt in corpore bona, tot extra corpus in casu atque fortuna, nonne consentaneum est plus fortunam, quae domina rerum sit et externarum et ad corpus pertinentium, quam consilium ualere ? **26** An malumus Epicurum imitari ? Qui multa praeclare saepe dicit ; quam enim sibi constanter conuenienterque dicat, non laborat. Laudat tenuem uictum. Philosophi id quidem, sed si Socrates aut Antisthenes diceret, non is qui finem bonorum uoluptatem esse dixerit. Negat quemquam iucunde posse uiuere, nisi idem honeste, sapienter iusteque uiuat. Nihil grauius, nihil philosophia dignius, nisi idem hoc ipsum « honeste, sapienter, iuste » ad uoluptatem referret. Quid melius quam fortunam exiguam interuenire sapienti ? Sed hoc isne dicit qui, cum dolorem non modo maxumum malum, sed solum malum etiam dixerit, toto corpore opprimi possit doloribus acerrumis tum, cum maxime contra fortunam glorietur ? **27** Quod idem melioribus etiam uerbis Metrodorus : « Occupaui te », inquit, « Fortuna, atque cepi omnisque aditus tuos interclusi, ut ad me adspirare non posses ». Praeclare, si Aristo Chius aut si Stoicus Zenon diceret, qui, nisi quod turpe esset, nihil malum duceret ; tu uero, Metrodore, qui omne bonum in uisceribus medul-

**26** laudat tenuem *e corr.* $V^c B$ : lauda tenuem *GR* laudetenuaem *K* ‖ : iusteque *cet.* : iuste *K* ‖ philosophia *cet.* : -ae *K* ‖ quid $V^2 B$ *e corr.* : qui *cet.* ‖ isne $BPV^2$ : hisne *GRK* ‖ toto corpore *cet.* : ut *ante* toto *add.* $V^2$.

**27** quod — occupauit *habet* Non. 355 ‖ cepi $BPK^1$ : coepi *GRV*.

conserver, est-ce toi qui as bloqué les passages de la Fortune ? Comment aurais-tu fait, puisque ce qui fait ton bien peut t'être ravi à cet instant même ?

X 28 Eh bien ! pourtant, voilà par quoi les ignorants se laissent séduire, et des maximes de ce genre font qu'ils sont légion. Mais ceux qui savent raisonner s'attachent moins à ce que l'on dit qu'à ce que l'on devrait dire. Appliquons cette règle à l'opinion dont nous avons entrepris ici la défense. Notre intention est de montrer que tous les gens de bien sont toujours heureux. Le sens que je donne à gens de bien est clair, et les noms de sages ou encore d'hommes de bien s'entendent de personnes pourvues et parées de toutes les vertus. Voyons ce qu'il faut entendre par des gens heureux. C'est, à mon avis du moins, ceux qui possèdent les biens sans qu'il s'y mêle aucun mal; 29 et, quand l'on dit heureux, ce terme n'implique aucune autre idée que celle de tous les biens dans leur absolue plénitude et à l'exclusion de tous maux. Voilà où la vertu ne saurait atteindre, s'il est vrai qu'il existe en dehors d'elle le moindre élément de bien. Car nous aurons affaire à une véritable foule de maux, si c'est des maux que nous voyons là où sont la pauvreté, l'obscurité, la basse extraction, l'abandon, la perte des proches, les vives douleurs physiques, la ruine de la santé, la paralysie, la cécité, l'anéantissement de la patrie, l'exil, la servitude enfin. Voilà nombre d'accidents graves — et je n'ai pas épuisé tous les cas possibles — auxquels le sage est exposé, car c'est le hasard qui les provoque, et le hasard peut s'attaquer au sage. Or, si ce sont là des maux, qui pourrait garantir au sage un perpétuel bonheur, alors qu'il peut se produire telle conjoncture où tous ces accidents seraient réalisés à la fois ? 30 Cela posé, je ne puis guère admettre que mon ami Brutus et nos communs maîtres, ainsi que de grands anciens, Aristote, Speusippe, Xénocrate, Polémon, disent que le sage est toujours heureux, tout en clas-

lisque condideris et definieris summum bonum firma corporis adfectione exploratàque ⟨ eius ⟩ spe contineri, Fortunae aditus interclusisti ? Quo modo ? isto enim bono iam exspoliari potes.

X 28 Atqui his capiuntur imperiti, et propter huius modi sententias istorum hominum est multitudo ; acute autem disputantis illud est, non quid quisque dicat, sed quid cuique dicendum sit uidere. Velut in ea ipsa sententia quam in hac disputatione suscepimus, omnis bonos semper beatos uolumus esse. Quos dicam bonos, perspicuum est ; omnibus enim uirtutibus instructos et ornatos tum sapientis, tum uiros bonos dicimus. Videamus qui dicendi sint beati. Equidem eos existimo qui sint in bonis nullo adiuncto malo ; 29 neque ulla alia huic uerbo, cum beatum dicimus, subjecta notio est nisi secretis malis omnibus cumulata bonorum complexio. Hanc assequi uirtus, si quicquam praeter ipsam boni est, non potest. Aderit enim malorum, si mala illa ducimus, turba quaedam, paupertas, ignobilitas, humilitas, solitudo, amissio suorum, graues dolores corporis, perdita ualetudo, debilitas, caecitas, interitus patriae, exilium, seruitus denique. In his tot et tantis (atque etiam plura possunt accidere) potest esse sapiens ; nam haec casus importat qui in sapientem potest incurrere. At si ea mala sunt, quis potest praestare semper sapientem beatum fore, cum uel in omnibus his uno tempore esse possit ? 30 Non igitur facile concedo neque Bruto

27 corporis *BP in mg.* $V^2$ : corpori *cet.* ‖ eius spe *Lb.* : eius *om.* Φ ‖ exspoliari potes $V^2$ $P^2$ : expoliare potest *X*.

28 huius *cet.* : eius $V^c$ ‖ quos $V^2$ : quod *X* ‖ eos *Wesenberg* : hos Φ.

sant parmi les maux les accidents dont j'ai donné plus haut la liste. Oui, si le titre de sage, bien digne d'un Pythagore, d'un Socrate, d'un Platon, les charme par sa distinction et par sa beauté, qu'ils prennent sur eux de mépriser les choses dont l'éclat les séduit, force, santé, beauté, richesses, honneurs et puissance, et de considérer comme inexistantes les choses opposées à celles-là ; alors ils auront le droit de proclamer à pleine voix que ni les assauts de la Fortune, ni l'opinion de la foule, ni la souffrance, ni la pauvreté ne les effrayent, que tout ce qui les intéresse dépend d'eux-mêmes, et que, là où leur pouvoir ne s'étend pas, il n'existe rien qu'ils rangent au nombre des biens. 31 Mais tenir pareil langage, digne d'une âme grande et sublime, tout en rangeant au nombre des biens et des maux les mêmes choses que le vulgaire, cela est absolument inadmissible. Aussi bien l'appât de cette gloire nous vaut-il l'intervention d'Épicure, car Épicure aussi, les dieux me pardonnent ! est d'avis que le sage est toujours heureux. La magnificence de cette formule séduit notre homme, mais, s'il s'écoutait parler, il ne l'aurait jamais adoptée. Quoi de plus inconséquent en effet, quand on dit que la douleur est le souverain mal ou même le seul mal, que de prêter au sage, au moment précis où la douleur le torture, cette parole : « combien ceci est délicieux ! » Encore une fois, ce n'est pas d'après des maximes isolées qu'il faut apprécier la valeur des philosophes, mais d'après la liaison et l'accord de leurs principes.

— XI 32 Tu es en voie de me gagner à ton avis ; mais, prends-y garde, on pourrait aussi te taxer d'inconséquence.

— Comment cela ?

— C'est parce que je viens de lire ton quatrième livre *des Termes extrêmes des biens et des maux*, et, dans la réfutation que tu y fais de Caton, il me paraissait que tu entendais établir, ce qui d'ailleurs est mon sentiment,

meo neque communibus magistris nec ueteribus illis, Aristoteli, Speusippo, Xenocrati, Polemoni ut, cum ea quae supra enumeraui in malis numerent, iidem dicant semper beatum esse sapientem. Quos si titulus hic delectat insignis et pulcher, Pythagora, Socrate, Platone dignissimus, inducant animum illa quorum splendore capiuntur, uires, ualetudinem, pulchritudinem, diuitias, honores, opes contemnere eaque quae his contraria sunt pro nihilo ducere; tum poterunt clarissima uoce profiteri se neque fortunae impetu nec multitudinis opinione nec dolore nec paupertate terreri, omniaque sibi in sese esse posita, nec esse quicquam extra suam potestatem quod ducant in bonis. **31** *N*unc et haec loqui quae sunt magni cuiusdam et alti uiri, et eadem quae uulgus in malis et bonis numerare, concedi nullo modo potest. Qua gloria commotus Epicurus exoritur; cui etiam, si dis placet, uidetur semper sapiens beatus. Hic dignitate huius sententiae capitur, sed numquam id diceret, si ipse se audiret. Quid est enim quod minus conueniat, quam ut is qui uel summum uel solum malum dolorem esse dicat, idem censeat « Quam hoc suaue est ! » tum cum dolore crucietur, dicturum esse sapientem ? Non igitur ex singulis uocibus philosophi spectandi sunt, sed ex perpetuitate atque constantia.

**30** quos *BPφ* : quod *cet.* || inducant animum *cet.* : inducant animum (*eras.* i *uel* in) *G* in *supra* a. *add.* $V^c$ || sunt *Bφ* : sint *cet.*

**31** nunc *Wesenberg* : nec hunc Φ (nam *pro* nec *in mg. P*) || se *cet.* : *om. G* || idem $V^c$ (m *in ras.*) *BPφ* : id est *GKR* || non igitur — spectandi sunt *habet* Non. 402 || non igitur — constantia *habet H* || spectandi *cet.* : exspectandi $G^1$ *Nonii L.*

que Zénon ne se distingue des Péripatéticiens que par l'originalité du vocabulaire. S'il en est ainsi, et si l'on admet que Zénon est dans la logique de son système en soutenant que la vertu a une puissance suffisante pour réaliser la vie heureuse, pour quelle raison refuserait-on aux Péripatéticiens le droit d'en dire autant ? Car, j'imagine, ce sont les choses et non les mots qu'il faut considérer.

— 33 Toi, tu t'appuies sur des pièces signées de ma main, et prends acte de ce qu'il a pu m'arriver de dire ou d'écrire. La méthode serait bonne ailleurs, avec ceux qui sont liés par des systèmes ; mais nous, nous vivons au jour le jour ; tout ce qui fait sur nous une forte impression de vraisemblance, nous l'adoptons, et c'est pourquoi nous sommes les seuls à être libres. Néanmoins, puisque nous venons de parler logique, j'estime pour mon compte qu'ici la question n'est pas de savoir si réellement il n'y a de bon que ce qui est beau, comme le pensait Zénon et aussi son auditeur Ariston, mais si, dès lors qu'on aurait admis ce principe *(texte altéré)*, la logique n'exigerait pas que l'on fît consister uniquement dans la vertu tout le bonheur. 34 Ainsi, nous pouvons bien laisser dire à Brutus que le sage est toujours heureux, en lui laissant le soin de voir s'il est d'accord avec lui-même ; et d'ailleurs qui plus que ce grand homme mérite la gloire qui s'attache à pareille maxime ? Mais que cette concession ne nous empêche pas de tenir ferme sur ce principe que le bonheur du sage est encore un bonheur parfait.

**Preuves que la vertu seule est un bien.**

XII Et si l'on est d'avis que Zénon de Cittium, un métèque, un obscur artisan de mots, fait figure d'intrus parmi les philosophes anciens, remontons jusqu'à Platon comme à l'auteur de cette grande maxime, car Platon revient souvent sur cette idée qu'il n'y a pas d'autre bien que la vertu. Ainsi, dans le

XI **32** Adducis me ut tibi adsentiar. Sed tua quoque uide ne desideretur constantia.

Quonam modo ?

Quia legi tuum nuper quartum de finibus ; in eo mihi uidebare contra Catonem disserens hoc uelle ostendere, quod mihi quidem probatur, inter Zenonem et Peripateticos nihil praeter uerborum nouitatem interesse. Quod si ita est, quid est causae quin, si Zenonis rationi consentaneum sit satis magnam uim in uirtute esse ad beate uiuendum, liceat idem Peripateticis dicere ? Rem enim opinor spectari oportere, non uerba.

**33** Tu quidem tabellis obsignatis agis mecum et testificaris quid dixerim aliquando aut scripserim. Cum aliis isto modo, qui legibus impositis disputant ; nos in diem uiuimus ; quodcumque nostros animos probabilitate percussit, id dicimus, itaque soli sumus liberi. Verum tamen, quoniam de constantia paulo ante diximus, non ego hoc loco id quaerendum puto uerumne sit, quod Zenoni placuerit quodque eius auditori Aristoni, bonum esse solum quod honestum esset, sed, si ita esset, † tum ut totum hoc beate uiuere in una uirtute poneret. **34** Quare demus hoc sane Bruto, ut sit beatus semper sapiens ; quam sibi conueniat, ipse uiderit ; gloria quidem huius sententiae quis est illo uiro dignior ? Nos tamen teneamus, ut sit idem beatissimus.

XII Et, si Zeno Citieus, aduena quidam et ignobilis

**33** tum ut — poneret Φ, *sed locus est mutilus* : tum *exp.* V[rec], tum < fueritne consentaneum > ut *Po.* num totum — poneretur *Kueh. alii aliter.*

**34** ipse *BPV*[2] : ipsa *KRG* ‖ aduena — uidetur *habet* Non. 457.

*Gorgias* (1), on demande à Socrate s'il ne considère pas comme heureux Archélaüs, fils de Perdiccas, qui passait en ce temps-là pour le plus fortuné des hommes. — **35** Je n'en sais rien du tout, répond-il, car je n'ai jamais eu d'entretien avec lui. — Que veux-tu dire ? Et faut-il entendre que tu ne peux t'en rendre compte autrement ? — Je n'ai pas d'autre moyen. — Alors tu es incapable de dire même si le grand roi de Perse est heureux ? — Comment le pourrais-je, ignorant dans quelle mesure il est philosophe, dans quelle mesure homme de bien ? — Eh quoi ! c'est en cela que d'après toi consiste le bonheur ? — Tel est exactement mon avis : les bons sont heureux, les méchants sont malheureux. — C'est donc un malheureux qu'Archélaüs ? — Assurément, s'il est injuste. Est-il clair que Socrate faisait dépendre le bonheur de la seule vertu ? **36** Mais quoi ! Dans l'*Epitaphe* (2), il s'explique encore sur ce point, et comment ! « Oui, dit-il, l'homme pour qui tous les moyens de vivre heureux ne dépendent que de lui seul, sans être rattachés à la chance ou à la malechance d'autrui, et par suite soumis aux fluctuations d'une destinée étrangère, celui-là s'est assuré la méthode de vie la meilleure. C'est lui qui est l'homme modéré, lui le vaillant, lui le sage ; c'est lui qui, soit qu'apparaissent ou disparaissent dans sa vie et les autres biens, et tout spécialement les enfants, se soumettra avec docilité à l'antique précepte, car il ne cédera ni à la joie ni au chagrin outre mesure, pour la raison qu'il placera toujours au fond de lui-même toute son espérance. » Aussi est-ce de la doctrine de Platon, comme d'une source pure et sacrée, que découlera toute notre démonstration.

XIII **37** Eh bien ! pourrions-nous engager cette discussion de façon plus méthodique qu'en partant de notre commune mère, la Nature ? Or la Nature a voulu que

1. *Gorgias*, p. 470 D.
2. Autre titre du *Ménéxène*, p. 247 E.

uerborum opifex, insinuasse se in antiquam philosophiam uidetur, huius sententiae grauitas a Platonis auctoritate repetatur, apud quem saepe haec oratio usurpata est, ut nihil praeter uirtutem diceretur bonum. Velut in Gorgia Socrates, cum esset ex eo quaesitum, Archelaum, Perdiccae filium qui tum fortunatissimus haberetur, nonne beatum putaret, **35** haud scio, inquit ; numquam enim cum eo conlocutus sum. — Ain tu ? an aliter id scire non potes ? — Nullo modo. — Tu igitur ne de Persarum quidem rege magno potes dicere beatusne sit ? — An ego possim, cum ignorem quam sit doctus, quam uir bonus ? — Quid ? tu in eo sitam uitam beatam putas ? — Ita prorsus existimo, bonos beatos, improbos miseros. — Miser ergo Archelaus ? — Certe, si iniustus. — Videturne omnem hic beatam uitam in una uirtute ponere ? **36** Quid uero ? in Epitaphio quo modo idem ? « Nam cui uiro », inquit, « ex se ipso apta sunt omnia, quae ad beate uiuendum ferunt, nec suspensa aliorum aut bono casu aut contrario pendere ex alterius euentis et errare coguntur, huic optume uiuendi ratio comparata est. Hic est ille moderatus, hic fortis, hic sapiens, hic et nascentibus et cadentibus cum reliquis commodis, tum maxime liberis parebit et oboediet praecepto illi ueteri ; neque enim laetabitur umquam nec maerebit nimis quod semper in se ipso omnem spem reponet sui. » Ex hoc igitur Platonis quasi quodam sancto augustoque fonte nostra omnis manabit oratio.

**34** se Φ : *om. Non.*
**35** ain tu ? an $B^2V^2$ : an tu an *X* an tu aliter ς || id *cet.* : *om.* *G.*
**36** ex se ς : esse *X* (e se *in r. V*) || quod *cet.* : qui $V^{rec}$ || ipso $BPV^c$ς : ipse *GRK.*

toutes ses productions, et non seulement les êtres animés, mais encore ceux qui ne se dégagent de la terre que pour y tenir par leurs racines, réalisent le plein développement que comporte leur espèce. C'est ainsi que les arbres et la vigne et aussi les plantes dont la taille est petite et qui ne peuvent s'élever que faiblement au-dessus du sol, ou bien demeurent toujours verts, ou bien, dépouillés de leurs feuilles par l'hiver, s'en revêtent quand la saison printanière les a réchauffés, et il n'est aucune de ces plantes qui ne se développe, grâce à certain mouvement interne et à l'effet particulier des semences renfermées dans chacune, de façon à se couvrir ou de fleurs, ou de graines ou de baies ; dans toutes, si aucune contrainte ne les en empêche, tout le développement dont elles sont susceptibles se réalise. **38** Mais c'est encore dans les bêtes, parce que la Nature leur a donné le sentiment, que l'on peut le mieux distinguer la tendance propre de la Nature. Elle a voulu en effet que les unes nagent et habitent les eaux, que les autres volent et jouissent des libres espaces du Ciel, tandis que certaines rampent, que certaines marchent ; et parmi ces dernières même, il y en a qui vivent solitaires et il y en a qui vivent en troupes ; les unes sont sauvages, tandis que certaines sont apprivoisées ; quelques-unes se tiennent cachées et à couvert sous la terre. Et ainsi chacune d'elles, conformément à sa vocation particulière et sans qu'elle puisse s'adapter au mode d'existence d'un animal différent, reste fidèle à la loi de la Nature. Et, si la Nature a donné à chaque espèce de bêtes un attribut qui lui est réservé et dont elle conserve le privilège sans s'en départir jamais, le don spécial qu'elle a fait à l'homme est d'un ordre bien supérieur ; encore faut-il observer qu'il n'y a supériorité que relativement aux choses entre lesquelles il existe un terme de rapprochement ; or, on ne saurait rapprocher l'âme humaine, émanée de la pensée divine, de rien autre chose que de

XIII **37** Vnde igitur ordiri rectius possumus quam a communi parente natura ? quae, quicquid genuit, non modo animal, sed etiam quod ita ortum esset e terra, ut stirpibus suis niteretur, in suo quidque genere perfectum esse uoluit. Itaque et arbores et uites et ea quae sunt humiliora neque se tollere a terra altius possunt, alia semper uirent, alia hieme nudata uerno tempore tepefacta frondescunt, neque est ullum quod non ita uigeat interiore quodam motu et suis in quoque seminibus inclusis, ut aut flores aut fruges fundat aut bacas, omniaque in omnibus, quantum in ipsis sit, nulla ui impediente perfecta sint. **38** Facilius uero etiam in bestiis, quod iis sensus a natura est datus, uis ipsius naturae perspici potest. Namque alias bestias nantis aquarum incolas esse uoluit, alias uolucres caelo frui libero, serpentis quasdam, quasdam esse gradientis ; earum ipsarum partim soliuagas, partim congregatas, inmanis alias, quasdam autem cicures, non nullas abditas terraque tectas. Atque earum quaeque suum tenens munus, cum in disparis animantis uitam transire non possit, manet in lege naturae. Et ut bestiis aliud alii praecipui a natura datum est, quod suum quaeque retinet nec discedit ab eo, sic homini multo quiddam praestantius ; etsi praestantia debent ea dici quae habent aliquam comparationem, humanus autem animus decerptus ex mente diuina cum alio nullo nisi cum ipso deo,

**37** ordiri *V*^rec^ç : oriri *X* ‖ uigeat *BP* : -ant *cet.* ‖ ut -fundant *(sic)* aut bacas *habet* Non. 312 ‖ ui *KPB* : uim *GRV*.

**38** nantis — serpentis — gradientis *cel.* : -es (*ter*) *R*^c ‖ quasdam *bis cet.* : *alt.* quasdam *del.* *R*^c ‖ partim soliuagas-tectas *habet* Non. 93 ‖ cicures Φ : -as *Non.* = discedit ç*PB* : discendit *GRKV*.

Dieu même, s'il est permis de tenir ce langage. **39** Or, si l'âme humaine a été cultivée et si l'on a traité sa vue pour empêcher que les illusions ne l'aveuglent, alors apparaît la pensée parfaite, c'est-à-dire la raison accomplie qui est aussi la vertu. Et si le bonheur est partout là où rien ne manque et où est réalisé intégralement le développement que comporte l'espèce, si d'autre part c'est bien là le caractère propre de la vertu, assurément tous ceux qui possèdent la vertu sont heureux. J'ajoute que sur ce dernier point je suis d'accord avec Brutus, et par suite avec Aristote, Xénocrate, Speusippe, Polémon ; mais je vais plus loin qu'eux et j'estime que la vertu donne la félicité parfaite. **40** Que manque-t-il en effet pour vivre heureux à qui peut compter entièrement sur ses biens ? Au contraire, si l'on ne peut compter sur eux, comment pourrait-on être heureux ? Or, il est forcé qu'on ne puisse compter sur eux quand on répartit les biens en trois classes. XIV. Qui pourrait en effet compter sur une santé inaltérable ou une fortune durable ? Eh bien ! pourtant, l'on ne saurait être heureux par l'effet d'un bien qui ne serait pas durable et définitivement acquis. Quel est donc, parmi les biens dont on nous parle, celui qui a ce caractère ? Vraiment, je crois que le mot fameux d'un Lacédémonien s'applique parfaitement à ces gens-ci. Certain marchand se vantant d'avoir toute une flotte essaimée sur tous les points du littoral : « tu as là, dit le Lacédémonien, une fortune qu'on ne peut guère envier, car elle ne tient qu'à des amarres. » Est-il douteux qu'il ne faille faire entrer, dans la catégorie des choses qui sont de nature à constituer la vie heureuse, rien de ce qui peut se perdre ? En effet, rien ne doit se dessécher, ni s'éteindre, ni s'effondrer parmi les éléments constitutifs de la vie heureuse, et il va de soi que si l'on redoute de subir une perte parmi ces éléments, on ne pourra pas être heureux. **41** Car, ce que nous entendons par l'homme

si hoc fas est dictu, comparari potest. **39** Hic igitur si est excultus et si eius acies ita curata est, ut ne caecaretur erroribus, fit perfecta mens, id est absoluta ratio, quod est idem uirtus. Et, si omne beatum est cui nihil deest et quod in suo genere expletum atque cumulatum est, idque uirtutis est proprium, certe omnes uirtutis compotes beati sunt. Et hoc quidem mihi cum Bruto conuenit, id est cum Aristotele, Xenocrate, Speusippo, Polemone. Sed mihi uidentur etiam beatissimi. **40** Quid enim deest ad beate uiuendum ei qui confidit suis bonis ? Aut qui diffidit beatus esse qui potest ? At diffidat necesse est qui bona diuidit tripertito. XIV Qui enim poterit aut corporis firmitate aut fortunae stabilitate confidere ? Atqui nisi stabili et fixo et permanente bono beatus esse nemo potest. Quid ergo eius modi istorum est ? ut mihi Laconis illud dictum in hos cadere uideatur qui glorianti cuidam mercatori, quod multas nauis in omnem oram maritimam dimisisset, « non sane optabilis quidem ista », inquit, « rudentibus apta fortuna ». An dubium est quin nihil sit habendum in eo genere, quo uita beata compleatur, si id possit amitti ? Nihil enim interarescere, nihil extingui, nihil cadere debet eorum in quibus uita beata consistit. Nam qui timebit ne quid ex his deperdat, beatus esse non poterit. **41** Volumus enim eum qui beatus sit tutum esse, inexpugnabilem, saeptum atque munitum non ut paruo metu

**39** omnes *B*ꝑ : omnis *cel.*
**40** firmitate *KRP e corr.* : -ti *GVB* || stabilitate *cel.* : -ti $V^2$ || atqui nisi — potest *habet H* || compleatur *Wopkens* : complectitur Φ || nihil enim — 42 consisteret *habet H.*

heureux, c'est un homme qui serait en sécurité, inexpugnable, hors de toute atteinte, tel enfin qu'il ne connaîtrait, je ne dis pas que des craintes insignifiantes, mais aucune crainte absolument. Il en est en effet de la crainte comme de l'innocence, car l'on n'appelle pas innocent celui qui n'a que de légers torts, mais celui qui n'en a aucun ; de même il faut considérer comme exempt de crainte non pas celui qui n'a que de faibles sujets de crainte, mais celui sur lequel la crainte n'a absolument aucune prise. Aussi bien, le courage est-il autre chose qu'un état où l'âme, d'une part est disposée à la patience, s'il s'agit d'affronter un péril, de peiner et de souffrir, et d'autre part est affranchie de toute crainte ? **42** Or, les éléments du courage ne seraient pas tels assurément s'il y avait d'autres biens que ceux de la moralité. De plus, comment pourrait-on connaître cette sécurité à laquelle nous aspirons de toutes nos forces — sécurité désigne ici l'absence de chagrin, et c'est ce qui fait le bonheur — si l'on était sous le coup ou sous la menace d'une foule de maux ? Mais encore, où prendra-t-on ces sentiments de fierté et de magnanimité, ce mépris de tous les accidents attachés à notre nature, qui caractérisent le sage tel que nous le concevons, si nous ne faisons pas dépendre de nous-mêmes tout ce qui nous intéresse ? Philippe, ayant adressé aux Lacédémoniens une lettre où il les menaçait de s'opposer à toutes leurs tentatives, ils lui demandèrent s'il avait l'intention de s'opposer même à ce qu'ils mourussent. Eh bien ! ne trouverons-nous pas semblable énergie dans un homme, dans le sage que nous essayons de définir, plus facilement que dans l'ensemble d'une cité ? Mais quoi ! si au courage dont nous parlons s'unit la modération, avec la charge de gouverner tous les mouvements de l'âme, que peut-il manquer au bonheur d'un homme que le courage affranchirait du chagrin et de la crainte, tandis que la tempérance le détournerait de l'avidité, en

praeditus sit, sed ut nullo. Vt enim innocens is dicitur, non qui leuiter nocet, sed qui nihil nocet, sic sine metu is habendus est, non qui parua metuit, sed qui omnino metu uacat. Quae est enim alia fortitudo nisi animi adfectio cum in adeundo periculo et in labore ac dolore patiens, tum procul ab omni metu ? **42** Atque haec certe non ita se haberent, nisi omne bonum in una honestate consisteret. Qui autem illam maxume optatam et expetitam securitatem (securitatem autem nunc appello uacuitatem aegritudinis, in qua uita beata posita est) habere quisquam potest, cui aut adsit aut adesse possit multitudo malorum ? Qui autem poterit esse celsus et erectus et ea quae homini accidere possunt omnia parua ducens, qualem sapientem esse uolumus, nisi omnia sibi in se posita censebit ? An Lacedaemonii Philippo minitante per litteras se omnia quae conarentur prohibiturum quaesiuerunt num se esset etiam mori prohibiturus ; uir is quem quaerimus non multo facilius tali animo reperietur quam ciuitas uniuersa ? Quid ? ad hanc fortitudinem de qua loquimur temperantia adiuncta, quae sit moderatrix omnium commotionum, quid potest ad beate uiuendum deesse ei quem fortitudo ab aegritudine et a metu uindicet, temperantia cum a libidine auocet, tum insolenti alacritate gestire non

**41** parua *X* : parum ς.

**42** expetitam *Man.* : expeditam Φ ‖ qui autem — censebit *habet H* ‖ minitante *Bentl.* : minitanti *V*rec *P in mg.* ς militanti *X* ‖ quid ad — 43 id honestum (*sine* haec efficere — explicata) *habet H* ‖ loquimur *V*²*P* (*in mg.*) *B*(*e corr.*) ς : loquitur *GRK* ‖ commotionum *cet.* : addi potest *add. V*² ‖ cum *Lb.* : tum Φ.

même temps qu'elle lui interdirait l'exaltation d'une impudente gaieté ? Voilà ce que produit la vertu, et je le montrerais, si nos entretiens précédents n'avaient élucidé ce point. XV **43** Et, puisque les passions rendent la vie malheureuse, tandis que les états paisibles de l'âme procurent le bonheur, puisque la passion a deux sources, le chagrin et la crainte ayant pour domaine des maux imaginaires, la joie folle et le désir des biens chimériques, sans que tous ses mouvements cessent d'être en conflit avec la réflexion et la raison, irez-vous, quand vous verrez un homme exempt, affranchi, libre d'agitations si violentes, si discordantes et même si contradictoires entre elles, irez-vous hésiter à dire qu'il est heureux ? Or le sage est toujours en cet état ; le sage est donc toujours heureux. De plus, tout ce qui est bon comporte de la joie ; or ce qui comporte de la joie mérite qu'on s'en félicite et qu'on en soit fier ; mais ce qui est tel est aussi glorieux ; et, si cela est glorieux, c'est assurément digne d'éloges ; or ce qui est digne d'éloges est certainement aussi honnête ; par suite ce qui est bon est honnête. **44** Or ces gens-là eux-mêmes n'osent pas qualifier d'honnêtes les choses qu'ils classent parmi les biens ; donc l'honnête est seul à être un bien ; et de là il suit que le bonheur dépend de la seule honnêteté. Il ne faut donc pas appeler biens ni tenir pour tels des choses que l'on peut avoir en abondance tout en étant très misérable. **45** Supposons qu'une personne possède à un degré remarquable la santé, la force, la beauté, l'acuité et la vigueur des sens ; mettez encore, si vous voulez, l'agilité et la vitesse, donnez-lui richesses, honneurs, commandements, puissance et gloire : si le possesseur de ces choses est injuste, intempérant, craintif, d'intelligence bornée et même nulle, hésiterez-vous à dire qu'il est malheureux ? Qu'est-ce donc que ces biens-là dont la possession n'exclut pas la plus grande misère ? Remarquons le : si un tas de blé résulte

sinat ? Haec efficere uirtutem ostenderem, nisi superioribus diebus essent explicata.

XV **43** Atque cum perturbationes animi miseriam, sedationes autem uitam efficiant beatam, duplexque ratio perturbationis sit, quod aegritudo et metus in malis opinatis, in bonorum autem errore laetitia gestiens libidoque uersetur, cum omnia ⟨ ea ⟩ cum consilio et ratione pugnent, his tu tam grauibus concitationibus tamque ipsis inter se dissentientibus atque distractis quem uacuum, solutum, liberum uideris, hunc dubitabis beatum dicere ? Atqui sapiens semper ita adfectus est ; semper igitur sapiens beatus est. Atque etiam omne bonum laetabile est ; quod autem laetabile, id praedicandum et prae se ferendum ; quod tale autem, id etiam gloriosum ; si uero gloriosum, certe laudabile ; quod laudabile autem, profecto etiam honestum ; quod bonum igitur, id honestum. **44** At quae isti bona numerant, ne ipsi quidem honesta dicunt ; solum igitur bonum, quod honestum ; ex quo efficitur honestate una uitam contineri beatam. Non sunt igitur ea bona dicenda nec habenda quibus abundantem licet esse miserrimum. **45** An dubitas quin praestans ualetudine, uiribus, forma acerrumis integerrumisque sensibus, adde etiam, si lubet, pernicitatem et uelocitatem, da diuitias, honores, imperia,

**43** atque cum *edd. uett.* : atqui cum $V^2$*φ P in mg.* at quicumque *cet.* ‖ ea *add. Sey.* : cum omnia Φ quae o. *Bentl.* ‖ ratione *cet.* : orat. *K* ‖ dissentientibus *cet.* : dissident. *H* ‖ prae se ferendum *cet.* : praef. *Hφ*.

**44** at quae φ : atque *X* ‖ solum igitur.. — miserrimum *habet H* ‖ una *cet.* : unam *GH* ‖ contineri *B* $V^{rec}$*φ* : -nere *cet.*

**45** praestans — uelocitatem *habet* Non. 444 ‖ integerrumisque φ : intergerumhisque X integrisque *Non.* ‖ da cuipiam diuitias — 48 concluditur *habet H*.

de l'assemblage de grains dont la nature lui est particulière, de même les éléments qui composent la vie heureuse doivent être analogues à elle-même, et si cela est, c'est au moyen de biens purement honnêtes qu'il faut réaliser la félicité. Si ces biens comportent une combinaison d'éléments dissemblables, rien d'honnête n'en pourra résulter, et, si l'on fait abstraction de l'honnête, comment pourra-t-on concevoir la félicité ? C'est qu'en effet tout ce qui offre le caractère du bien est désirable ; or ce qui est désirable est assurément estimable. Mais ce qu'on estime, on doit le tenir pour bienvenu et digne d'égards ; donc, on doit lui reconnaître aussi de la dignité. Et, si cela est, il doit être forcément digne d'éloge ; par suite tout bien est digne d'éloges. Il en résulte qu'il ne peut y avoir d'autre bien que l'honnête. XVI 46 Et si nous ne prenons pas position de la sorte, c'est à une foule de choses que nous devrons donner le nom de biens. Sans parler de la richesse, que je ne classe pas parmi les biens, parce qu'elle est à la portée du premier venu, quelle que soit son indignité — or ce qui est bien n'est pas à la portée du premier venu, — sans parler de la notoriété et de la popularité, qui sont issues d'un mouvement de l'opinion dans une foule imbécile et malhonnête, voici des choses que, pour insignifiantes qu'elles soient, on serait forcé d'appeler des biens : de jolies dents blanches, de beaux yeux, un teint agréable, et ces avantages qu'Anticlée (1) célèbre en lavant les pieds d'Ulysse :

« la douceur du langage, la fraîcheur de la peau (2) ».

Si c'est cela que nous appelons des biens, en quoi la gravité philosophique autorisera-t-elle un langage plus grave et plus élevé que les opinions du vulgaire et les rêveries des sots ? — 47 Sans doute, mais les Stoïciens appellent choses préférables ou avantageuses ce que vos Péripatéticiens appellent biens. — Les premiers s'expriment ainsi, il est vrai,

opes, gloriam : si fuerit is qui haec habet iniustus, intemperans, timidus, hebeti ingenio atque nullo, dubitabisne eum miserum dicere ? Qualia igitur ista bona sunt quae qui habeat miserrimus esse possit ? Videamus ne, ut aceruus ex sui generis granis, sic beata uita ex sui similibus partibus effici debeat. Quod si ita est, ex bonis quae sola honesta sunt efficiendum est beatum ; ea mixta ex dissimilibus si erunt, honestum ex iis effici nihil poterit ; quo detracto quid poterit beatum intellegi ? Etenim, quicquid est quod bonum sit, id expetendum est ; quod autem expetendum, id certe adprobandum ; quod uero adprobaris, id gratum acceptumque habendum ; ergo etiam dignitas ei tribuenda est. Quod si ita est, laudabile sit necesse est ; bonum igitur omne laudabile. Ex quo efficitur ut quod sit honestum id sit solum bonum.

XVI 46 Quod ni ita tenebimus, multa erunt quae nobis bona dicenda sint ; omitto diuitias (quas cum quiuis quamuis indignus habere possit, in bonis non numero ; quod enim est bonum, id non quiuis habere potest), omitto nobilitatem famamque popularem stultorum inproborumque consensu excitatam ; haec quae sunt minima tamen bona dicantur necesse est : candiduli dentes, uenusti oculi, color suauis et ea quae Anticlea laudat Vlixi pedes abluens :

Lenitudo orationis, mollitudo corporis.

45 nihil *cet.* : nil *H*.

46 sint *cet.* : sunt *GHB* ‖ et ea — abluens *om. H* ‖ ea quas *BP* : aeque *cet.* ‖ Anticlea Φ : *apud Homerum Euryclea pedes abluit* (cf. *praefatio*) ‖ laudat φ : *om. X* ‖ *uersus est Pac. Niptra* 247 ‖ lenitudo — grauitate (sibi bona ducens) *habet* Non. 132.

mais ils ne disent pas que ces choses-là soient un élément nécessaire du bonheur, tandis que les seconds estiment que, sans elles, le bonheur n'existe pas, ou du moins, si bonheur il y a, qu'on ne peut en tout cas parler de bonheur parfait. Or nous entendons dire que le bonheur est parfait ⟨sans ces choses⟩ et la démonstration bien connue de Socrate nous confirme dans cette vue. Voici en effet comment raisonnait ce grand homme, le premier des philosophes : telle est la disposition particulière de l'âme, tel est l'homme, et tel est l'homme même, tel est son langage ; d'autre part, la conduite est analogue au langage et la vie l'est à la conduite. Mais la disposition de l'âme chez l'homme de bien est digne d'éloges, et par suite la vie de l'homme de bien est digne d'éloges, et, puisqu'elle est digne d'éloges, elle est morale par conséquent, ce qui amène à conclure que c'est aux gens de bien que le bonheur appartient. **48** Aussi bien — j'en atteste les dieux et les hommes ! — à moins d'admettre que nous avons causé pour le plaisir et pour tuer le temps, ne ressort-il pas surabondamment de nos précédents entretiens que le sage est toujours exempt de toutes les agitations de l'âme que j'appelle passions, que toujours la paix la plus paisible règne dans son âme ? Par suite, l'homme bien équilibré, ferme, sans crainte, sans chagrin, sans exaltation aucune, sans passion, n'est-il pas heureux ? Eh bien ! c'est toujours que le sage est ainsi ; il est donc heureux toujours. Mais encore, comment l'homme de bien pourrait-il ne pas subordonner tous ses actes et toutes ses pensées à une fin digne d'éloges ? Or la fin à laquelle il subordonne tout est le bonheur ; donc le bonheur est digne d'éloges ; mais rien n'est digne d'éloges sans la vertu ; donc le bonheur dépend uniquement de la vertu.

XVII **49** De plus, ce point résulte encore du raisonnement suivant : la vie malheureuse, non plus que celle qui n'est ni malheureuse ni heureuse, n'a rien que l'on puisse

Ea si bona ducemus, quid erit in philosophi grauitate quam in uolgi opinione stultorumque turba quod dicatur aut grauius aut grandius ? **47** At enim eadem Stoici « praecipua » uel « producta » dicunt quae « bona » isti. Dicunt illi quidem, sed iis uitam beatam compleri negant ; hi autem sine iis esse nullam putant aut, si sit beata, beatissimam certe negant. Nos autem uolumus beatissimam idque nobis Socratica illa conclusione confirmatur. Sic enim princeps ille philosophiae disserebat : qualis cuiusque animi adfectus esset, talem esse hominem ; qualis autem homo ipse esset, talem eius esse *o*rationem ; *o*ration*i* autem facta similia, factis uitam. Adfectus autem animi in bono uiro laudabilis, et uita igitur laudabilis boni uiri, et honesta ergo, quoniam laudabilis. Ex quibus bonorum beatam uitam esse concluditur. **48** Etenim, pro deorum atque hominum fidem ! parumne cognitum est superioribus nostris disputationibus, an delectationis et oti consumendi causa locuti sumus sapientem ab omni concitatione animi, quam perturbationem uoco semper uacare, semper in animo eius esse placidissimam pacem ? Vir igitur temperatus, constans, sine metu, sine aegritudine, sine alacritate ulla, sine libidine nonne beatus ? at semper sapiens talis ; semper igitur beatus. Iam uero qui potest uir bonus

**47** eadem Stoici *cet.* : st. eadem *H*$\varphi$ || sine *P (in mg.)* : si *cet.* || homo ipse *cet.* : ipse *om. H* || orationem orationi *edd.* (cf. *Quint. inst.* 11, 1, 30 ; *Seneca epist.* 114, 1) : rationem rationis *X*.

**48** fidem *BP*$\varphi$ : fide *GKRV* || delectationis *cet.* : dilect. *GR* dilectationibus *V* || dicimus igitur sapientem — pacem *habet H* || alacritatem in malis habendum Cicero Tusculanarum < lib. V > ostendit : « uir igitur — sine alacritate ulla, libidine non uexatus » *habet* Non. 457 || sine alacritate ulla Φ *Non.* : s. a. futtili *Bentl.* (cf. 4, 17, 37) || at *BPV* : aut *GKR*.

exalter ou dont on puisse se glorifier. Or, il y a des vies où il se trouve des choses dignes qu'on les exalte, qu'on s'en glorifie et qu'on en soit fier. Epaminondas dit, par exemple :

« Ma tactique a raccourci la gloire de Lacédémone (1) »,

et l'Africain :

« Du point où le soleil se lève bien au-delà du lac Maeotis ⟨ jusques à l'Occident ⟩ , il n'est personne qui puisse m'égaler par ses exploits (2). »

50 Si cela est, c'est la vie heureuse qu'il faut glorifier, célébrer, et dont il faut être fier ; en effet il n'y a rien d'autre qu'il faille célébrer et dont il faille être fier. Cela posé, vous devinez la conséquence : et c'est que, si la vie heureuse n'est pas identique à la vie moralement belle, forcément la vie heureuse n'est pas ce qu'il y a de meilleur ; nos adversaires devront en effet reconnaître la supériorité de la beauté morale, et, dans ces conditions, il y aura quelque chose de meilleur que la vie heureuse ; or c'est là une proposition qui serait le comble du non-sens. Mais quoi ! du moment où l'on reconnaît au vice une puissance suffisante pour réaliser la vie misérable, n'est-on pas tenu de reconnaître à la vertu la même puissance pour réaliser la vie heureuse ? En effet, le contraire se déduit logiquement du contraire. 51 Et ici je demande à quoi rime la fameuse balance de Critolaüs. Critolaüs place les biens de l'âme dans un des plateaux, ceux du corps et les biens extérieurs dans l'autre, et il veut que le premier l'emporte tellement que la terre et les mers ne rétabliraient pas l'équilibre. XVIII Eh bien ! quand je vois Critolaüs ou même le fameux Xénocrate, le plus grave des philo-

1. Traduction du premier vers de l'inscription de la statue d'Epaminondas à Thèbes ; le texte complet nous a été conservé par Pausanias, IX, 15, 4.

2. Vers d'Ennius.

non ad id quod laudabile sit omnia referre quae agit quaeque sentit ? refert autem omnia ad beate uiuendum ; beata igitur uita laudabilis ; nec quicquam sine uirtute laudabile ; beata igitur uita uirtute conficitur.

XVII 49 Atque hoc sic etiam concluditur : Nec in misera uita quicquam est praedicabile aut gloriandum nec in ea quae nec misera sit nec beata. Et est in aliqua uita praedicabile aliquid et gloriandum ac prae se ferendum, ut Epaminondas :

Consiliis nostris laus est attonsa Laconum,

ut Africanus :

A sole exoriente supra Maeotis paludes
Nemo est qui factis aequiperare queat.

50 Quod si ⟨ est ⟩, beata uita glorianda et praedicanda et prae se ferenda est ; nihil est enim aliud quod praedicandum et prae se ferendum sit. Quibus positis intellegis quid sequatur ; et quidem, nisi ea uita beata est quae est eadem honesta, sit aliud necesse est melius uita beata ; quod erit enim honestum, certe fatebuntur esse melius. Ita erit beata uita melius aliquid ; quo quid potest dici peruersius ? Quid ? Cum fatentur satis magnam uim esse in uitiis ad miseram uitam, nonne fatendum est eandem uim in uirtute esse ad beatam uitam ? Contrariorum enim contraria sunt consequentia. 51 Quo loco quaero quam uim habeat libra illa Critolai, qui cum

48 beata igitur — 50 peruersius *habet H.*

49 prae se ferendum *cet.* : praef. *ter H* ‖ ut Epam. — queat *om. H* ‖ *uersus sunt Enn. fr. uar.* 21.

50 est *add. Lb.* : *om. X* ‖ prae se ferendum *cet.* : praef. *V* ‖ in uirtute *B*[1] : uirtutem *X* — tum φ.

sophes, exalter si fort la vertu, déprécier tout le reste et s'en désintéresser, je me demande ce qui les empêche de faire consister dans la vertu non seulement la vie heureuse, mais encore la vie parfaitement heureuse. Faute d'admettre ce point, on aboutit à anéantir la vertu. **52** Car l'homme capable de chagrin l'est aussi de crainte inévitablement, puisque la crainte est l'attente inquiète d'un chagrin à venir ; mais celui qui est capable de crainte l'est aussi de poltronnerie, de timidité, de panique, de lâcheté ; il est donc aussi capable de se laisser vaincre à l'occasion et de considérer que le fameux précepte d'Atrée n'est pas fait pour lui :

« Qu'ils aient dans la vie l'attitude de gens qu'on ne saurait vaincre ! (1) »

Or celui dont nous parlons sera vaincu, je le répète, et non seulement il sera vaincu, mais il sera encore esclave. Eh bien ! nous, nous entendons que la vertu soit toujours indépendante, toujours invincible ; autrement c'en est fait de la vertu. **53** Et si la vertu suffit à garantir la vie bonne, elle suffit aussi à garantir la vie heureuse ; il est certain en effet qu'elle suffit à assurer une vie courageuse ; assurant le courage, elle assure la grandeur d'âme, et cela au point qu'on ne redoute rien au monde et qu'on est toujours invincible. Il s'ensuit qu'on ne connaît ni mécontentement, ni insuffisance, ni difficulté ; on jouit donc en toute chose de l'abondance, de la perfection, du succès, et, par suite, du bonheur. Or la vertu est assez puissante pour réaliser la vie courageuse ; donc elle suffit pour réaliser la vie heureuse. **54** Aussi bien, tandis que la sottise, lors même qu'elle a conquis l'objet de son désir, estime néanmoins qu'elle n'en a jamais assez, la sagesse est-elle toujours contente de sa situation présente, et elle ne connaît point le mécontentement de soi-même.

1. Vers de l'*Atrée* d'Accius.

in alteram lancem animi bona imponat, in alteram corporis et externa, tantum propendere illam [boni lancem] putet, ut terram et maria deprimat.

XVIII Quid ergo aut hunc prohibet aut etiam Xenocratem illum grauissumum philosophorum, exaggerantem tantopere uirtutem, extenuantem cetera et abicientem, in uirtute non beatam modo uitam, sed etiam beatissimam ponere ? Quod quidem nisi fit, uirtutum interitus consequetur. **52** Nam in quem cadit aegritudo, in eundem metum cadere necesse est ; est enim metus futurae aegritudinis sollicita expectatio ; in quem autem metus, in eundem formido, timiditas, pauor, ignauia ; ergo, ut idem uincatur interdum nec putet ad se praeceptum illud Atrei pertinere :

Proinde ita parent se in uita ut uinci nesciant.

Hic autem uincetur, ut dixi, nec modo uincetur, sed etiam seruiet ; nos autem uirtutem semper liberam uolumus, semper inuictam ; quae nisi sunt, sublata uirtus est. **53** Atqu*e* si in uirtute satis est praesidi ad bene uiuendum, satis est etiam ad beate ; satis est enim certe in uirtute, ut fortiter uiuamus ; si fortiter, etiam ut magno animo, et quidem ut nulla re umquam terreamur semperque simus inuicti. Sequitur ut nihil paeniteat, nihil desit, nihil obstet ; ergo omnia pro-

**51** boni lancem *del. Baiter* : illam bonorum animi l. *Lallemand alii aliter* || tantopere *cet.* : tanto opere *V*.

**52** in quem — ignauia *habet* NON. 444 || eundem *cet.* : eum *Non.* || *cf. trag. fr. inc.* 112 || hic autem *cet.* : autem *del.* $V^3$ || at nos autem — 54 penitet *habet H* || nos autem φ : at nos autem *X* at nos φ || quae — est *om. H*.

**53** atque *Bentl.* : atqui Φ || est etiam *cet.* : est *om. H*.

**Exemples de vies heureuses et de vies malheureuses.**

XIX Mets-tu sur le même pied que Laelius (1) — Laelius fut consul une seule fois et non pas sans avoir connu l'échec, si du moins, quand le vote écarte un homme de cette sagesse et de cette honnêteté, l'échec n'est pas pour le peuple plutôt que pour cet homme — mais je reprends ma question : si donc tu avais le choix, aimerais-tu mieux être consul une fois comme Laelius ou quatre fois comme Cinna (2) ? **55** De ta part, je ne doute pas de la réponse, car je sais à qui je m'adresse, et ce n'est pas au premier venu que j'aurais demandé son avis ; en effet un autre aurait pu s'aviser de répondre qu'il préfère quatre consulats à un seul, et même qu'il préfère une journée de Cinna à l'existence entière de plusieurs grands hommes. Laelius eût été puni, s'il avait levé la main sur un individu, tandis que Cinna fit trancher la tête à son propre collègue, le consul Cneius Octavius, à des personnages illustres, Publius Crassus (3), Lucius Caesar (4), grands hommes qui avaient fait leurs preuves dans la paix et dans la guerre, à Marcus Antonius (5), le plus grand orateur qu'il m'ait été donné d'entendre, à Caius Caesar (6), qui incarnait à mon avis l'idéal de la distinction, de l'esprit, de l'agrément, de la délicatesse. Eh bien ! appellerons-nous heureux celui qui fit mettre à mort ces gens-là ? C'est tout l'opposé, à mon avis, et il fut un malheureux, non seulement parce qu'il commit de pareils actes, mais parce qu'il fit une politique telle qu'il lui fût permis de les commettre. Et quand je dis permis, je sais bien qu'il n'est permis à personne de faire le mal, mais c'est une impropriété consacrée par l'usage ; on dit en effet qu'une chose est permise à quelqu'un, quand il lui est loisible de la faire. **56** Dis-moi enfin quel est le plus beau moment de la vie de Marius : n'est-ce pas quand

fluenter, absolute, prospere, igitur beate. Satis autem uirtus ad fortiter uiuendum potest ; satis ergo etiam ad beate. **54** Etenim ut stultitia, etsi adepta est quod concupiuit, numquam se tamen satis consecutam putat, sic sapientia semper eo contenta est quod adest, neque eam umquam sui paenitet.

XIX Similemne putas C. Laeli unum consulatum fuisse et eum quidem cum repulsa (si, cum sapiens et bonus uir, qualis ille fuit, suffragiis praeteritur, non populus [a bono consule] potius quam ille [a bono populo] repulsam fert) — sed tamen utrum malles te, si potestas esset, semel ut Laelium consulem an ut Cinnam quater ? **55** Non dubito tu quid responsurus sis ; itaque uideo cui committam. Non quemuis hoc idem interrogarem ; responderet enim alius fortasse se non modo quattuor consulatus uni anteponere, sed unum diem Cinnae multorum et clarorum uirorum totis aetatibus. Laelius si digito quem attigisset, poenas dedisset ; at Cinna collegae sui, consulis Cn. Octaui, praecidi caput iussit ; P. Crassi, L. Caesaris, nobilissimorum hominum, quorum uirtus fuerat domi militiaeque cognita, M. Antoni, omnium eloquentissimi quos ego audierim, C. Caesaris, in quo mihi uidetur specimen fuisse humanitatis, salis, suauitatis, leporis. Beatusne igitur qui hos interfecit ? Mihi contra non solum eo uidetur miser quod ea fecit, sed etiam quod ita se gessit, ut ea facere ei liceret. Etsi

**54** similemne *B*ϛ : similene *cel.* ‖ fuisse *BPV*^rec^ϛ : — set *GRK* ‖ si *cel.* : sic *V*^rec^ ‖ a bono consule del. *Mueller* ‖ a bono populo *del. Mueller* : a populo *Madvig* a uano p. φ ‖
**55** qui hos ϛ *V*[3] : quos *X*.

il partagea sa gloire de vainqueur des Cimbres avec son collègue Catulus, un second Laelius, si je puis dire, tant il y a, selon moi, d'analogie entre ces deux hommes, plutôt qu'après sa victoire dans la guerre civile, quand aux supplications des familiers de Catulus la fureur lui fit répondre non pas une fois, mais à plusieurs reprises : « qu'il meure ! » Et, dans cette conjoncture, le plus heureux des deux ne fut pas celui qui donna un ordre aussi criminel, mais celui qui dut se plier à une sentence impie. Car, s'il vaut mieux subir l'injustice que de la commettre, mieux vaut aussi, comme Catulus, faire un bout de chemin à la rencontre d'une mort qui d'elle-même vient à nous, que de voir, comme Marius, anéantir la gloire de six consulats et souiller ses derniers jours par le meurtre d'un si grand homme.

XX 57 Trente-huit années durant, Denys fut tyran de Syracuse, et il en avait vingt-cinq quand il s'empara du pouvoir. Combien superbe était la ville, combien opulent l'État qu'il maintint sous le joug de l'esclavage ! Et pourtant voilà un homme qui, d'après des sources dignes de foi, fut d'une extrême sobriété et se montra dans son administration intelligent et actif ; mais ces qualités ne l'auraient pas empêché d'être foncièrement méchant et injuste, et c'est pourquoi, si l'on sait voir le fond des choses, on ne peut que le juger très misérable. En effet les objets précisément qu'il avait convoités lui échappaient encore, à l'époque même où il se croyait tout permis. 58 Bien qu'il fût de bonne famille et même de haute naissance — mais c'est là un point sur lequel les historiens ne sont pas d'accord — bien qu'il fût lié avec beaucoup de gens de son âge et comptât nombre de proches parents, sans parler de ces jeunes mignons dont c'est la mode en Grèce, il n'avait confiance en aucun d'eux ; c'est à des esclaves choisis dans la domesticité des riches et qu'il avait, de son chef, affranchis, c'est à des aventuriers barbares et féroces qu'il confiait la garde de sa

peccare nemini licet ; sed sermonis errore labimur ; id enim licere dicimus quod cuique conceditur. **56** Vtrum tandem beatior C. Marius tum cum Cimbricae uictoriae gloriam cum collega Catulo communicauit, paene altero Laelio (nam hunc illi duco simillimum), an cum ciuili bello uictor iratus necessariis Catuli deprecantibus non semel respondit, sed saepe ; : Moriatur » ? In quo beatior ille qui huic nefariae uoci paruit, quam is qui tam scelerate imperauit. Nam cum accipere quam facere praestat iniuriam, tum morti iam ipsi aduentanti paulum procedere ob uiam, quod fecit Catulus, quam quod Marius, talis uiri interitu sex suos obruere consulatus et contaminare extremum tempus aetatis.

XX **57** Duodequadraginta annos tyrannus Syracusanorum fuit Dionysius, cum quinque et uiginti natus annos dominatum occupauisset. Qua pulchritudine urbem, quibus autem opibus praeditam seruitute oppressam tenuit ciuitatem ! Atqui de hoc homine a bonis auctoribus sic scriptum accepimus, summam fuisse eius in uictu temperantiam in rebusque gerundis uirum acrem et industrium, eundem tamen maleficum natura et iniustum. Ex quo omnibus bene ueritatem intuentibus uideri necesse est miserrimum. Ea enim ipsa quae concupierat, ne tum quidem, cum omnia se posse censebat, consequebatur. **58** Qui cum esset bonis parentibus atque honesto loco natus (etsi id quidem alius alio modo tradi-

**55** peccare *BPV*[1] : -ret *GRK*.
**56** hunc φ : huic *X* || illi *cet.* : illum *V*[3]*P in mg.*
**57** in rebus gerundis uerum — maleficum natura *habet* Non. 241 || ea *cet.* : ecce *K*.

personne. Ainsi l'ambition injuste de la tyrannie l'avait pour ainsi dire contraint à s'emprisonner lui-même. Il y a plus : pour éviter de confier sa tête à un coiffeur, il fit apprendre à ses filles l'art de coiffer, et, formées à un métier vil et bon pour des servantes, ces princesses devenues coiffeuses faisaient la barbe et les cheveux à leur père. Encore ne se fiait-il pas à ses propres enfants ; quand elles eurent grandi, il leur retira les outils de fer, et le procédé qu'il imagina fut de se faire flamber barbe et cheveux avec des coques de noix rougies au feu. 59 Il avait deux épouses, Aristomaque, sa compatriote, et Doris qui était de Locres. Quand il se rendait auprès d'elles la nuit, il commençait toujours par faire une ronde minutieuse dans tout l'appartement. De plus, bien que le pavillon où il couchait fût entouré d'un large fossé et qu'on n'y accédât que par une passerelle de bois, il ne négligeait pas, après avoir fermé la porte de la chambre à coucher, de faire tourner la passerelle. Il n'osait pas non plus affronter la tribune publique : aussi avait-il l'habitude de haranguer la foule du haut d'une tour élevée. 60 Autre fait : on raconte qu'un jour, en retirant sa tunique pour jouer à la paume — il aimait beaucoup ce jeu et le pratiquait régulièrement — il remit son épée à l'un de ses mignons. Un de ses familiers en prit prétexte pour dire en plaisantant : « en voici un du moins à qui tu confies ton existence », et cette réflexion fit rire le jeune homme. Denys donna l'ordre de les mettre à mort l'un et l'autre, alléguant que l'un avait indiqué un moyen de l'assassiner, et que l'autre avait approuvé cette intention par son rire. Au surplus, cet événement plongea Denys dans la désolation, si bien que ce fut le plus grand chagrin de sa vie : c'est qu'il avait une passion violente pour le jeune homme qu'il avait fait périr. Voilà à quels déchirements les passions soumettent l'âme de ceux qui ne savent point se dominer : du moment qu'on a cédé à celle-ci, il faut tenir tête à celle-là.

dit) abundaretque et aequalium familiaritatibus et consuetudine propinquorum, haberet etiam more Graeciae quosdam adulescentis amore coniunctos, credebat eorum nemini, sed iis quos ex familiis locupletium seruos delegerat, quibus nomen seruitutis ipse detraxerat, et quibusdam conuenis et feris barbaris corporis custodiam committebat. Ita propter iniustam dominatus cupiditatem in carcerem quodam modo ipse se incluserat. Quin etiam, ne tonsori collum committeret, tondere filias suas docuit. Ita sordido ancillarique artificio regiae uirgines ut tonstriculae tondebant barbam et capillum patris. Et tamen ab his ipsis, cum iam essent adultae, ferrum remouit instituitque ut candentibus iuglandium putaminibus barbam sibi et capillum adurerent. **59** Cumque duas uxores haberet, Aristomachen, ciuem suam, Doridem autem Locrensem, sic noctu ad eas uentitabat, ut omnia specularetur et perscrutaretur ante. Et cum fossam latam cubiculari lecto circumdedisset eiusque fossae transitum ponticulo ligneo coniunxisset, eum ipsum, cum forem cubiculi clauserat, detorquebat. Idemque cum in communibus suggestis consistere non auderet, contionari ex turri alta solebat. **60** Atque is cum pila ludere uellet (studiose enim id factitabat) tunicamque poneret, adulescentulo quem amabat tradidisse gladium dicitur. Hic cum quidam familiaris iocans dixisset : « Huic quidem certe uitam tuam committis », adri-

58 et *ante* aequalium $B\varphi$ : ei *cet.* ‖ quos $V^3P\varphi$ : quod *cet.* ‖ sordido ancillarique $V^3B^1$ : sordidoque ancillari *X* sordido atque a.$\varphi$ ‖ regiae-patris *habet* PRISC. *Glos.* 2, 371, 11 ‖ instituitque — adureret *(sic) habet* NON. 122 ‖ candentibus $\Phi$ : cad. *Non.*
59 fossam latam cubiculari $\varphi$ : — -a -a -is *X*.

XXI 61 Au reste, le tyran s'est prononcé lui-même sur l'étendue de son bonheur. Il causait avec un de ses courtisans, Damoclès, et celui-ci, évoquant les richesses de Denys, sa puissance, son prestige de souverain, l'abondance de ses ressources et la splendeur de son palais, affirmait que personne jamais n'avait été plus heureux. « Eh bien ! dit-il, Damoclès, puisque mon existence te sourit, veux-tu y goûter toi-même et faire l'épreuve de mon bonheur ! » Damoclès ayant dit qu'il ne demandait pas mieux, Denys fit installer notre homme sur un lit d'or, recouvert d'un tapis superbe orné d'une broderie magnifique ; on garnit nombre de buffets de vaisselle d'or et d'argent ciselé ; puis autour de la table vinrent se ranger des esclaves choisis et d'une rare beauté, qui avaient pour consigne de faire le service minutieusement et sur un signe de Damoclès. 62 Il y avait des parfums, des couronnes ; des cassolettes fumaient ; les mets les plus recherchés garnissaient les tables ; Damoclès se voyait au comble du bonheur. Voilà qu'au milieu de la fête Denys fait suspendre au plafond, attaché à un crin de cheval et de manière qu'il soit juste au-dessus de la tête de notre bienheureux, un glaive étincelant. Dès lors, Damoclès n'avait plus d'yeux ni pour la beauté des serviteurs, ni pour la splendeur artistique de l'argenterie ; ses mains ne touchaient plus aux plats, même les couronnes qu'il avait sur la tête en glissaient toute seules : il finit par supplier le tyran de l'autoriser à se retirer, parce que, disait-il, il ne voulait plus être heureux. Cela suffit-il, et Denys pouvait-il faire entendre plus clairement qu'il n'y a point de bonheur pour qui est toujours sous le coup d'une menace terrible ? Ajoutons qu'il n'avait même plus la ressource de rentrer dans la légalité, en rendant à ses compatriotes leur liberté et leurs droits ; dans sa jeunesse, à l'âge de l'imprévoyance, il était tombé dans tant de fautes, il s'était engagé dans une voie si mau-

sissetque adulescens, utrumque iussit interfici, alterum, quia uiam demonstrauisset interimendi sui, alterum, quia dictum id risu adprobauisset. Atque eo facto sic doluit, nihil ut tulerit grauius in uita ; quem enim uehementer amarat, occiderat. Sic distrahuntur in contrarias partis impotentium cupiditates. Cum huic obsecutus sis, illi est repugnandum. XXI **61** Quamquam hic quidem tyrannus ipse iudicauit quam esset beatus. Nam cum quidam ex eius adsentatoribus, Damocles, commemoraret in sermone copias eius, opes, maiestatem dominatus, rerum abundantiam, magnificentiam aedium regiarum negaretque umquam beatiorem quemquam fuisse « Visne igitur », inquit, « o Damocle, quoniam te haec uita delectat, ipse ea*m* degustare et fortunam experiri meam ? » Cum se ille cupere dixisset, conlocari iussit hominem in aureo lecto strato pulcherrimo textili stragulo, magnificis operibus picto, abacosque compluris ornauit argento auroque caelato. Tum ad mensam eximia forma pueros delectos iussit consistere eosque nutum illius intuentis diligenter ministrare. **62** Aderant unguenta, coronae, incendebantur odores, mensae conquisitissimis epulis extruebantur. Fortunatus sibi Damocles uidebatur. In hoc medio apparatu fulgentem gladium e lacunari saeta equina aptum demitti iussit, ut impenderet illius beati ceruicibus. Itaque nec pulchros illos ministratores aspiciebat nec plenum artis argentum nec manum porrigebat in mensam, iam ipsae defluebant

**61** eam *Ernesti* : eadem *X* eandem φ.
**62** fulgentem — iussit *habet* Non. 235 ‖ equina Φ : equi *Non.* ‖ demitti *cet.* : dim. *KR Non.*.

vaise que pour lui c'eût été se perdre que revenir à la raison.

XXII 63 Combien d'ailleurs il lui était pénible de n'avoir point d'amis, malgré sa crainte qu'il y en eût d'infidèles, il le fit entendre clairement lorsqu'il eut affaire aux deux pythagoriciens bien connus (1). Denys avait accepté que l'un d'eux se portât caution pour son ami condamné à mort ; l'autre, pour relever cet ami de son engagement, se présenta à l'heure exacte qui avait été fixée pour l'exécution : « Plût aux dieux, dit Denys, que je fusse, moi troisième, associé à votre amitié ! » Vie misérable, à laquelle manquaient les relations de l'amitié, les charmes de la société, les entretiens véritablement intimes, surtout pour un homme cultivé dès l'enfance et formé aux arts libéraux ! Il est certain que Denys avait la passion de la musique, et il fut même poète tragique ; avec quel succès ? C'est autre chose, car c'est là une branche où, je ne sais pourquoi, chacun est tout spécialement épris de ses œuvres ; jusqu'ici je ne connais personne en fait de poètes — et pourtant j'étais lié avec Aquinius (2), — qui ne se considérât comme un maître. C'est un fait : tu es charmé de tes productions et je le suis des miennes. Mais, pour en revenir à Denys, il était privé de tous les agréments, de tous les plaisirs de la société ; il passait sa vie avec des esclaves évadés, avec des criminels, avec des barbares ; personne qui fût digne d'être libre ou seulement voulût le devenir ne pouvait, pensait-il, être son ami.

XXIII 64 Ce n'est pas moi qui songerai à comparer avec pareille existence, la plus affreuse, la plus misérable, la plus abominable qui se puisse imaginer, celle d'un Platon ou d'un Archytas, qui furent des philosophes et des savants dans toute la force du terme ; dans la même ville de Syracuse, je tirerai de la poussière où il maniait son compas un humble mortel, lequel vécut longtemps après,

coronae ; denique exorauit tyrannum ut abire liceret, quod iam beatus nollet esse. Satisne uidetur declarasse Dionysius nihil esse ei beatum cui semper aliqui terror impendeat ? Atque ei ne integrum quidem erat ut ad iustitiam remigraret, ciuibus libertatem et iura redderet ; iis enim se adulescens improuida aetate inretierat erratis eaque commiserat, ut saluus esse non posset, si sanus esse coepisset.

XXII **63** Quantopere uero amicitias desideraret, quarum infidelitatem extimescebat, declarauit in Pythagoriis duobus illis, quorum cum alterum uadem mortis accepisset, alter, ut uadem suum liberaret, praesto fuisset ad horam mortis destinatam : « Vtinam ego », inquit, « tertius uobis amicus adscriberer ! » Quam huic erat miserum carere consuetudine amicorum, societate uictus, sermone omnino familiari, homini praesertim docto a puero et artibus ingenuis erudito! Musicorum uero perstudiosum, poëtam etiam tragicum (quam bonum, nihil ad rem ; in hoc enim genere nescio quo pacto magis quam in aliis suum cuique pulchrum est. Adhuc neminem cognoui poëtam (et mihi fuit cum Aquinio amicitia), qui sibi non optumus uideretur. Sic se res habet : te tua, me delectant mea) — sed ut ad Dionysium redeamus, omni cultu et uictu humano carebat ; uiuebat cum fugitiuis, cum facinerosis, cum barbaris ; neminem, qui aut libertate dignus esset aut uellet omnino liber esse, sibi amicum arbitrabatur.

**62** cui semper *cet.* : cui miser s. *K* ‖ aliqui terror *Bφ* : aliquis t. *V*[rec] *P in mg.* aliquid error *GRK.*

**63** alter ut *Pφ* : alterum *cel.* ‖ musicorum *Pφ* : mis. *GKRV* musicum *B* ‖ tragicum *X* : tr. accepimus *φ*.

Archiméde (1). Du reste, à l'époque où j'étais questeur (2), c'est moi qui ai découvert son tombeau, dont les Syracusains ignoraient et même niaient l'existence. Un fouillis de ronces et de buissons l'entourait et le masquait de toutes parts. Il faut dire que je connaissais certains petits sénaires, lesquels, d'après une tradition, auraient été gravés sur le monument : il y était dit clairement que, au sommet du tombeau, on avait placé une sphère avec un cylindre (3). **65** Un jour donc que je fouillais du regard tout le terrain situé aux abords de la porte d'Agrigente, car il y a là une multitude de tombeaux, voilà que mes yeux tombent sur une petite colonne qui émergeait à peine des buissons : elle était surmontée d'une sphère et d'un cylindre. Tout de suite je dis aux Syracusains — et c'étaient les notables qui m'accompagnaient — que ce devait être justement ce que je cherchais. On envoie là nombre de gens armés de faux pour nettoyer et dégager l'emplacement ; **66** puis, quand on eut frayé un passage, nous nous dirigeâmes vers la face antérieure du piédestal. L'inscription y était reconnaissable, bien que le temps eût rongé l'extrémité des vers dont il ne subsistait guère que la moitié. Ainsi la cité de la Grèce la plus célèbre et même à un moment la plus savante aurait ignoré le monument du plus génial de ses fils, si un enfant d'Arpinum ne le lui avait fait connaître. Mais revenons au sujet d'où nous nous étions écartés. Y a-t-il au monde un homme, pourvu qu'il ait pris contact avec les Muses, c'est-à-dire avec la civilisation et avec la science, qui ne préférerait être à la place de ce mathématicien-ci qu'à celle de ce tyran-là ? Si l'on envisage leur genre d'existence et leur activité, la pensée de l'un trouvait son aliment dans la discussion et la recherche des théorèmes, et ainsi se délectait de sa puissance créatrice, ce qui est pour l'âme la plus douce des nourritures ; l'aliment de l'autre, c'était le meurtre et les injustices, et ainsi la peur ne le quittait pas

XXIII **64** Non ego iam cum huius uita qua taetrius, miserius, detestabilius excogitare nihil possum, Platonis aut Archytae uitam comparabo, doctorum hominum et plane sapientium; ex eadem urbe humilem homunculum a puluere et radio excitabo, qui multis annis post fuit, Archimedem. Cuius ego quaestor ignoratum ab Syracusanis, cum esse omnino negarent, saeptum undique et uestitum uepribus et dumetis indagaui sepulcrum. Tenebam enim quosdam senariolos, quos in eius monumento esse inscriptos acceperam, qui declarabant in summo sepulcro sphaeram esse positam cum cylindro. **65** Ego autem cum omnia conlustrarem oculis (est enim ad portas Agrag*anti*nas magna frequentia sepulcrorum), animum aduerti columellam non multum e dumis eminentem, in qua inerat sphaerae figura et cylindri. Atque ego statim Syracusanis (erant autem principes mecum), dixi me illud ipsum arbitrari esse quod quaererem. Inmissi cum falcibus multi purgarunt et aperuerunt locum. **66** Quo cum patefactus esset aditus, ad aduersam basim accessimus. Apparebat epigramma exesis posterioribus partibus uersiculorum dimidiatis fere. Ita nobilissima Graeciae ciuitas, quondam uero etiam doctissima, sui ciuis unius acutissimi monumentum ignorasset, nisi ab homine Arpinate didicisset. Sed redeat unde aberrauit oratio. Quis est omnium qui modo cum Musis, id est cum humanitate et cum doctrina,

**64** uitam $PV^3\varphi$ : uitae uitam *cet.*

**65** ego ducem cum — portas gaianas *habet* Non. 335 ‖ Agragantinas *Camerarius* : agragianas *X* gaianas *Non.* ‖ inmissi cum $V^3\varphi$ : inmusicum *X*.

**66** patefactus *BP* : — tum *cet.*

nuit et jour. Et maintenant comparez-lui Démocrite, Pythagore, Anaxagore : quelles souverainetés, quelles richesses mettrez-vous au-dessus des charmes de leurs études ? 67 Aussi bien, c'est à l'élément le meilleur dans l'homme que se rattache nécessairement ce bien suprême que vous cherchez. Or, qu'y a-t-il de meilleur dans l'homme qu'une pensée pénétrante et vigoureuse ? Cela posé, c'est du bien qui appartient à la pensée que nous devons jouir, si nous voulons être heureux. Or, le bien qui appartient à la pensée est la vertu. Donc, c'est de la vertu nécessairement que dépend le bonheur. D'où il suit que tout ce qui est beau, noble, éclatant — je l'ai dit plus haut, mais il faut, ce me semble, insister un peu plus — tout cela, dis-je, abonde en sujets de joie. Or, comme des joies continues et pleines ont évidemment pour résultat le bonheur, il s'ensuit que le bonheur résulte de la vertu.

**Portrait du sage.**

XXIV 68 Mais pour traiter autrement qu'avec des mots des choses que nous avons l'intention de faire voir, il faut nous mettre devant les yeux ce que j'appellerai des mobiles, capables de concentrer davantage notre attention et notre réflexion. Supposons, par exemple, un homme d'un mérite éclatant dans les sciences les plus hautes, et essayons d'en fixer les traits par la pensée et l'imagination. D'abord, il est forcé qu'il ait une intelligence exceptionnelle, car la vertu ne s'allie guère à la lenteur d'esprit ; il faut ensuite qu'il apporte à la recherche de la vérité une ardeur passionnée. Là prendra corps cette création de l'esprit qui se compose de trois parties (1), l'une qui consiste dans la connaissance de l'univers et des secrets de la nature, la seconde dans l'art de discerner les choses à rechercher et les choses à éviter, ainsi que dans la science de la vie, la troisième dans l'art de juger des conséquences fausses ou vraies,

habeat aliquod commercium, qui se non hunc mathematicum malit quam illum tyrannum ? Si uitae modum actionemque quaerimus, alterius mens rationibus agitandis exquirendisque alebatur cum oblectatione sollertiae, qui est unus suauissimus pastus animorum, alterius in caede et iniuriis cum et diurno et nocturno metu. Age confer Democritum, Pythagoram, Anaxagoram ; quae regna, quas opes studiis eorum et delectationibus antepones ? **67** Etenim, quae pars optuma est in homine, in ea situm esse necesse est illud quod quaeris optumum. Quid est autem in homine sagaci ac bona mente melius ? Eius bono fruendum est igitur, si beati esse uolumus ; bonum autem mentis est uirtus ; ergo hac beatam uitam contineri necesse est. Hinc omnia quae pulchra, honesta, praeclara sunt, ut supra dixi, sed dicendum idem illud paulo uberius uidetur, plena gaudiorum sunt. Ex perpetuis autem plenisque gaudiis cum perspicuum sit uitam beatam existere, sequitur ut ea existat ex honestate.

XXIV. **68** Sed ne uerbis solum attingamus ea quae uolumus ostendere, proponenda quaedam quasi mouentia sunt, quae nos magis ad cognitionem intellegentiamque conuertant. Sumatur enim nobis quidam praestans uir optumis artibus, isque animo parumper et cogitatione fingatur. Primum ingenio eximio sit necesse est ; tardis enim mentibus uirtus non facile comitatur ; deinde

**67** et enim — ex honestate *habet H* ‖ est autem *cet.* : e. enim *H* ‖ illud *cet.* : *om.* φ *H.*
**68** sumatur — 72 ultimum *habet H* ‖ optumis *cet.* : -us *V* ‖ cogitatione *cet.* : cognitione *K* ‖ deinde *cet.* : denique *K.*

art sans lequel il n'y a ni précision dans les discussions ni solidité dans les jugements. **69** Et dès lors quelle joie n'éprouve pas nécessairement le sage, dont l'âme est nuit et jour hantée par ces problèmes : ainsi, lorsqu'il distinguera les mouvements et les révolutions de tout l'univers et verra des astres sans nombre qui sont attachés à la voûte céleste participer au mouvement propre à cet univers, en gardant invariablement la place qui leur est assignée, tandis que sept autres, fort éloignés l'un de l'autre dans leur position la plus haute comme dans leur position la plus basse, parcourent des orbites qui leur sont propres, et, bien que leurs mouvements soient irréguliers, suivent exactement le tracé fixe et précis de l'orbite qui leur est particulière. C'est bien ce spectacle qui frappa les grands anciens et leur suggéra l'idée d'étendre leurs connaissances. C'est ainsi qu'ils en vinrent à rechercher quels étaient les éléments et pour ainsi dire les germes d'où l'univers tire son principe, son être, sa constitution, quelle était l'origine de chaque espèce soit inanimée, soit animée, soit muette, soit douée de la parole, ce que c'était que la vie, ce que c'était que la mort et l'incessante transformation qui renouvelle la nature, d'où venait la terre et quelles forces la maintenaient en équilibre, quels abîmes retenaient les mers, ce que c'était que cette pesanteur qui entraîne toujours toute chose vers le centre du monde, lequel se confond avec le point le plus bas de la sphère (1).

XXV **70** Quand on approfondit ces questions et que nuit et jour elles occupent l'esprit, alors s'épanouit cette science éminente que préconisa le dieu de Delphes et qui consiste à reconnaître sa propre pensée, à en ressentir l'affinité avec la pensée divine, et c'est là un résultat qui est de nature à combler l'âme d'une joie dont elle ne saurait se rassasier. Car le seul fait que l'on médite sur l'essence et la nature des dieux nous enflamme du désir de modeler notre pensée sur leur pensée immortelle, et l'on

ad inuestigandam ueritatem studio incitato. Ex quo triplex ille animi fetus existet, unus in cognitione rerum positus et in explicatione naturae, alter in discriptione expetendarum fugiendarum*ue* rerum ⟨ et in ratio ⟩-ne uiuendi, tertius in iudicando quid cuique rei sit consequens, quid repugnans, in quo inest omnis cum subtilitas disserendi, tum ueritas iudicandi. **69** Quo tandem igitur gaudio adfici necesse est sapientis animum cum his habitantem pernoctantemque curis! ut cum totius mundi motus conuersionesque perspexerit sideraque uiderit innumerabilia caelo inhaerentia cum eius ipsius motu congruere certis infixa sedibus, septem alia suos quaeque tenere cursus multum inter se aut altitudine aut humilitate distantia, quorum uagi motus rata tamen et certa sui cursus spatia definiant. Horum nimirum aspectus impulit illos ueteres et admonuit ut plura quaererent. Inde est indagatio nata initiorum et tamquam seminum, unde essent omnia orta, generata, concreta, quaeque cuiusque generis uel inanimi uel animantis uel muti uel loquentis origo, quae uita, qui interitus quaeque ex alio in aliud uicissitudo atque mutatio, unde terra et quibus librata ponderibus, quibus cauernis maria sustineant*ur*, qua omnia delata grauitate medium

**68** inuestigandam *cet.* : uest. *KP* ‖ fetus *cet.* : factus *GV* ‖ alter *cet.* : aliter *K* ‖ fugiendarumue rerum ⟨ et in ratio ⟩ ne uiuendi *Wesenberg* : fugiendarumque uererumne uiuendi *GKV* (ue *exp. et* be *supra* ne *scr.* $V^2$) fugiendarumque rerum (*erasis* ue *et* ne uiuendi) *R* fugiendar *ras.* uerer neuiuendi *(suprascr.* cum ratio) *H* fugiendarumue (-que *B*) rerum *P* ‖ iudicando quid *cet.* : iudicando nequid *KRH* ‖ inest omnis *cet.* : est *H*.

**69** necesse est *V* : n. esset *cet.* (est et $K^1$ ‖ qui interitus *KP in mg.* : quae i. *cet.* ‖ sustineantur qua *Dav.* : sustineant in qua *X* sustineantur *uel* sustineant φ.

ne se considère plus comme confiné dans l'étroit espace de la vie quand on voit les causes liées et inéluctablement enchaînées l'une à l'autre dans l'univers, et celui-ci, bien que se renouvelant sans cesse de toute éternité, gouverné cependant par une pensée méthodique. 71 Quand l'on contemple ce spectacle et qu'on élève vers lui ses regards, ou plutôt quand la vue embrasse toutes ses parties et toutes ses perspectives, de quelle âme sereine ne considère-t-on pas, lorsqu'on s'y reporte, les choses humaines et l'existence d'ici-bas ! C'est là que prend corps la notion de vertu ; les formes de la vertu se manifestent avec éclat dans leurs genres et leurs espèces ; on découvre quel est le souverain bien auquel la nature aspire, quel est le souverain mal, sur quel principe se fondent les devoirs, de quelle méthode il convient de faire choix pour la conduite de la vie. Lorsqu'on a creusé ces questions et d'autres de cet ordre, on aboutit tout spécialement à la conclusion que nous défendons ici, à savoir que la vertu se suffit à elle-même pour réaliser la vie heureuse. 72 Suit une troisième étude, dont l'influence s'exerce puissamment dans toutes les branches de la science, qui définit l'objet, classe les genres, tire les conséquences, formule les conclusions, départage le vrai et le faux ; c'est la science de la méthode dialectique. Cette science, en même temps qu'elle sert grandement à évaluer les choses, est tout particulièrement propre à offrir des distractions libérales et dignes de la sagesse. Mais ceci regarde la vie privée. Que cependant le sage que tu vois vienne à s'occuper de politique, quelle supériorité ne lui donneront point la prudence, *(texte altéré)* grâce à laquelle il discernera le bien public, la justice qui ne lui permettra pas d'en rien détourner à son profit, l'assistance enfin de toutes les autres vertus, si nombreuses et si diverses ? Joins à cela le bénéfice que l'on retire des relations d'amitié, car aux yeux des philosophes l'amitié nous assure, d'une

mundi locum semper expetant, qui est idem infimus in rutundo.

XXV **70** Haec tractanti animo et noctes et dies cogitanti existit illa a deo Delphis praecepta cognitio, ut ipsa se mens agnoscat coniunctamque cum diuina mente se sentiat, ex quo insatiabili gaudio compleatur. Ipsa enim cogitatio de ui et natura deorum studium incendit illius aeternitat*em* imitandi neque se in breuitate uitae conlocatam putat, cum rerum causas alias ex aliis aptas et necessitate nexas uidet, quibus ab aeterno tempore fluentibus in aeternum ratio tamen mensque moderatur. **71** Haec ille intuens atque suspiciens uel potius omnis partis orasque circumspiciens quanta rursus animi tranquillitate humana et citeriora considerat ! Hinc illa cognitio uirtutis existit, efflorescunt genera partesque uirtutum ; inuenitur quid sit quod natura spectet extremum in bonis, quid in malis ultumum, quo referenda sint officia, quae degendae aetatis ratio deligenda. Quibus et talibus rebus exquisitis hoc uel maxime efficitur, quod hac disputatione agimus, ut uirtus ad beate uiuendum sit se ipsa contenta. **72** Sequitur tertia, quae per omnis partis sapientiae manat et funditur, quae rem definit, genera dispertit, sequentia adiungit, perfecta concludit, uera et falsa diiudicat, disserendi ratio et

**69** expetant φ : expectant *X*.
**70** tractanti φ*V*[3]*BP* : -di *GRVKH* ‖ a deo φ : deo *X* dei *H* ‖ incendit *cet.* : incedit *GR* ‖ aeternitatem *Sey.* : -tatis Φ. ‖ conlocatam *(uel* coll.) *BPH* : — ta *GRV*[1] -tum φ.
**71** spectet *cet.* : expectet *G*[1] expectetur *Gr* ‖ deligenda φ : dil. *X*.
**72** sequitur -iustitia *habet H* ‖ definit *BP*φ*V*[3] : definiuit *GHR* (dif. *K*).

part des conseils inspirés par la sympathie et un absolu dévouement dans toutes les circonstances de la vie, et d'autre part le grand charme que procure une société de tous les instants. Dira-t-on qu'il manque à pareille existence quoi que ce soit qui puisse accroître son bonheur ? Mais elle est comblée de plaisirs si nombreux et si grands que la Fortune elle-même doit s'effacer devant elle. Et si le plaisir de posséder pareils biens de l'âme, c'est-à-dire pareilles vertus, est la félicité, et si tous les sages ont la pleine jouissance de ces plaisirs, on doit reconnaître que tous les sages sont heureux.

**Objection : le sage peut-il être heureux dans les supplices ?**

— XXVI 73 Jusque dans les tortures et les supplices ?

— Comptais-tu que je dirais : sur les violettes et les roses ? Eh quoi ! Épicure, lequel n'a fait que jouer au philosophe et s'est intitulé tel de son propre chef, pourra dire — au reste, à considérer le fond, je ne puis qu'applaudir à ses paroles — Épicure pourra dire que le sage ne connaît point d'instant, fût-il brûlé, torturé, coupé en morceaux, où il ne soit à même de s'écrier : « Combien cela m'est indifférent ! » Et remarque bien que pour Épicure le mal n'a pas d'autre critère que la douleur, et le bien pas d'autre critère que le plaisir ; ce que nous appelons honnête ou honteux, il s'en moque, prétendant que nous sommes dupes des mots et que ce sont formules creuses ; d'après lui, à part ce qui est susceptible de produire sur notre corps une impression douce ou rude, il n'est rien qui nous intéresse. Ainsi donc cet Épicure qui, d'après ce qu'on vient de voir, ne s'élève guère au-dessus de l'instinct des bêtes, pourra s'oublier lui-même et narguer la Fortune, alors que pour lui il n'y a bien ni mal qui ne dépende de la Fortune ; il pourra se dire heureux au milieu des pires supplices, tout en posant en principe que non seulement

scientia. Ex qua cum summa utilitas existit ad res ponderandas, tum maxume ingenua delectatio et digna sapientia. Sed haec oti. Transeat idem iste sapiens ad rem publicam tuendam. Quid eo possit esse praestantius, cum † contineri prudentia utilitatem ciuium cernat, iustitia nihil in suam domum inde deriuet, reliquis utatur tot tam uariisque uirtutibus ? Adiunge fructum amicitiarum, in quo doctis positum est cum consilium omnis uitae consentiens et paene conspirans, tum summa iucunditas e cotidiano cultu atque uictu. Quid haec tandem uita desiderat, quo sit beatior ? Cui *re*fertae tot tantisque gaudiis Fortuna ipsa cedat necesse est. Quodsi gaudere talibus bonis animi, id est uirtutibus, beatum est omnesque sapientes his gaudiis perfruuntur, omnis eos beatos esse confiteri necesse est.

XXVI **73** Etiamne in cruciatu atque tormentis ?

An tu me in uiola putabas aut in rosa dicere ? An Epicuro, qui tantum modo induit personam philosophi et sibi ipse hoc nomen inscripsit, dicere licebit, quod quidem, ut habet se res, me tamen plaudente dicit, nullum sapienti esse tempus, etiamsi uratur, torqueatur, secetur, quin possit exclamare : « Quam pro nihilo puto ! » cum praesertim omne malum dolore definiat, bonum uoluptate, haec nostra honesta, turpia inrideat dicatque nos in uocibus occupatos inanis sonos fundere, neque quicquam ad nos pertinere, nisi quod aut leue aut aspe-

**72** contineri Φ *locus conclamatus mutilus* : *del. Lb.* communem *Klotz alii aliter* ‖ uictu ꝕ$V^{2}P$ : uicturus *GRVB* uictus *K* ‖ quo *cet.* : quod *GK* ‖ cui refertae tot *Manutius* : cui rei refertae tot (et tot *K*)*GGrP B* cui rei referta etot *R* (et tot *V*).

**73** qui $G^{1}$ : quia *cet.*

le souverain mal, mais l'unique mal, c'est la souffrance ! 74 Et précisément les remèdes propres à rendre la douleur supportable, la force morale, la crainte du déshonneur, l'entraînement et l'accoutumance à la peine, l'endurance virile, ces remèdes-là, il ne se les est point ménagés et, dit-il, fait fond uniquement sur le souvenir des plaisirs passés. C'est là raisonner comme un homme qui, ayant grand chaud et ne pouvant se faire à une température torride, s'aviserait de se ressouvenir d'un séjour qu'il aurait fait dans notre propriété d'Arpinum, baignée de tous côtés par de frais ruisseaux ; je ne vois pas en effet comment des plaisirs passés pourraient apaiser des maux actuels. 75 Mais quand on voit un Épicure dire que le sage est toujours heureux, alors qu'il ne pourrait pas le dire s'il voulait être conséquent avec lui-même, que devront donc faire ceux pour qui rien n'est désirable, rien ne doit être rangé parmi les biens là où la moralité fait défaut ? Qu'à mon appel les Péripatéticiens et les philosophes de l'ancienne Académie même cessent enfin de bégayer, qu'ils aient le courage de dire ouvertement et à voix haute que la vie heureuse pourrait s'installer dans le taureau de Phalaris !

XXVII 76 Admettons en effet l'existence de trois catégories de biens, ceci afin de nous dégager des arguties stoïciennes dont, je m'en rends compte, j'ai fait état plus que de coutume ; admettons, si l'on veut, leurs catégories de biens, mais avec cette réserve que les biens corporels et extérieurs seront plus bas que terre, le qualificatif de biens signifiant seulement qu'ils sont à prendre, tandis que les autres catégories, divines celles-là, s'épanouiront sans limite et toucheront le ciel, si bien que je ne vois pas de raison pour refuser, non pas seulement le nom d'heureux, mais celui de parfaitement heureux, à qui les posséderait. Dira-t-on que le sage redoute la souffrance ? Aussi bien est-ce

rum in corpore sentiatur : huic ergo, ut dixi, non multum differenti a iudicio ferarum obliuisci licebit sui et tum fortunam contemnere, cum sit omne et bonum eius et malum in potestate fortunae, tum dicere se beatum in summo cruciatu atque tormentis, cum constituerit non modo summum malum esse dolorem, sed etiam solum ? **74** Nec uero illa sibi remedia comparauit ad tolerandum dolorem, firmitatem animi, turpitudinis uerecundiam, exercitationem consuetudinemque patiendi, [praecepta fortitudinis] duritiam uirilem, sed una se dicit recordatione adquiescere praeteritarum uoluptatium, ut si quis aestuans, cum uim caloris non facile patiatur, recordari uelit esse aliquando in Arpinati nostro gelidis fluminibus circumfusum fuisse. Non enim uideo quo modo sedare possint mala praesentia praeteritae uoluptates. **75** Sed cum is dicat semper beatum esse sapientem cui dicere hoc, si sibi constare uellet, non liceret, quidnam faciendum est iis qui nihil expetendum, nihil in bonis ducendum, quod honestate careat, existumant ? Me quidem auctore etiam Peripatetici ueteresque Academici balbuttire aliquando desinant aperteque et clara uoce audeant dicere beatam uitam in Phalaridis taurum descensuram.

XXVII **76** Sint enim tria genera bonorum, ut iam a laqueis Stoicorum, quibus usum me pluribus quam soleo intellego, recedamus, sint sane illa genera bonorum, dum corporis et externa iaceant humi et tantum modo,

**74** praecepta fortitudinis *del. Sey.* ‖ sese ς : esse *X* (se $V^2$ *P in mg.*)
**75** me — desinant *habet* Non. 80.
**76** et externa ς : et *om. X.*

elle qui contrarie le plus notre thèse ; en effet, pour ce qui est de la mort, la nôtre et celle de nos proches, pour ce qui est du chagrin et des autres passions, les entretiens des journées précédentes paraissent nous avoir suffisamment armés et aguerris. C'est la souffrance qui est, semble-t-il, l'adversaire le plus acharné de la vertu ; elle tourne sur elle la flamme de ses torches, elle menace de paralyser le courage, la grandeur d'âme, la patience. **77** Cela posé, la vertu aura-t-elle le dessous, la vie heureuse de l'homme sage et ferme s'effacera-t-elle devant la souffrance ? Quelle honte, ô dieux bons ! Les enfants Spartiates ne gémissent pas, quand ils sont déchirés par des coups douloureux. J'ai vu moi-même à Lacédémone des bandes de jeunes gens s'acharner de façon incroyable l'une contre l'autre ; ils luttaient à coups de poing, de pied, avec les ongles, avec les dents enfin, se laissant assommer plutôt que de s'avouer vaincus. Y a-t-il nation barbare plus inculte et plus sauvage que les Indous ? C'est pourtant un peuple où d'abord ceux que l'on tient pour des sages demeurent nus toute leur vie, insensibles aux neiges du Caucase et aux rigueurs de l'hiver, et, quand ils se soumettent à l'épreuve du feu, se laissent brûler sans une plainte. **78** Quant aux femmes de l'Inde, toutes celles qui viennent à perdre leur mari se présentent devant un arbitre pour faire valoir qu'elles étaient les préférées du défunt, car les Indous ont plusieurs épouses ; puis celle qui l'emporte s'en va joyeuse, escortée par ses proches, prendre place sur le bûcher aux côtés de son époux, tandis que la vaincue se retire désappointée. Et il ne faut pas voir là un triomphe de la coutume sur la nature, car la nature est toujours invincible ; ce qui est vrai, c'est que chez nous la délicatesse, les raffinements, l'oisiveté, l'indolence, la fainéantise ont contaminé les âmes, les préjugés et la perversion de l'ambiance les

quia sumenda sint, appellentur bona, alia autem illa diuina longe lateque se pandant caelumque contingant ; ut ea qui adeptus sit, cur eum beatum modo et non beatissimum etiam dixerim ? Dolorem uero sapiens extimescet ? Is enim huic maxime sententiae repugnat. Nam contra mortem nostram atque nostrorum contraque aegritudinem et reliquas animi perturbationes satis esse uidemur superiorum dierum disputationibus armati et parati ; dolor esse uidetur acerrumus uirtutis aduersarius ; is ardentes faces intentat, is fortitudinem, magnitudinem animi, patientiam se debilitaturum minatur. **77** Huic igitur succumbet uirtus, huic beata sapientis et constantis uiri uita cedet ? Quam turpe, o di boni ! Pueri Spartiatae non ingemescunt uerberum dolore laniati. Adulescentium greges Lacedaemone uidimus ipsi incredibili contentione certantis pugnis, calcibus, unguibus, morsu denique, cum exanimarentur prius quam uictos se faterentur. Quae barbaria India uastior aut agrestior ? In ea tamen gente primum ii qui sapientes habentur, nudi aetatem agunt et Caucasi niues hiemalemque uim perferunt sine dolore, cumque ad flammam se adplicauerunt, sine gemitu aduruntur. **78** Mulieres uero in India, cum est cuius earum uir mortuus, in certamen iudiciumque ueniunt quam plurimum ille dilexerit (plures enim singulis solent esse nuptae) ; quae est uictrix, ea laeta prosequentibus suis una cum uiro

**76** alia *cet.* : alii *K* animi *Jeep* ‖ uirtutis *Wesenberg* : -ti Φ.
**77** contentione φ : contione *X* (*corr.* $B^1P^1$) ‖ quae — agrestior *habet* NON. 415.
**78** cuius *X* : cuiuis $V^3$ cuiusque *P* (*in mg.*) communis *Geel.*

ont séduites et amollies. Qui ne connaît la coutume des Égyptiens ? Ces gens dont l'esprit est imbu de superstitions bizarres affronteraient les pires tortures plutôt que de porter une main sacrilège sur un ibis, un aspic, un chat, un chien, un crocodile, et même s'il leur arrivait par mégarde de commettre rien de tel, il n'est point de châtiment qu'ils ne reconnaîtraient légitime. 79 Ce sont des hommes sans doute : mais quoi ? est-ce que les bêtes ne résistent pas au froid, à la faim, aux courses prolongées dans les solitudes montagneuses et les forêts ? Ne se jettent-elles pas devant leurs petits pour les défendre, s'exposant aux blessures, ne reculant ni devant le danger ni sous les coups ? Je ne parle pas des épreuves et des sacrifices que s'imposent les ambitieux dans la recherche des dignités, ceux qui aiment la gloire pour satisfaire leur orgueil, ceux que l'amour enflamme pour satisfaire leur passion : les exemples abondent dans la société.

XXVIII 80 Mais ne nous laissons pas entraîner trop loin et revenons au sujet d'où nous nous étions écartés insensiblement. Je le répète, la vie heureuse se livrera au bourreau et, quand elle s'avancera en compagnie de la justice, de la modération, du courage surtout ainsi que de la grandeur d'âme et de la patience, elle ne s'arrêtera pas pour avoir vu la figure du tortionnaire ; alors que toutes les vertus marcheront au supplice sans éprouver le moindre effroi, elle ne restera pas en arrière, devant les portes, ainsi que je le disais, et sur le seuil de la prison. Aussi bien, quelle situation plus honteuse que la sienne, quelle indignité plus grande, si elle restait seule, séparée du cortège le plus magnifique ? C'est là du reste une chose qui est absolument impossible, car ni les vertus ne sauraient subsister sans la vie heureuse, ni celle-ci sans les vertus. 81 Aussi ne lui permettront-elles pas d'hésiter et elles l'entraîne-

in rogum imponitur, illa uicta maesta discedit. Numquam naturam mos uinceret; est enim ea semper inuicta; sed nos umbris, deliciis, otio, languore, desidia animum infecimus, opinionibus maloque more delenitum molliuimus. Aegyptiorum morem quis ignorat? Quorum inbutae mentes prauitatis erroribus quamuis carnificinam prius subierint, quam ibim aut aspidem aut faelem aut canem aut corcodillum uiolent, quorum etiamsi imprudentes quippiam fecerint, poenam nullam recusent. **79** De hominibus loquor; quid? bestiae non frigus, non famem, non montiuagos atque siluestris cursus lustrationesque patiuntur? non pro suo partu ita propugnant, ut uulnera excipiant, nullos impetus, nullos ictus reformident? Omitto quae perferant quaeque patiantur ambitiosi honoris causa, laudis studiosi gloriae gratia, amore incensi cupiditatis. Plena uita exemplorum est.

XXVIII **80** Sed adhibeat oratio modum et redeat illuc unde deflexit. Dabit, inquam, se in tormenta uita beata nec iustitiam, temperantiam in primisque fortitudinem, magnitudinem animi, patientiam prosecuta, cum tortoris os uiderit, consistet uirtutibusque omnibus sine ullo animi terrore ad cruciatum profectis resistet extra fores, ut ante dixi, limenque carceris. Quid enim ea foedius, quid deformius sola relicta ⟨a⟩ comitatu pulcherrimo segregata? Quod tamen fieri nullo pacto potest; nec enim uirtutes sine beata uita cohaerere pos-

**78** nunquam — 81 accidisse uideatur *habet H* ‖ uinceret *cet.* : uincit *H* ‖ delenitum *cet.* : delin. $V^1HP^2$ deuictum $P^1$ *Gr* ‖ ignorat *cet.* : — et *K*.
**80** patientiam *K* : —tia *cet.* ‖ a comitatu *Lb.* : com. *Φ*.

ront à leur suite, si cruel que soit le supplice qui les attend elles-mêmes. Ce qui caractérise en effet le sage, c'est qu'il ne fait rien dont il puisse éprouver du regret, rien à contre-cœur ; en toute chose il agit avec dignité, fermeté, gravité, honneur ; il n'est rien qu'il attende comme devant se faire de façon certaine, rien dans les événements qui l'étonne et lui paraisse être arrivé de façon inattendue et surprenante ; en toute chose il prend conseil de lui-même et s'en tient à ses propres décisions. Or, qu'il puisse y avoir état plus heureux que celui-là, personnellement, en tout cas, je n'en ai pas idée. **82** Pour les Stoïciens, eux, leur raisonnement est simple : le souverain bien étant, à leur avis, de se conformer à la nature et de vivre en harmonie avec elle, et puisque le sage n'en a pas seulement le devoir, mais encore le pouvoir, il s'ensuit nécessairement que disposer du souverain bien, c'est disposer également de la vie heureuse : la conséquence, c'est que la vie du sage est toujours heureuse. Voilà la conception de la vie heureuse que je considère comme la plus digne d'un vaillant homme, et, pour le moment, à moins que tu n'aies mieux à dire, comme la plus fondée aussi.

**Toutes les écoles sont-elles à même de garantir le bonheur du sage ?**

XXIX Certes, je n'ai rien de mieux à dire, mais j'ai une prière à t'adresser, si cela ne t'ennuie pas et puisque, n'étant point gêné par aucune attache à une école déterminée, tu prélèves dans toutes tout ce qui produit sur toi la plus forte impression de vérité. Tu paraissais tout à l'heure encourager les Péripatéticiens et les philosophes de l'ancienne Académie à prendre courage et à dire ouvertement et sans réticence que le sage est toujours heureux, et ce que je voudrais savoir, c'est comment tu entends qu'ils pourraient tenir ce langage sans incon-

sunt nec illa sine uirtutibus. **81** Itaque eam tergiuersari non sinent secumque rapient, ad quemcumque ipsae dolorem cruciatumque ducentur. Sapientis est enim proprium nihil quod paenitere possit facere, nihil inuitum, splendide, constanter. grauiter, honeste omnia, nihil ita expectare quasi certo futurum, nihil cum acciderit admirari, ut inopinatum ac nouum accidisse uideatur, omnia ad suum arbitrium referre, suis stare iudiciis. Quo quid sit beatius, mihi certe in mentem uenire non potest. **82** Stoicorum quidem facilis conclusio est ; qui cum finem bonorum esse senserint congruere naturae cumque ea conuenienter uiuere, cum id sit in sapienti*s* situm non officio solum, uerum etiam potestate, sequatur necesse est ut, cuius in potestate summum bonum, in eiusdem uita beata sit. Ita fit semper uita beata sapientis. Habes quae fortissime de beata uita dici putem et, quo modo nunc est, nisi quid tu melius attuleris, etiam uerissime.

XXIX Melius equidem adferre nihil possum, sed a te impetrarim lubenter, ut, nisi molestum sit, quoniam te nulla uincula impediunt ullius certae disciplinae libasque ex omnibus quodcumque te maxime specie ueritatis mouet, — quod paulo ante Peripateticos ueteremque Academiam hortari uidebare, ut sine retractatione libere dicere auderent sapientis esse semper beatissimos, id uelim audire quem ad modum his putes con-

**81** itaque — rapienti *(sic) habet* Non. **41** || sinent *BPφ V*rec *Non.* : sinenti *GRKV*.
**82** Stoicorum-sapientis *habet H* || esse *cet.* : *om. H* || sapientis *Lb.* : —te Φ || etiam *cel.* : *om. H* || ullius *V*³ *B*corr φ : illius *X*.

séquence. Aussi bien as-tu parlé longuement contre la thèse de ces philosophes, et ta démonstration était fondée sur la doctrine stoïcienne.

83 Usons donc de la liberté qui, entre tous les philosophes, n'appartient qu'à nous, car dans les discussions nous n'apportons pas un point de vue systématique, mais prenons en considération toutes les thèses, en sorte que les autres personnes peuvent se prononcer sur les questions en elles-mêmes, indépendamment de toute autorité. Et, puisque tu me parais tenir à ce que, si divergentes que puissent être les opinions des philosophes sur le souverain bien, la vertu soit toujours à même de réaliser la vie heureuse, je reprendrai cette thèse que, nous le savons, Carnéade avait l'habitude de soutenir ; mais, tandis que Carnéade la soutenait en ennemi des Stoïciens, car il les combattait sans relâche avec la plus grande animosité et avait pris leur école en haine, nous, pour notre compte, nous la défendrons sans parti-pris. Aussi bien, si les Stoïciens ont défini correctement le souverain bien, la question est-elle réglée : il est forcé que le sage soit toujours heureux. 84 Mais examinons successivement les opinions des autres philosophes et voyons, si possible, comment ce que j'appellerai le beau dogme de la vie heureuse pourrait cadrer avec toutes les opinions et toutes les doctrines.

XXX Voici donc, sur le souverain bien, les systèmes qui, je pense, se sont perpétués et ont des représentants. D'abord, il y en a quatre simples : « rien n'est bon que le beau moral », c'est celui des Stoïciens ; « rien n'est bon que le plaisir », c'est celui d'Épicure ; « rien n'est bon que l'absence de douleur », c'est celui d'Hiéronyme ; « rien n'est bon que la jouissance des biens primordiaux de la nature ou du moins des plus considérables de ces biens », c'est le point de vue que Carnéade soutenait

sentaneum esse id dicere. Multa enim a te contra istam sententiam dicta sunt et Stoicorum ratione conclusa.

**83** Vtamur igitur libertate qua nobis solis in philosophia licet uti, quorum oratio nihil ipsa iudicat, sed habetur in omnis partis, ut ab aliis possit ipsa per sese nullius auctoritate adiuncta iudicari. Et quoniam uideris hoc uelle, ut, quaecumque dissentientium philosophorum sententia sit de finibus, tamen uirtus satis habeat ad uitam beatam praesidi, quod quidem Carneadem disputare solitum accepimus ; sed is, ut contra Stoicos, quos studiosissime semper refellebat et contra quorum disciplinam ingenium eius exarserat, nos quidem illud cum pace agemus. Si enim Stoici finis bonorum recte posiuerunt, confecta res est : necesse est semper beatum esse sapientem. **84** Sed quaeramus unam quamque reliquorum sententiam, si fieri potest, ut hoc praeclarum quasi decretum beatae uitae possit omnium sententiis et disciplinis conuenire.

XXX Sunt autem haec de finibus, ut opinior, retentae defensaeque sententiae : primum simplices quattuor, nihil bonum nisi honestum, ut Stoici, nihil bonum nisi uoluptatem, ut Epicurus, nihil bonum nisi uacuitatem ⟨doloris⟩ ut Hieronymus, nihil bonum nisi naturae primis bonis aut omnibus aut maxumis frui, ut Carneades contra Stoicos disserebat. **85** Haec igitur simplicia, illa mixta : tria genera bonorum, maxuma animi,

**83** utamur — iudicari *habet H* ‖ nos quidem illud *Wesenberg* : nos illud qu. Φ ‖ si enim — 85 externa *habet H* ‖ posiuerunt *edd.* : possiu. *cet.* (si *exp.* $V^{rec}$) posuerunt *HP*.

**84** Epicurus *cet.* : epicurei *H sed* i *super* ei $H^1$ ‖ doloris *add. Bentl.* : *om.* Φ.

contre les Stoïciens. **85** Voilà pour les systèmes simples ; ceux-ci sont complexes : il y a trois catégories de biens, les plus grands étant ceux de l'âme, ceux du corps venant en second lieu, les biens extérieurs en troisième lieu ; telle est la thèse des Péripatéticiens et, à peu de chose près, celle de l'ancienne Académie ; le plaisir est associé à la moralité par Dinomaque et Calliphon ; l'absence de douleur s'allie à la moralité pour le Péripatéticien Diodore. Tels sont les seuls systèmes sur lesquels il soit possible de faire fond, car pour ceux d'Ariston, de Pyrrhon, d'Hérillus et de quelques autres, ils se sont volatilisés. Voyons ce qu'on peut faire pour ceux-ci, en laissant de côté les Stoïciens, dont je crois avoir défendu l'opinion suffisamment.

En ce qui concerne les Péripatéticiens, leur cause est facile, si l'on met à part Théophraste et ceux qui, à sa suite, ont de la douleur une peur instinctive qui témoigne de trop de faiblesse ; les autres ont la ressource de faire ce qu'ils font généralement, à savoir d'exalter la grandeur et la dignité de la vertu ; quand ils l'ont élevée jusqu'au ciel, et c'est là une tâche dont ils s'acquittent généralement de façon brillante, car ils sont éloquents, il leur est facile, par contraste, de fouler aux pieds avec mépris tout le reste. On ne saurait d'ailleurs, quand l'on ose dire que la gloire accompagnée de souffrance est désirable, refuser le bonheur à ceux qui l'ont conquise ; sans doute il se peut qu'ils éprouvent certains maux, mais le mot *heureux* a une très large extension. XXXI **86** Ainsi, par exemple, quand on parle d'un commerce lucratif, d'une exploitation agricole prospère, ce n'est pas que le premier ne connaisse jamais de perte, ni la seconde les désastres qu'entraîne le mauvais temps, c'est parce que, dans une très large mesure, les deux affaires se soldent de façon favorable. De même pour la vie : ce n'est pas seulement quand elle est de

secunda corporis, externa tertia, ut Peripatetici nec multo ueteres Academici secus ; uoluptatem cum honestate Dinomachus et Callipho copulauit, indolentiam autem honestati Peripateticus Diodorus adiunxit. Haec sunt sententiae quae stabilitatis aliquid habeant ; nam Aristonis, Pyrrhonis, Erilli non nullorumque aliorum euanuerunt. Hi quid possint obtinere uideamus omissis Stoicis quorum satis uideor defendisse sententiam. Et Peripateticorum quidem explicata causa est praeter Theophrastum, et si qui illum secuti imbecillius horrent dolorem et reformidant ; reliquis quidem licet facere id quod fere faciunt, ut grauitatem dignitatemque uirtutis exaggerent. Quam cum ad caelum extule*ru*nt, quod facere eloquentes homines copiose solent, reliqua ex conlatione facile est conterere atque contemnere. Nec enim licet iis qui laudem cum dolore petendam esse dicant, negare eos esse beatos qui illam adepti sunt. Quamquam enim sint in quibusdam malis, tamen hoc nomen beati longe et late patet. XXXI **86** Nam ut quaestuosa mercatura, fructuosa aratio dicitur, non si altera semper omni damno, altera omn*i* tempestatis calamitate semper uacat, sed si multo maiore ex parte exstat in utraque felicitas, sic uita non solum si undique referta bonis est, sed si multo maiore et grauiore ex parte bona propendent, beata recte dici potest. **87** Seque-

**85** hae sunt — habeant *habet H* || haec *KV* : hae *cet.* || omisis *(sic)* — causa est *habet H* || extulerunt *Madvig* : — rint Φ || longe et late *cet.* : et *om. V.*

**86** aratio φ *P*corr. : ratio *X* || omni tempestatis calamitate *Orsini* : omnis Φ.

tous points comblée de biens, c'est aussi quand les biens l'emportent proportionnellement de beaucoup par leur nombre et leur importance, qu'on est en droit de l'appeler heureuse. 87 Cela posé, d'après le système de ces philosophes, la vie heureuse suivra la vertu jusque dans les supplices ; avec elle, elle prendra place dans le taureau de Phalaris, sur la foi des Aristote, des Xénocrate, des Speusippe, des Polémon, et ni les menaces, ni les offres flatteuses n'en feront une traîtresse. Elle se comportera de même dans la thèse de Calliphon et de Diodore, car tous deux font si grand cas de la moralité qu'ils classent à un degré très inférieur tout ce qui en est dépourvu. Les autres paraissent être en difficulté et toutefois prennent le dessus : c'est Épicure, Hiéronyme et ceux, s'îl en reste, qui ont à cœur de défendre une thèse délaissée, celle de Carnéade ; il n'est personne en effet parmi ces philosophes qui n'érige l'âme en arbitre des biens et ne lui fasse la leçon pour la mettre en état de mépriser les biens ou les maux apparents. 88 Du reste, les arguments qu'Épicure te paraît pouvoir invoquer serviront également à la défense d'Hiéronyme, de Carnéade et, ma foi ! de tous les autres. Car en est-il un qui soit trop peu armé contre la mort ou la douleur ? Commençons, si tu veux, par celui que nous traitons d'efféminé, de voluptueux.

**Défense d'Epicure.**

Eh bien ! est-ce là un homme qui te paraît craindre la mort ou la souffrance, lui qui appelle heureux le jour où il meurt, et, sous le coup des plus violentes douleurs, réduit au silence ces douleurs mêmes en ranimant dans sa pensée le souvenir de ses découvertes ? Et, dans le langage qu'il tient là, on ne saurait voir, pour ainsi dire, des phrases de circonstance. En ce qui concerne la mort, en effet, sa doctrine repose sur l'idée que la désorganisa-

tur igitur horum ratione uel ad supplicium beata uita uirtutem cumque ea descendet in taurum Aristotele, Xenocrate, Speusippo, Polemone auctoribus nec eam *n*imi*i*s blandimentis corrupta deseret. Eadem Calliphontis erit Diodorique sententia, quorum uterque honestatem sic complectitur, ut omnia quae sine ea sint longe [et] retro ponenda censeat. Reliqui habere se uidentur angustius, enatant tamen, Epicurus, Hieronymus, et si qui sunt qui desertum illu*d* Carneadeum curent defendere. Nemo est enim *eorum* qui*n* bonorum animum putet esse iudicem eumque condocefaciat, ut ea quae bona malaue uideantur possit contemnere. **88** Nam quae tibi Epicuri uidetur, eadem erit Hieronymi et Carneadis causa et hercule omnium reliquorum. Quis enim parum est contra mortem aut dolorem paratus ? Ordiamur ab eo, si placet, quem mollem, quem uoluptarium dicimus.

Quid ? is tibi mortemne uidetur aut dolorem timere qui eum diem quo moritur beatum appellat maxumisque doloribus adfectus eos ipsos inuentorum suorum memoria et recordatione confutat nec haec sic agit, ut ex tempore quasi effuttire uideatur ? De morte enim ita sentit, ut dissoluto animante sensum extinctum putet, quod autem sensu careat, nihil ad nos id iudicet pertinere. Item de dolore certa habet quae

**87** horum φ : honorum *X* || nimiis blandimentis *Schiche* : minimis bl. Φ || longe retro *Wesenberg* : l. et r. Φ || illud Carneadeum *Bake* : illum c. *X* illum carneadem φ $V^{rec}$ || nemo — contemnere *habet* Non. 82 || nemo est enim eorum quin bonorum *Ernesti Davis* : n. est e. qui in eorum b. *Non.* n. est e. qui eorum b. *X*.

**88** quae — Epicuri φ : quod — Epicurus *X* || ordiamur *BP*$V^{rec}$ : ordinamur *GRK* || aut *Vindobonensis* : an *cet.* || nec-uideatur *habet* Non. 103 || ita φ *B in mg.* : ista *X* || de dolore φ : dol. *X*.

tion de l'être entraîne la perte du sentiment, et, d'autre part, sur cette conclusion que ce qui est privé de sentiment est pour nous sans importance. De même, à l'égard de la douleur, il a des règles précises, car il l'apaise, si elle est intense en montrant qu'elle est brève, si elle se prolonge en montrant qu'elle est légère. **89** En quoi donc ces beaux parleurs de Stoïciens, lorsqu'il s'agit de faire face à ces deux objets de nos plus grandes angoisses, sont-ils en meilleure situation qu'Epicure ?

En ce qui concerne les autres choses qui passent pour des maux, croit-on qu'Epicure et les autres philosophes soient insuffisamment armés ? Tout le monde ne craint-il pas la pauvreté ? Et pourtant cette terreur n'est partagée par aucun philosophe. XXXII Quant à celui dont il est justement question, qu'il faut peu de chose pour le satisfaire ! Personne n'a prôné davantage la frugalité. Aussi bien, ce qui fait aimer l'argent, c'est l'obligation de faire face aux dépenses qu'entraîne la passion amoureuse, l'ambition, un train de vie luxueux, et quand tout cela laisse absolument froid, pourquoi serait-on fort sensible au manque d'argent ou plutôt pourquoi ferait-on de l'argent le moindre cas ? **90** Eh quoi ! un Scythe, Anacharsis, a été capable de considérer l'argent comme sans valeur, et les philosophes de ce pays en seront incapables ? Il y a de lui une lettre conçue en ces termes : « Anacharsis à Hannon, salut. Mon manteau, c'est la pelisse des Scythes, ma chaussure le cal de mes pieds, mon lit le sol, mon assaisonnement la faim ; le lait, le fromage, la viande constituent ma nourriture. Aussi dis-toi bien, si tu veux venir me trouver, que je vis dans la quiétude ; quant aux cadeaux auxquels tu songes et qui pour toi sont séduisants, fais-en don soit à tes concitoyens, soit aux dieux immortels. » A peu près tous les philosophes de toutes les écoles, si l'on excepte ceux qu'une perversité naturelle

sequatur, cu*ius* magnitudinem breuitate consolatur, longinquitatem leuitate. **89** Qui tandem isti grandiloqui contra haec duo quae maxime angunt melius se habent quam Epicurus ? An ad cetera quae mala putantur non et Epicurus et reliqui philosophi satis parati uidentur ? Quis non paupertatem extimescit ? Neque tamen quisquam philosophorum.

XXXII Hic uero ipse quam paruo est contentus ! Nemo de tenui uictu plura dixit. Etenim, quae res pecuniae cupiditatem adferunt, ut amori, ut ambitioni, ut cotidianis sumptibus copiae suppetant, cum procul ab his omnibus rebus absit, cur pecuniam magnopere desideret uel potius cur curet omnino ? **90** An Scythes Anacharsis potuit pro nihilo pecuniam ducere, nostrates philosophi facere non poterunt ? Illius epistula fertur his uerbis : « Anacharsis Hannoni salutem. Mihi amictui est Scythicum tegimen, calciamentum solorum callum, cubile terra, pulpamentum fames, lacte, caseo, carne uescor. Quare ut ad quietum me licet uenias. Munera autem ista quibus es delectatus, uel ciuibus tuis uel dis inmortalibus dona. » Omnes fere philosophi omnium disciplinarum, nisi quos a recta ratione natura uitiosa detorsisset, eodem hoc animo esse potuerunt. **91** Socrates, in pompa cum magna uis auri argentique ferretur, « Quam multa non desidero ! » inquit. Xenocrates, cum legati ab Alexandro quinquaginta ei talenta attulissent, quae erat pecunia temporibus illis, Athenis praesertim,

**88** cuius *Bentl.* : quorum Φ ‖ leuitate φ : len. (laen. *KR*) *X*.
**89** qui tandem — angunt *habet* NON. 115.
**90** poterunt φ $V^3$ : potuerunt *X* ‖ pulpamentum φ $V^3BP$ : palp. *GKR* ‖ iuberet *cel.* : lub. *G* ‖ quos $R^2V^3$ *PB*φ : quod *GK*.

détournait de la droite raison, ont pu témoigner de pareil courage. 91 Socrate assistait à une procession où l'on portait quantité d'or et d'argent : « combien de choses, dit-il, dont je n'éprouve pas le besoin ! » Des envoyés d'Alexandre avaient apporté à Xénocrate cinquante talents, ce qui, pour l'époque et surtout à Athènes, faisait une somme énorme. Il emmena les envoyés dîner à l'Académie et leur fit servir des mets à suffisance, mais sans la moindre recherche. Le lendemain ils lui demandèrent entre les mains de qui l'argent devait être versé : « comment, dit-il, hier, en partageant mon modeste dîner, vous n'avez pas compris que l'argent ne me manquait pas ? » Voyant qu'ils étaient un peu froissés, il accepta trente mines, pour ne pas avoir l'air d'être insensible à la générosité du monarque. 92 Diogène, lui, s'exprima plus librement, en sa qualité de cynique. Alexandre le priait de lui dire ce dont il pouvait avoir besoin : « pour le moment, dit Diogène, écarte-toi un tout petit peu de mon soleil. » Sans doute Diogène se chauffait-il au soleil et Alexandre lui en masquait les rayons. Ce qu'il y a de plus fort, c'est que notre homme se plaisait à soutenir qu'il avait une situation bien supérieure à celle du roi de Perse : lui, il ne manquait de rien, tandis que son rival ne pouvait jamais en avoir assez ; les plaisirs dont il aurait été impossible de rassasier son rival, lui-même n'en éprouvait pas le besoin, et il avait ses plaisirs à lui auxquels l'autre ne pouvait aucunement prétendre.

XXXIII 93 Tu sais, j'imagine, comment Epicure a réparti les désirs. Son classement n'est peut-être pas très juste, mais il ne laisse pas d'être pratique : il y en a qui sont naturels et nécessaires ; il y en a qui sont naturels sans être nécessaires ; il y en a qui n'ont ni l'un ni l'autre de ces caractères. Aux nécessaires, on peut donner pleine satisfaction avec un rien, car les

maxuma, abduxit legatos ad cenam in Academiam ; iis apposuit tantum quod satis esset, nullo apparatu. Cum postridie rogarent eum cui numerari iuberet. « Quid ? uos hesterna », inquit, « cenula non intellexistis me pecunia non egere ? » Quos cum tristiores uidisset, triginta minas accepit, ne aspernari regis liberalitatem uideretur. **92** At uero Diogenes liberius, ut Cynicus, Alexandro roganti ut diceret si quid opus esset. « Nunc quidem paululum », inquit, « a sole ». Offecerat uidelicet apricanti. Et hic quidem disputare solebat, quanto regem Persarum uita fortunaque superaret ; sibi nihil deesse, illi nihil satis umquam fore ; se eius uoluptates non desiderare, quibus numquam satiari ille posset, suas eum consequi nullo modo posse.

XXXIII **93** Vides, credo, ut Epicurus cupiditatum genera diuiserit, non nimis fortasse subtiliter, utiliter tamen, partim esse naturales et necessarias, partim naturales et non necessarias, partim neutrum ; necessarias satiari posse paene nihilo ; diuitias enim naturae esse parabiles ; secundum autem genus cupiditatum nec ad potiendum difficile esse censet nec uero ad carendum ; tertias, quod essent plane inanes neque necessitatem modo, sed ne naturam quidem attingerent, funditus eiciendas putauit. **94** Hoc loco multa ab Epicureis disputantur, eaeque uoluptates singillatim extenuantur, quarum genera non contemnunt, quaerunt tamen copiam. Nam et obscenas uoluptates, de quibus

**93** Epicurus — putauit *habet H* ‖ tamen partim *cet.* : t. asserens p. *H* ‖ partim naturales et non necessarias *om. K.*
**94** una et obscenas — habet *(sic)* oratio *habet* Non. 357.

richesses selon la nature sont à la portée de tout le monde : quant à la seconde catégorie de désirs, il n'y a pas, pense-t-il, de difficulté, soit à s'en procurer les objets, soit même à s'en passer, et pour ceux qui viennent en troisième lieu, l'idée qu'ils sont pleinement chimériques et n'ont nul caractère de nécessité, ni même rien de naturel, les lui a fait rejeter complètement. **94** Ici les Épicuriens s'étendent longuement et s'attachent à déprécier en détail les plaisirs dont la qualité ne leur est pas indifférente, bien qu'ils y cherchent surtout la commodité. Ainsi d'abord pour les plaisirs impudiques. Ils font là-dessus de grands discours, disant que l'usage en est aisé, commun et à la portée de tout le monde ; au cas où la nature les réclame, ce n'est pas, pensent-ils, ni d'après la naissance, ni d'après le rang, ni d'après la situation qu'il faut en déterminer le prix, mais en tenant compte de la beauté, de l'âge, des traits du visage ; s'en priver est d'ailleurs chose très facile, au cas où la santé, le devoir, la réputation l'exigent, et, d'une façon générale, les plaisirs de cette catégorie sont désirables, à condition qu'ils ne puissent faire du tort, mais ils ne sont jamais utiles. **95** Enfin toute la théorie du plaisir dans Épicure s'inspire de cette idée que le plaisir est toujours chose souhaitable et doit être recherché, pour la seule raison qu'il est le plaisir, et réciproquement que la douleur, pour la seule raison qu'elle est la douleur, doit toujours être évitée ; dans ces conditions, le sage pèsera le pour et le contre, de manière à éviter le plaisir, s'il doit en résulter une douleur plus considérable, et à braver la douleur, s'il en résulte un plaisir qui soit plus grand ; de plus, toutes les choses agréables, bien que ce soit les sens qui en jugent, ne s'en rapportent pas moins à l'âme. **96** Il découle de ce fait que la jouissance du corps est limitée au temps dans lequel il ressent le plaisir actuel, tandis que l'âme, en même temps

multa ab illis habetur oratio, facilis, communis, in medio sitas esse dicunt, easque si natura requirat, non genere aut loco aut ordine, sed forma, aetate, figura metiendas putant, ab iisque abstinere minime esse difficile, si aut ualetudo aut officium aut fama postulet, omninoque genus hoc uoluptatum optabile esse, si non obsit, prodesse numquam. **95** Totumque hoc de uoluptate sic ille praecipit, ut uoluptatem ipsam per se, quia uoluptas sit, semper optandam expetendam putet, eademque ratione dolorem ob id ipsum, quia dolor sit, semper esse fugiendum ; itaque hac usurum compensatione sapientem, ut et uoluptatem fugiat, si ea maiorem dolorem effectura sit, et dolorem suscipiat maiorem efficientem uoluptatem, omniaque iucunda, quamquam sensu corporis iudicentur, ad animum referri tamen. **96** Quocirca corpus gaudere tam diu, dum praesentem sentiret uoluptatem, animum et praesentem percipere pariter cum corpore et prospicere uenientem nec praeteritam praeterfluere sinere. Ita perpetuas et contextas uoluptates in sapiente fore semper, cum expectatio speratarum uoluptatum ⟨ cum ⟩ perceptarum memoria iungeretur. XXXIV **97** Atque his similia ad uictum etiam transferuntur, extenuaturque magnificentia et sumptus epularum, quod paruo cultu natura contenta sit. Etenim quis hoc non uidet, desideriis omnia ista condiri ? Darius in fuga cum aquam turbidam et cadaueribus

**95** optandam expetendam *X* : opt. et exp. φ ‖ ut et φ : ut *om. X (in mg. P)* et *om. B.*
**96** cum *ante* perceptarum *add. Lb.* : *om.* Φ.
**97** etenim — condiri *habet H.*

qu'elle éprouve le plaisir actuel de concert avec le corps, et le pressent lorsqu'il va venir et, quand il est passé, ne permet pas que le souvenir s'en efface. Ainsi, c'est une chaîne continue de plaisirs qui sera toujours à la disposition du sage, puisque l'attente des plaisirs qu'il espère s'alliera au souvenir de ceux qu'il a ressentis.
XXXIV 97 Ajoutons que les mêmes raisonnements s'appliquent encore à la nourriture, et l'on déprécie les festins magnifiques et somptueux en disant que la nature s'accommode parfaitement de menus fort modestes. Aussi bien, ne voit-on pas que l'appétit relève la saveur de tous les aliments ? Darius, dans sa déroute, avait bu de l'eau bourbeuse et que des cadavres rendaient infecte : il déclara qu'il n'avait jamais trouvé breuvage plus agréable. Apparemment il n'avait jamais attendu d'avoir soif pour boire. Ptolémée non plus n'avait jamais attendu d'avoir faim pour manger. Au cours d'une randonnée en Égypte, il n'avait pas été rejoint par son escorte et on lui avait donné dans une cabane du pain grossier ; il trouva que ce pain était un vrai régal. Un jour, dit-on, Socrate se promenait en forçant l'allure jusqu'à une heure avancée de la soirée ; on lui en demanda la raison ; il répondit que pour mieux dîner il faisait provision d'appétit. 98 Eh quoi ? ne voit-on pas quel est le menu des Lacédémoniens dans leurs phidities ? Denys le tyran ayant dîné là déclara qu'il n'était pas enchanté de ce fameux brouet noir qui constituait le plat de résistance ; et le cuisinier de repartir : « il n'y a rien de surprenant ; cela manquait d'assaisonnement. » — « Quelle est donc votre recette ? » dit Denys. — « La fatigue que donne la chasse, la transpiration, la course à l'Eurotas, la faim, la soif : voilà, sachez-le, ce qui assaisonne les mets des Lacédémoniens. » Sur ce point d'ailleurs, ce ne sont pas seulement les hommes, ce sont les animaux qui peuvent nous

inquinatam bibisset, negauit unquam se bibisse iucundius. Numquam uidelicet sitiens biberat. Nec esuriens Ptolomaeus ederat; cui cum peragranti Aegyptum comitibus non consecutis cibarius in casa panis datus esset, nihil uisum est illo pane iucundius. Socraten ferunt, cum usque ad uesperum contentius ambularet quaesitumque esset ex eo quare id faceret, respondisse se, quo melius cenaret, obsonare ambulando famem. **98** Quid ? uictum Lacedaemoniorum in philitiis nonne uidemus ? Vbi cum tyrannus cenauisset Dionysius, negauit se iure illo nigro, quod cenae caput erat, delectatum. Tum is qui illa coxerat : « Minime mirum ; condimenta enim defuerunt ». « Quae tandem ? » inquit ille. « Labor in uenatu, sudor, cursus a*d* Eurota*m*, fames, sitis. His enim rebus Lacedaemoniorum epulae condiuntur ». Atque hoc non ex hominum more solum, sed etiam ex bestiis intellegi potest, quae, ut quicquid obiectum est, quod modo a natura non sit alienum, eo contentae non quaerunt amplius. **99** Ciuitates quaedam uniuersae more doctae parsimonia delectantur, ut de Lacedaemoniis paulo ante diximus. Persarum a Xenophonte uictus exponitur, quos negat ad panem adhibere quicquam praeter nasturcium. Quamquam, si quaedam etiam suauiora natura desideret,

97 cui cum peregrinanti *(sic)* — iucundius *habet* Non. 93 ‖ consecutis *cet.* : secutis *Non.* ‖ cibarius φ *P in mg. Non.* : in cibariis $K^1$ cibariis *cet.* ‖ Socraten — cur id facere *(sic) habet* Non. 264.

98 caput erat $V^3$ *Poorr* : capuerat *X* ‖ ad Eurotam *Bentl.* : ab eurota Φ ‖ quod modo $BR^3V^3$ : quo modo *cet.*

99 Persarum — 100 satietate *habet II* ‖ quos — nasiturcium *(sic) habet* Non. 550.

instruire : quelque aliment que l'on présente aux animaux, et à moins que l'instinct ne les en détourne, ils s'en contentent et ne se mettent pas en quête d'autre chose. **99** Il y a des collectivités nationales où la tradition a formé les citoyens à se complaire dans la sobriété, comme c'est le cas des Lacédémoniens dont nous parlions tout à l'heure. Pour les Perses, Xénophon, qui traite en détail de leur genre de vie, affirme (1) qu'ils mangent leur pain sec sans y joindre autre chose que du cresson. Au surplus, à supposer que la nature réclamât des mets de qualité plus délicate, combien le sol et les arbres n'en produisent-ils pas qu'on peut se procurer sans peine et dont la saveur est exquise ? Un autre avantage, c'est de rester alerte, car c'est là un fruit de la sobriété ; un autre encore, c'est d'avoir une santé parfaite. **100** Mettez en parallèle ces gens suant, rotant, bourrés de mangeaille comme des bœufs à l'engrais : vous vous rendrez compte alors que ceux qui courent après le plaisir sont ceux qui l'attrapent le moins, et qu'un bon repas est celui où on mange avec appétit, et non celui où on se gave.

XXXV On raconte que Timothée, célèbre homme d'état athénien, avait dîné chez Platon. Enchanté de la réception qui lui avait été faite, il avait vu Platon le lendemain et lui avait dit : « vos repas ne sont pas seulement agréables sur le moment, ils le sont encore le jour qui suit. » Que dire de ce fait que l'esprit ne fonctionne pas normalement, lorsqu'on s'est gorgé de nourriture et de boisson ? Nous avons de Platon une lettre (2) fort belle, adressée aux parents de Dion, et dans cette lettre il y a un passage conçu à peu près en ces termes : « lors du voyage que j'y fis, la fameuse existence de félicité que l'on portait aux nues et où triomphe la cuisine italienne et syracusaine ne me plut pas le moins du monde : se gaver deux fois le jour et ne

quam multa ex terra arboribusque gignuntur cum copia facili, tum suauitate praestant*i* ! Adde siccitatem, quae consequitur hanc continentiam in uictu, adde integritatem ualetudinis ; **100** confer sudantis, ructantis, refertos epulis tamquam opimos boues ; tum intelleges, qui uoluptatem maxime sequantur, eos minime consequi, iucunditatemque uictus esse in desiderio, non in satietate.

XXXV Timotheum, clarum hominem Athenis et principem ciuitatis, ferunt, cum cenauisset apud Platonem eoque conuiuio admodum delectatus esset uidissetque eum postridie, dixisse : « Vestra*e* quidem cenae non solum in praesentia, sed etiam postero die iucundae sunt ». Quid, quod ne mente quidem recte uti possumus multo cibo et potione completi ? Est praeclara epistula Platonis ad Dionis propinquos, in qua scriptum est his fere uerbis : « Quo cum uenissem, uita illa beata quae ferebatur, plena Italicarum Syracusiarumque mensarum, nullo modo mihi placuit, bis in die saturum fieri nec umquam pernoctare solum ceteraque quae comitantur huic uitae, in qua sapiens nemo efficietur umquam, moderatus uero multo minus. **101** Quae enim natura tam mirabiliter temperari potest ? » Quo modo igitur iucunda uita potest esse, a qua absit prudentia, absit moderatio ? Ex quo Sardanapalli, opulentissimi Syriae regis, error adgnoscitur, qui incidi iussit in bust*o* :

**99** praestanti *Lambin* : praestantia Φ.

**100** uestrae quidem *edd.* : uestreae quidem *G* uestrae equidem *cet.* ‖ quid quod *BR*[2] φ : qui quod *cet.* ‖ beata quae φ : beataque *X* ‖ cetera quae *(sic)* — 101 moderatio *habet H.*

**101** ea incidi iussit in busto *habet* Arusian. *Gl.* 7, 487, 16 ‖ busto : haec habeo *edd.* : busto haec. habeo *X.*

jamais coucher seul, avec tout le cortège des plaisirs que suppose pareille vie, voilà qui ne formera jamais un savant et encore moins un sage. 101 Car quel est le tempérament qui se peut accommoder d'un pareil régime ? » Oui, comment l'existence pourrait-elle être agréable quand elle exclut la prudence, quand elle exclut la sagesse ? Et c'est en cela qu'éclate la folie de Sardanapale, l'opulent roi de Syrie qui fit graver sur son tombeau :

> Ce que je possède, c'est ce que j'ai mangé et ce qu'a dévoré l'assouvissement de mes passions ; en revanche, voilà mille biens magnifiques que j'ai laissés à l'abandon.

« Aurait-on fait une autre inscription, dit Aristote, s'il s'était agi de commémorer le souvenir d'un bœuf, et non d'un roi ? Les biens qu'il dit posséder dans la mort, il ne les possédait dans la vie même qu'aussi longtemps qu'il en jouissait. » 102 Pourquoi dès lors désirer la richesse ? Et en quoi la pauvreté empêche-t-elle d'être heureux ? J'admets que l'on aime les statues, les tableaux. S'il se trouve que l'on ait cette passion, n'est-il pas vrai que les petites gens sont à même de la satisfaire mieux que ceux qui possèdent un grand nombre de ces objets ? Dans notre capitale en effet le domaine public est très riche en œuvres d'art de toute sorte, tandis que les particuliers qui en possèdent n'en ont pas autant sous les yeux et du reste ne les voient que rarement, lors des voyages qu'ils font à leurs campagnes. Encore ne sont-ils point sans éprouver quelque remords, quand ils songent à la manière dont ils se les sont procurés. Mais je n'en finirais pas, si je voulais me faire l'avocat de la pauvreté. La question est claire en effet, et tous les jours les avertissements de la nature même nous rappellent combien ses besoins sont peu nombreux, combien ils sont peu étendus, combien ils sont peu coûteux.

Haec habeo quae edi quaeque exsaturata libido
Hausit ; at illa iacent multa et praeclara relicta.

« Quid aliud », inquit Aristoteles, « in bouis, non in regis sepulcro inscriberes ? Haec habere se mortuum dicit, quae ne uiuus quidem diutius habebat quam fruebatur. » 102 Cur igitur diuitiae desiderentur, aut ubi paupertas beatos esse non sinit ? Signis, credo, tabulis *st*ud*e*s. Si quis est qui his delectetur, nonne melius tenues homines fruuntur quam illi qui iis abundant ? Est enim earum rerum omnium ⟨in⟩ nostra urbe summa in publico copia. Quae qui priuati*m* habent, nec tam multa et raro uident, cum in sua rura uenerunt ; quos tamen pungit aliquid, cum illa unde habeant recordantur. Dies deficiat, si uelim paupertatis causam defendere. Aperta enim res est, et cotidie nos ipsa natura admonet quam paucis, quam paruis rebus egeat, quam uilibus.

XXXVI 103 Num igitur ignobilitas aut humilitas aut etiam popularis offensio sapientem beatum esse prohibebit ? Vide ne plus commendatio in uulgus et haec quae expetitur gloria molestiae habeat quam uoluptatis. Leuiculus sane noster Demosthenes, qui illo susurro delectari se dicebat aquam ferentis mulierculae, ut mos in Graecia est, insusurrantisque alteri : « Hic est ille Demosthenes. » Quid hoc leuius ? At quantus orator ! Sed apud alios loqui uidelicet didicerat, non multum ipse secum. 104 Intellegendum est igitur nec gloriam

102 cur — habundant *(sic) habet H* ‖ studes *Seg.* : ludis Φ ‖ in nostra *Wolf* : nostra *X* nostra in φ ‖ priuatim *Lb.* : priuati Φ ‖ dies — 103 uoluptatis *habet H* ‖ deficiat *cet.* : — et *KRH*.
103 aquam φ $V^3$ : quam *X* ‖ at *cel.* : aut $KV^1$.
104 intellegendum — uniuersos *habet H*.

XXXVI 103 Sera-ce donc l'obscurité, ou l'infériorité de la condition, ou même l'impopularité qui empêcheront le sage d'être heureux ? Demandons-nous plutôt si les sympathies de la populace et cette forme de gloire que l'on ambitionne ne comportent pas plus d'ennuis que de plaisirs. Il y a, ma foi, un peu de frivolité dans ce trait de mon collègue Démosthène ; il aimait, disait-il, à entendre une femme du peuple, une porteuse d'eau, comme on en voit en Grèce, murmurer à l'oreille de sa compagne : « c'est lui, le fameux Démosthène ». Quoi de plus frivole ? Et pourtant, quel magnifique orateur ! Mais apparemment, s'il avait approfondi l'art de parler aux autres, il ne savait guère s'entretenir avec lui-même. 104 Il faut donc se rendre compte que l'on ne doit ni rechercher directement pour elle-même la gloire venue du peuple, ni redouter l'obscurité. « Je me suis rendu à Athènes, dit Démocrite, et personne ne s'y est aperçu de ma présence. » Belle logique et grand sérieux, de se glorifier d'avoir évité la gloire ! Faut-il, quand on voit les joueurs de flûte et de lyre s'en rapporter à eux-mêmes et non au jugement de la foule, pour régler leurs airs, que le sage, dont la science est d'un ordre bien supérieur, s'inspire, non point de la vérité absolue, mais de la fantaisie du vulgaire ? Ne serait-ce point aussi le comble de la sottise que de prendre au sérieux, à les considérer en bloc, ceux que l'on mépriserait comme manœuvres et barbares à les considérer en détail ? Oui, le sage, lui, méprisera nos intrigues et nos petitesses, et même s'ils lui sont dévolus spontanément, il déclinera les honneurs populaires, tandis que nous, il nous faut apprendre à en souffrir pour savoir les mépriser. 105 Il est question dans Héraclite le physicien du prince des Ephésiens, Hermodore ; c'est en bloc, affirme-t-il, que les Ephésiens méritent la peine capitale, parce que, en chassant de leur cité

popularem ipsam per sese expetendam nec ignobilitatem extimescendam. « Veni Athenas », inquit Democritus, « neque me quisquam ibi adgnouit. » Constantem hominem et grauem, qui glorietur a gloria se afuisse ! An tibicines iique qui fidibus utuntur, suo, non multitudinis arbitrio cantus numerosque moderantur, uir sapiens, multo arte maiore praditus, non quid uerissimum sit, sed quid uelit uulgus exquiret ? An quicquam stultius quam, quos singulos sicut operarios barbarosque contemnas, eos aliquid putare esse uniuersos ? Ille uero nostras ambitiones leuitatesque contemnet honoresque populi etiam ultro delatos repudiabit ; nos autem eos nescimus, ante quam paenitere coepit, contemnere. **105** Est apud Heraclitum physicum de principe Ephesiorum Hermodoro ; uniuersos ait Ephesios esse morte multandos, quod, cum ciuitate expellerent Hermodorum, ita locuti sint : « Nemo de nobis unus excellat ; sin quis extiterit, alio in loco et apud alios sit. » An hoc non ita fit omni in populo ? nonne omnem exsuperantiam uirtutis oderunt ? Quid ? Aristides (malo enim Graecorum quam nostra proferre) nonne ob eam causam expulsus est patria, quod praeter modum iustus esset ? Quantis igitur molestiis uacant, qui nihil omnino cum populo contrahunt ! Quid est enim dulcius otio litterato, iis dico litteris quibus infinitatem rerum atque naturae et in hoc ipso mundo caelum, terras, maria cognoscimus ?

**104** quisquam ibi *cet.* : ibi q. *H* || afuisse *GRV* : aff. *KP* (abf. *in mg.*) abf. $R^2V^3B$.

**105** Ephesios — 110 Epicurus *non habet P fracta una charta* || nonne — 108 ciuem arbitrabatur (*om.* malo — proferre) *habet H* || infinitatem — cognoscimus *habet* Non. 122.

Hermodore, ils tinrent ce langage : « que personne parmi nous ne se distingue entre tous ; s'il se manifeste un pareil homme, qu'il s'en aille ailleurs et dans un autre milieu. » Mais n'en est-il pas de même chez tous les peuples ? Est-il une forme de mérite supérieur dont ils n'aient la haine ? Eh quoi ? La raison pour laquelle Aristide (je dis Aristide, parce que j'aime mieux prendre mes exemples chez les Grecs que chez nos compatriotes), la raison, dis-je, que l'on invoqua pour bannir Aristide, n'est-ce pas qu'il était juste plus que de raison ? Cela posé, à combien d'ennuis n'échappe-t-on pas, quand on n'a rien absolument à démêler avec le peuple ? Mais aussi, quoi de plus délicieux qu'un loisir consacré à l'érudition, j'entends cette forme de l'érudition qui étudie l'infini de l'univers et de la nature, et, dans le monde même que nous habitons, le ciel, la terre et les mers ?

XXXVII 106 Dès lors que l'on méprise les honneurs, que l'on méprise l'argent même, subsiste-t-il quoi que ce soit de fort redoutable ? L'exil, peut-on dire, car on le classe parmi les plus grands maux. Si c'est en raison de l'antipathie et de l'hostilité du peuple que l'exil est un mal, nous venons de dire quel mépris cela mérite ; si au contraire c'est l'éloignement de la patrie qui est chose malheureuse, il y a des malheureux plein les provinces, et ils sont bien rares ceux d'entre eux qui revoient leur patrie. — 107 Oui, mais la confiscation des biens accompagne l'exil. — Et qu'est-ce que cela fait ? Manquons-nous d'arguments pour montrer que la pauvreté est supportable ? Au surplus, à considérer la réalité et non ce que le terme a d'ignominieux, y a-t-il donc grande différence entre être exilé et vivre continuellement à l'étranger ? Or, c'est à l'étranger que passèrent leur vie les philosophes les plus illustres, Xénocrate, Crantor, Arcésilas, Lacyde, Aristote, Théo-

XXXVII **106** Contempto igitur honore, contempta etiam pecunia, quid relinquitur quod extimescendum sit? Exilium, credo, quod in maxumis malis ducitur. Id si propter alienam et offensam populi uoluntatem malum est, quam sit ea contemnenda [sicuti a] paulo ante dictum est. Sin abesse patria miserum est, plenae miserorum prouinciae sunt ex quibus admodum pauci in patriam reuertuntur. **107** « At multantur bonis exules. » Quid tum? Parumne multa de toleranda paupertate dicuntur? Iam uero exilium, si rerum naturam, non ignominiam nominis quaerimus, quantum *tandem* a perpetua peregrinatione differt? In qua aetates suas philosophi nobilissimi consumpserunt, Xenocrates, Crantor, Arcesilas, Lacydes, Aristoteles, Theophrastus, Zeno, Cleanthes, Chrysippus, Antipater, Carneades, Clitomachus, Philo, Antiochus, Panaetius, Posidonius, innumerabiles alii, qui semel egressi numquam domum reuerterunt. « At enim sine ignominia ». 〈 An potest exilium ignominia 〉 adficere sapientem? De sapiente enim haec omnis oratio est, cui iure id accidere non possit; nam iure exulantem consolari non oportet. **108** Postremo ad omnis casus facillima ratio est eorum qui ad uoluptatem ea referunt quae sequuntur in uita, ut, quocumque haec loco suppe-

**106** contemnenda paulo φ $V^2$ : c. sicut a paulo $RV^1$ apaullo $G^1$ c. sicuti (sicut *K*) paulo *HB*φ ‖ patria *X* : a p. φ.

**107** tandem a *Dav.* : damna *X* (damna a $V^2$) ‖ *ordinem philosophorum temporum disciplinarumque ratione ita rest. Heine* : *codices alii aliter* ‖ <an potest exilium ignominia> *post* ignominia *add. Wesenberg* : *om.* Φ ‖ omnis oratio *cet.* : commiseratio *H* ‖ accidere φ$V^{rec}$ : accipere *X*.

phraste, Zénon, Cléanthe, Chrysippe, Antipater, Carnéade, Clitomaque, Philon, Antiochus, Panétius, Posidonius, une foule d'autres : une fois qu'ils eurent quitté leurs foyers, ce fut pour n'y plus revenir. — Oui, mais il n'y avait là rien d'ignominieux. — Est-ce que l'exil peut être ignominieux pour le sage ? Aussi bien c'est du sage exclusivement qu'il s'agit ici, et le sage est tel que ce malheur ne saurait le frapper à juste titre ; pour ce qui est de l'exilé qui l'est à juste titre, il n'y a pas lieu de le consoler. 108 En fin de compte, la théorie de ceux qui font de la recherche du plaisir la loi de leur existence s'accommode fort aisément de toutes les éventualités, car, quel que soit l'endroit où le plaisir leur est procuré, ils sont à même d'y vivre heureux. Et sur cette base il n'est pas d'école philosophique qui ne puisse faire sienne la maxime de Teucer :

Ma patrie est partout où je me trouve bien. (1)

On demandait à Socrate de dire où il était citoyen. « Citoyen du monde » fut sa réponse : c'est le monde entier en effet qu'il considérait comme son pays d'origine et sa cité. Eh quoi ? N'est-ce pas dans une parfaite sérénité d'âme que Titus Albucius (2) faisait de la philosophie à Athènes, bien qu'il y fût en exil ? Encore cet inconvénient même lui eût-il été épargné, s'il s'était tenu à l'écart de la politique, conformément à la doctrine d'Épicure. 109 Aussi bien, en quoi Épicure, du fait qu'il vivait dans sa patrie, était-il plus heureux que Métrodore, lequel n'était pas d'Athènes ? Ou encore Platon avait-il sur Xénocrate, Polémon sur Arcésilas, un avantage de bonheur ? Au reste, quel cas peut-on faire du titre de citoyen dans pareil état, d'où l'on expulse les gens de bien et les sages ? Démarate, père de Tarquin, l'un de nos rois, ne pouvant supporter la tyrannie de Cypsélus, s'échappa de Corinthe, gagna Tarquinies, s'y fixa et y fonda une famille. N'eut-il pas raison de pré-

ditetur, ibi beate queant uiuere. Itaque ad omnem rationem Teucri uox accommodari potest :

Patria est, ubicumque est bene.

Socrates quidem cum rogaretur cuiatem se esse diceret, « Mundanum » inquit ; totius enim mundi se incolam et ciuem arbitrabatur. Quid ? T. Albucius nonne animo aequissimo Athenis exul philosophabatur ? Cui tamen illud ipsum non accidisset, si in re publica quiescens Epicuri legibus paruisset. **109** Qui enim beatior Epicurus, quod in patria uiuebat, quam, quod Athenis Metrodorus ? Aut Plato Xenocratem uincebat aut Polemo Arcesilam, quo esset beatior ? Quanti uero ista ciuitas aestimanda est, ex qua boni sapientesque pelluntur ? Damaratus quidem, Tarquini nostri regis pater, tyrannum Cypselum quod ferre non poterat, fugit Tarquinios Corintho, et ibi suas fortunas constituit ac liberos procreauit. Num stulte anteposuit exili libertatem domesticae seruituti ? XXXVIII **110** Iam uero motus animi, sollicitudines aegritudinesque obliuione leniuntur traductis animis ad uoluptatem. Non sine causa igitur Epicurus ausus est dicere semper in pluribus bonis esse sapientem, quia semper sit in uoluptatibus. Ex quo effici putat ille, quod quaerimus, ut sapiens semper beatus sit. **111** Etiamne, si sensibus carebit oculorum, si aurium ? Etiam ; nam ista ipsa contemnit. Primum

**107** *cf. Trag. inc.* 92 ‖ cuiatem — inquit *habet.* NON. 93.
**109** aut $V^2\varphi$ : ut *X* ‖ quanti-pelluntur *habet H*.
**110** iam uero — 112 adimat *habet H* ‖ aegritudines : « *Hinc incipiunt codicis V fol.* 96, 97, *ubi multa iam s. XV non iam legi poterant (nonnulla suppleuit* $V^{rec}$*). Ciceronis uerba iterum descripsit* $V^b$ *(s. XV)* » *Pohlenz.*

férer la liberté dans l'exil à la servitude dans sa patrie ?

XXXVIII 110 Au surplus, les troubles moraux, inquiétudes et chagrins, trouvent un apaisement dans l'oubli, par le fait que l'âme s'en dégage pour passer dans le domaine du plaisir. Aussi n'est-ce pas sans raison qu'Épicure a dit hardiment que le sage a toujours un excédent de biens, en ce sens qu'il a toujours des plaisirs. La conséquence en est, d'après lui, celle que nous nous proposons d'établir, à savoir que le sage est toujours heureux. — 111 Même s'il est privé du sens de la vue, du sens de l'ouïe ? — Oui, car ces choses-là même le laissent indifférent. A commencer en effet par l'état de cécité, que vous dites effroyable, quels plaisirs donc lui font défaut, quand certaines gens vont jusqu'à soutenir que, si tous les autres plaisirs sont localisés dans les sens mêmes, en revanche les perceptions visuelles ne comportent aucun plaisir pour les yeux, comme c'est le cas pour les perceptions du goût, de l'odorat, du toucher, de l'ouïe qui affectent directement nos organes. Il n'en est pas de même pour les yeux, car c'est l'âme qui perçoit directement ce que nous voyons. Or par l'âme nous pouvons éprouver mille joies diverses sans recourir à la vue. Il va de soi que ceci s'applique à des gens philosophes et lettrés, pour qui vivre c'est penser. Or la pensée créatrice du sage ne recourt guère aux bons offices des yeux. 112 De plus, si la nuit n'ôte point le bonheur, pourquoi nous serait-il ôté par des jours semblables à la nuit ? Voici à ce sujet un mot d'Antipater le Cyrénaïque qui est bien un peu libre, mais dont l'idée ne manque pas de justesse. Il était aveugle et des femmelettes s'attendrissaient sur son état : « à quoi pensez-vous, dit-il ? serait-ce que pour vous la nuit n'a pas ses plaisirs ? » Le fameux Appius l'ancien fut de bonne heure aveugle, et l'on se rend compte, d'après les charges qu'il exerça comme d'après

enim horribilis ista caecitas quibus tandem caret uoluptatibus ? cum quidam etiam disputent ceteras uoluptates in ipsis habitare sensibus ; quae autem aspectu percipiantur, ea non uersari in oculorum ulla iucunditate, ut ea quae gustemus, olfaciamus, tractemus, audiamus, in ea ipsa, ubi sentimus, parte uersentur. In oculis tale nil fit ; animus accipit, quae uidemus. Animo autem multis modis uariisque delectari licet, etiamsi non adhibeatur aspectus. Loquor enim de docto homine et erudito cui uiuere est cogitare. Sapientis autem cogitatio non ferme ad inuestigandum adhibet oculos aduocatos.
112 Etenim si nox non adimit uitam beatam, cur dies nocti similis adimat ? Nam illud Antipatri Cyrenaici est quidem paulo obscenius, sed non absurda sententia est ; cuius caecitatem cum mulierculae lamentarentur, « Quid agitis ? » inquit, « an uobis nulla uidetur uoluptas esse nocturna ? » Appium quidem ueterem illum, qui caecus annos multos fuit, et ex magistratibus et ex rebus gestis intellegimus in illo suo casu nec priuato nec publico muneri defuisse. C. Drusi domum compleri a consultoribus solitam accepimus ; cum, quorum res esset, sua ipsi non uidebant, caecum adhibebant ducem. Pueris nobis Cn. Aufidius praetorius et in senatu sententiam dicebat nec amicis deliberantibus deerat et Graecam scribebat historiam et uidebat in litteris.

XXXIX. 113 Diodotus Stoicus caecus multos annos

111 tale nil *cet.* : nihil tale *Hφ*.
112 nulla *cet.* : ulla *KR* ‖ Appium — ducem *habet H* ‖ annos multos *cet.* : multos a. *KV*ᵇ ‖ C. Drusi *φ V*ᵇ : Gatrusi *GRVB* Gratusi *KH* ‖ Aufidius *φV*ᵇ*P* : autfidius *cet.*
113 Diodotus — scriberent *habet H*.

son rôle historique, que malgré son infirmité il fut à la hauteur de tous les devoirs de l'homme privé et de l'homme d'État. La maison de Caius Drusus (1) était généralement, d'après la tradition, encombrée de gens qui venaient demander conseil : n'étant pas à même de voir clair dans leurs propres affaires, les intéressés recouraient aux lumières d'un aveugle. Quand j'étais enfant, l'ancien préteur Cneius Aufidius ne se contentait pas de prendre part aux délibérations du sénat et d'assister ses amis de ses conseils, il écrivait encore une histoire en grec et avait de bons yeux en littérature.

XXXIX 113 J'ai eu longtemps chez moi le stoïcien Diodote, devenu aveugle. Or, ce que déjà on aurait peine à croire, il s'adonnait à la philosophie avec plus de zèle que jamais, en même temps qu'il pratiquait la lyre à la façon des Pythagoriciens et qu'on lui faisait jour et nuit la lecture — et ce sont là sans doute études pour lesquelles la vue n'était pas indispensable — mais il y a plus fort : ce qui paraît à peine possible quand on n'y voit pas, il remplissait la fonction de maître de géométrie, indiquant verbalement à ses élèves le point de départ, la direction et la nature des lignes. On demandait à Asclépiade, philosophe bien connu de l'école d'Érétrie, ce qu'il y avait de changé dans sa situation, depuis qu'il avait perdu la vue ; il répondit que son escorte s'était renforcée d'un jeune esclave. De même en effet que la pauvreté, fût-ce la plus extrême, devient supportable, si l'on a la ressource de faire ce que certains Grecs font journellement sous nos yeux, ainsi la cécité peut être supportée facilement, si l'on dispose des secours appropriés à cet état. 114 Quand Démocrite eut perdu la vue, il n'aurait pu assurément distinguer le blanc du noir, mais il pouvait en revanche distinguer le bien du mal, le juste de l'injuste, le beau moral du honteux, le profitable du nuisible, le grand du petit,

nostrae domui uixit. Is uero, quod credibile uix esset, cum in philosophia multo etiam magis assidue quam antea uersaretur et cum fidibus Pythagoreorum more uteretur, cumque ei libri noctes et dies legerentur, quibus in studiis oculis non egebat, tum, quod sine oculis fieri posse uix uidetur, geometriae munus tuebatur uerbis praecipiens discentibus unde quo quamque lineam scriberent. Asclepiadem ferunt, non ignobilem Eretricum philosophum, cum quidam quaereret quid ei caecitas attulisset, respondisse, puero ut uno esset comitatior. Vt enim uel summa paupertas tolerabilis sit, si liceat, quod quibusdam Graecis cotidie, sic caecitas ferri facile possit, si non desint subsidia ualetudinum.

**114** Democritus luminibus amissis alba scilicet discernere et atra non poterat, at uero bona mala, aequa iniqua, honesta turpia, utilia inutilia, magna parua poterat, et sine uarietate colorum licebat uiuere beate, sine notione rerum non licebat. Atque hic uir impediri etiam animi aciem aspectu oculorum arbitrabatur, et cum alii saepe quod ante pedes esset non uiderent, ille in infinitatem omnem peregrinabatur, ut nulla in extremitate consisteret. Traditum est etiam Homerum caecum fuisse ; at eius picturam, non poësin uidemus. Quae regio, quae ora, qui locus Graeciae, quae species formaque

**113** domui *cet.* : domii *(in ras.) V* domi *edd.* || ignobilem Eretricum $R^1$ : eretricum *exp. et* cetereorum *ss.* $R^2$ ignobile (— m *PB*) meretricum *GKV* creticum (*in mg.* ereticum) *B* || philosophum φ*B* : — phorum *cet.* || Graecis $R^2V^bP$φ : Graeci *cet.*

**114** Democritus — 117 requiret *habet H* || sine *BP*φ$R^2V^bH^1$ : si *KRVG* || aspectu φ$V^bR^2BP^{corr}$ : — um *HKG* || alii φ$V^bR^2BP$ : aliis *GKH* || esset φ$V^bBP$ : — nt *GHRK* || rent — 120 iudicare *habet frag. Bodl. (F)* || ille $V^bFBP$ : illa *HKRG* || in infinitatem φ : in *om. XF* || formaque pugnae φ : formae quae pugna *XF*

et son impuissance à percevoir la diversité des couleurs ne l'empêchait pas de vivre heureux, tandis qu'il n'eût pu vivre heureux sans la science. Bien plus, ce grand homme estimait même que la vue matérielle amoindrissait la clairvoyance de l'âme, et quand d'autres souvent ne voyaient pas ce qui était à leurs pieds, il voyageait, lui, à travers tout l'infini, sans trouver de limite qui l'arrêtât. La tradition veut aussi qu'Homère ait été aveugle. Or ce que nous avons de lui, ce n'est point de la poésie, c'est de la peinture. Quelle contrée, quel rivage, quel endroit de la Grèce, quel type particulier de combat, quelle ordonnance de bataille, quelle manœuvre nautique, quel mouvement des hommes ou des bêtes n'a-t-il pas rendus de façon si pittoresque qu'il réussit à nous faire voir ce que lui-même ne voyait pas ? Pensons-nous dès lors que les jouissances et les plaisirs intellectuels aient jamais fait défaut à un Homère ou à n'importe quel philosophe ? **115** Est-ce que, s'il n'en était pas ainsi, Anaxagore, ou Démocrite de qui nous venons justement de parler, auraient abandonné leurs terres et leurs biens familiaux pour s'adonner de toute leur âme à cette jouissance divine qu'est l'étude et la recherche scientifique ? C'est pourquoi l'augure Tirésias, à qui les poètes prêtent la sagesse, n'est jamais représenté comme se plaignant de sa cécité ; pour Polyphème, au contraire, Homère, lui ayant prêté un caractère sauvage et barbare, va jusqu'à le faire dialoguer avec un bélier (1), dont il célèbre l'heureux sort, car, dit-il, il peut aller où il veut et brouter ce qu'il veut. Homère n'avait pas tort, car le cyclope n'était nullement plus raisonnable que son bélier.

XL **116** Quant à la surdité, en quoi donc est-ce un malheur ? Crassus (2) entendait mal, mais il y avait pour lui quelque chose de plus gênant, c'est qu'il entendait mal parler de lui, bien que, à mon sens, il ne le

pugnae, quae acies, quod remigium, qui motus hominum, qui ferarum non ita expictus est, ut quae ipse non uiderit, nos ut uideremus effecerit ? Quid ergo ? aut Homero delectationem animi ac uoluptatem aut cuiquam docto defuisse umquam arbitramur ? **115** Aut, ni ita se res haberet, Anaxagoras aut hic Democritus agros et patrimonia sua reliquissent, huic discendi quaerendique diuinae delectationi toto se animo dedissent ? Itaque augurem Tiresiam, quem sapientem fingunt poëtae, numquam inducunt deplorantem caecitatem suam. At uero Polyphemum Homerus cum inmanem ferumque finxisset, cum ariete etiam conloquentem facit eiusque laudare fortunas quod qua uellet ingredi posset et quae uellet attingere. Recte hic quidem ; nihilo enim erat ipse Cyclops quam aries ille prudentior.

XL **116** In surditate uero quidnam est mali ? Erat surdaster M. Crassus, sed aliud molestius, quod male audiebat, etiamsi, ut mihi uidebatur, iniuria. Nostri Graece fere nesciunt nec Graeci Latine. Ergo hi in illorum et illi in horum sermone surdi, omnesque *item* nos in iis linguis quas non intellegimus, quae sunt innumerabiles, surdi profecto sumus. « At uocem citharoedi non audiunt ». Ne stridorem quidem serrae, tum cum acuitur, aut grunditum, cum iugulatur, suis nec,

**114** ac *PBF*φ : aut *cet.*

**115** discendi *cet.* : dic. *V* ‖ finxisset *BPRF*φ$V^b$ : fixisset *KVG* ‖ quae *PB*[1] φ : quem *XF* ‖ attingere φ : — et *XF* ‖ ille prudentior *cet.* : pr. il. $V^b$.

**116** in surditate — Crassus *habet* Non. 176 ‖ erat-Crassus *habet* Prisc. *Gl.* 2, 114, 16 ‖ nostri *Dav.* : epicurei nostri Φ ‖ item *cod. Urb.* 323 (*s.* xv.) *Manutius* : id *X om.* *F*φ ‖ at *BPRF* : aut *GKV* ‖ serrae *F*φ : fere *X* ‖ aut grunditum — suis *habet* Non. 114.

méritât pas. Nos compatriotes ne savent généralement pas le grec, ni les Grecs le latin : donc les Romains sont sourds quand on parle grec et les Grecs le sont quand on parle latin, et nous sommes tous dans le même cas pour les langues que nous n'entendons point et qui sont innombrables : nous sommes bel et bien des sourds. — Oui, mais les sourds n'entendent pas les accents des citharèdes. — Ils n'entendent pas non plus le grincement des scies, quand on les aiguise, ni le grognement des porcs qu'on égorge, ni, lorsqu'ils veulent être tranquilles, le grondement sourd de la mer. Et s'il s'en trouve qui aiment les poèmes lyriques, ils doivent commencer par se dire que, avant que l'art n'en fût inventé, bien des gens ont vécu heureux dans la sagesse, ensuite qu'on peut éprouver beaucoup plus de plaisir à les lire qu'à les entendre. **117** Enfin, de même que tout à l'heure nous renvoyions les aveugles aux plaisirs procurés par le sens de l'ouïe, nous avons la ressource de renvoyer les sourds aux plaisirs de la vue. Au surplus, qui sera capable de s'entretenir avec soi-même pourra se passer de conversation.

Accumulons tous les maux sur un individu, supposons-le à la fois sourd et aveugle, accablons-le encore des souffrances physiques les plus cruelles. Mais d'abord ces souffrances à elles seules achèvent généralement leur homme ; si au contraire il arrive qu'elles traînent en longueur, tout en causant des tortures trop violentes pour qu'on ait intérêt à les supporter, y a-t-il donc, ô dieux bons ! lieu de se mettre en peine ? Car il y a un port à notre portée, puisque, là où il y a la mort, il y a un refuge qui nous garantit une insensibilité éternelle. Théodore (1) dit à Lysimaque qui le menaçait violemment de mort : « beau chef-d'œuvre vraiment d'égaler en force une cantharide ! » **118** Persée suppliait Paul-Émile de ne pas le produire dans la cérémonie de son

cum quiescere uolunt, fremitum murmurantis maris; et si cantus eos forte delectant, primum cogitare debent, ante quam hi sint inuenti, multos beate uixisse sapientes, deinde multo maiorem percipi posse legendis his quam audiendis uoluptatem. **117** Tum, ut paulo ante caecos ad aurium traducebamus uoluptatem, sic licet surdos ad oculorum. Etenim qui secum loqui poterit sermonem alterius non requiret.

Congerantur in unum omnia, ut idem oculis et auribus captus sit, prematur etiam doloribus acerrumis corporis. Qui primum per se ipsi plerumque conficiunt hominem; sin forte longinquitate producti uehementius tamen torquent, quam ut causa sit cur ferantur, quid est tandem, di boni, quod laboremus ? Portus enim praesto est, quoniam mors ⟨ ubi est ⟩ ibidem est aeternum nihil sentiendi receptaculum. Theodorus Lysimacho mortem minitanti « Magnum uero », inquit, « effecisti, si cantharidis uim consecutus es. » **118** Paulus Persi deprecanti ne in triumpho duceretur : « In tua id quidem potestate est ». Multa primo die, cum de ipsa morte quaereremus, non pauca etiam postero, cum ageretur de dolore, sunt dicta de morte, quae qui recordetur, haud sane periculum est, ne non mortem aut optandam aut certe non timendam putet. XLI Mihi quidem in uita seruanda uidetur illa lex quae in Graecorum conuiuiis obtinetur : « Aut bibat », inquit, « aut abeat ». Et recte.

**117** sic licet *cet.* : scilicet *H* ‖ qui *Fφ* : quae *X* *(corr. BP)* ‖ congerantur *cet.* : congregantur *V* cogantur *B* ‖ conficiunt *cet.* : perf. *H* ‖ mors⟨ubi est⟩ibidem est *Vahlen* : mors ibidem est *Φ*.
**118** Persi *XF* : persae φ ‖ primo die *FV*rec et b φ : primordie *X*.

triomphe : « pour ce qui est de cela, dit Paul-Émile, il ne dépend que de toi. » Nous avons parlé longuement de la mort le premier jour, en étudiant spécialement cette question, et assez longuement aussi le lendemain, en étudiant la douleur : qui aurait présentes à l'esprit nos raisons, il y a beaucoup de chances qu'il envisage la mort, sinon comme souhaitable, du moins comme n'étant pas à craindre. XLI A mon sens, il y a lieu d'appliquer à la vie la règle dont les Grecs ne se départent pas dans leurs festins : « il faut boire, disent-ils, ou alors il faut partir. » Et c'est justice, car il faut prendre part de concert avec les autres au plaisir de la beuverie, ou, si l'on ne veut pas se trouver en butte, étant dans son sang-froid, aux mauvaises plaisanteries de gens avinés, il faut se retirer auparavant. De même pour les injustices de la destinée : si l'on n'est pas de force à les subir, il faut s'en dégager par la fuite. Tel est aussi le langage d'Épicure, et Hiéronyme (1) le reproduit mot pour mot.

Conclusion. 119 Mais si les philosophes aux yeux de qui la vertu par elle-même est impuissante, et tout ce que nous appelons moralité et honneur une entité chimérique dont le néant se pare d'un beau nom, si, dis-je, ces philosophes n'en pensent pas moins que le sage est toujours heureux, que devront donc faire, dis-moi, les philosophes issus de Socrate et de Platon ? Parmi eux, les uns prêtent aux biens de l'âme une supériorité telle que les biens corporels et extérieurs sont réduits à peu de chose, tandis que les autres ne considèrent même pas ces derniers comme des biens et ne reconnaissent que ceux de l'âme. 120 Leur différend, Carnéade se plaisait à le trancher comme l'aurait fait un arbitre désigné à l'amiable : étant donné que partout où les Stoïciens voyaient des avantages, les Péripatéticiens de leur côté voyaient des biens, sans que les Péripaté-

Aut enim fruatur aliquis pariter cum aliis uoluptate potandi aut, ne sobrius in uiolentiam uinulentorum incidat, ante discedat. Sic iniurias fortunae quas ferre nequeas defugiendo relinquas. Haec eadem quae Epicurus totidem uerbis dicit Hieronymus.

**119** Quodsi ii philosophi, quorum ea sententia est ut uirtus per se ipsa nihil ualeat, omneque quod honestum nos et laudabile esse dicimus, id illi cassum quiddam et inani uocis sono decoratum esse dicant, *ii* tamen semper beatum censent esse sapientem, quid tandem a Socrate et Platone profectis philosophis faciendum uidetur ? quorum alii tantam praestantiam in bonis animi esse dicunt, ut ab his corporis et externa obruantur, alii autem haec ne bona quidem ducunt, in animo reponunt omnia. **120** Quorum controuersiam solebat tamquam honorarius arbiter iudicare Carneades. Nam cum, quaecumque bona Peripateticis, eadem Stoicis commoda uiderentur, neque tamen Peripatetici plus tribuerent diuitiis, bonae ualetudini, ceteris rebus generis eiusdem quam Stoici, cum ea re, non uerbis ponderarentur, causam esse dissidendi negabat. Quare hunc locum ceterarum disciplinarum philosophi quem ad modum obtinere possint, ipsi uiderint ; mihi tamen gratum est, quod de

**118** haud sane — **119** omnia *habet II* ‖ uiolentiam *cet.* : uinolentiam *R*[s]*B* uinul. *P* ‖ discedat *F*φ*R*[s]*V*[b]*BP* : decedat *KH* dicebat *GV*.

**119** ii (*uel* hi) philosophi φ*V*[b] : his —is *XF* ‖ omneque φ : omnesque *XF* ‖ dicimus φ : — amus *X* ‖ ii (=ei) *Wesenberg* : et *X* id *F* ‖ profectis *cet.* : perf. *KRH* ‖ uidetur *V*[b] : uides *XF* ‖ obruantur *F* (*Havet* § 342 *A*) : obseruant *RGK* (obseruan *in V dispicitur*) obseruent *RPB* obscurentur *H*φ.

**120** dissidendi φ : desiderandi *X*.

ticiens fissent aux richesses, à la bonne santé et aux autres choses du même ordre une part plus large que les Stoïciens, Carnéade, tenant compte en ces questions du fond et non de la forme, prononçait qu'il n'y avait pas lieu de poursuivre. Aussi laissons aux philosophes de toutes les autres écoles le soin de voir s'ils sont à même de soutenir la thèse que nous avons défendue ici ; en attendant, il m'est personnellement agréable de constater que, en reconnaissant aux sages les moyens de mener constamment une existence bonne, ils tiennent un langage digne de la pensée philosophique.

121 Mais puisque demain matin il faudra nous mettre en route, fixons dans nos mémoires les entretiens de ces cinq journées. Pour mon compte je songe même à les consigner par écrit — aussi bien comment pourrais-je mieux employer le loisir, si loisir est le mot, dont je dispose ? — et c'est à notre ami Brutus que j'adresserai cette seconde série de cinq livres ; car, si j'ai abordé la littérature philosophique, c'est à son appel, je dirai même sur ses vives instances. Dans quelle mesure notre activité dans ce domaine rendra-t-elle service aux autres, il me serait difficile de le dire ; ce qui est sûr, c'est que, en ce qui me concerne, les souffrances cruelles, les peines de toute nature qui m'assaillent de toutes parts ne m'auraient pas permis de trouver ailleurs un soulagement.

sapientium perpetua bene uiuendi facultate dignum quiddam philosophorum uoce profitentur.

**121** Sed quoniam mane est eundum, has quinque dierum disputationes memoria comprehendamus. Equidem me etiam conscripturum arbitror (ubi enim melius uti possumus hoc, cuicuimodi est, otio ?), ad Brutumque nostrum hos libros alteros quinque mittemus, a quo non modo inpulsi sumus ad philosophiae scriptiones, uerum etiam lacessiti. In quo quantum ceteris profuturi *sí*mus, non facile dixerim, nostris quidem acerbissimis doloribus uariisque et undique circumfusis molestiis alia nulla potuit inueniri leuatio.

120 quiddam *PV*$^b$*φ* : quidam *cet.*
121 cuicuimodi *cet.* : cuiuscuiusmodi *R*$^a$ || hos libros *cet.* : l. hos *K* hos libros quemadmodum quinque de finibus alteros *V*$^b$ || inpulsi — scribtiones *(sic) habet* Non. 174 || inpulsi — lacessiti *habet Non.* 134 || philosophiae *Non. (utroque loco)* : philosophas *X* — phicas *R*$^a$ *V*$^b$ || simus *Beroaldus* : sumus Φ || dixerim *GVP* : dixerimus *KR (sed* us *postea expunctum) Bφ* || alia — leuatio *habet* Non. 336.

# NOMINA PROPRIA

Les noms et les chiffres en italique se rapportent aux œuvres des auteurs cités ; en particulier, les fragments des poètes comiques et tragiques à O. Ribbeck, *Comicorum Romanorum fragmenta*, Lipsiae 1873 et *Tragicorum Romanorum fragmenta*, Lipsiae 1871, ceux d'Ennius à l'édition de Vahlen, 1903. Les passages des Tusculanes qui concernent les Stoiciens sont réunis dans Hans v. Arnim, *Stoicorum veterum fragmenta* ; ceux qui traduisent la doctrine épicurienne dans Usener, *Epicurea*, Lipsiae 1887.

---


Academia, gymnasium Atheniense, 5, 32, 91.
— disciplina Platonica, 2, 2, 4 ; 2, 3, 9 ; 3, 6, 12 ; 5, 29, 82.
— gymnasium in Tusculano situm, 2, 3, 9 ; 3, 3, 7.
Academici, 4, 3, 6 ; 4, 21, 47 ; 5, 26, 75 ; 5, 30, 85.
Academicus, *voir* Carneades.
libri Academici, *voir* Tullius.
Accius, L., 3, 9, 20 ; 4, 25, 55.
— *Atr. 200*, 4, 36, 77; *229*,4, 36, 77 ; *233*, 4, 25, 55 ; *234*, 2, 5, 13.
— *Melanipp. 424*, 3, 9, 20.
— *Philoct. 533*, 2, 10, 23 ; *549*, 2, 14, 33 ; *553*, 2, 7, 19; *562*, 2, 7, 19; *566*, 1, 28, 68.
— *fr. inc. 667*, 1, 44, 105 ; *672*, 3, 26, 62.
Acheron, 1, 5, 10.
Acherunte, 1, 16, 37.
Acheruntis, 1, 16, 37.
Acherunsia (templa), 1, 21, 48.
Achilles, 1, 44, 105 ; 3, 9, 18 ; 4, 23, 52.
Aeacus, 1, 41, 98.
Aeetes, 3, 12, 26 ; 3, 18, 39.
Aegyptus, 5, 34, 97.
Aegyptii, 1, 45, 108 ; 5, 27, 78.
Aelius Paetus Catus, Sex. cos. 198, 1, 9, 18.
Aelius Tubero, Q. (Panaeti auditor), 4, 2, 4.
Aemilius Lepidus Porcina, M. cos. 137, 1, 3, 5.
Aemilius Paulus, L., cos. 182, 168 ; 3, 28, 70 ; 5, 40, 118.
Aemilius Paulus L. (*pater Macedonici*), cos. 219, 216 ; 1, 37, 89 ; 1, 46, 110.

Aeschines or. *de cor. 77*, 3, 26, 63.
Aeschines Socr. *fr. 10 D.*, 3, 32, 77.
Aeschylus, 2, 19, 23.
— *Prom. 377 sqq.*, 3, 31, 76.
— *Prom. sol. fr. 193*, 2, 10, 23 sqq.
Aesculapius, 2, 16, 38.
Aesopus (histrio), 2, 17, 39 ; 4, 25, 55.
Aetolia, 1, 2, 3.
Afranius, L. com., *fr. 409*, 4, 20, 45 ; 4, 25, 55.
Africanus, *voir* Cornelius Scipio.
Africani duo., 1, 46, 110.
Agamedes, 1, 47, 114.
Agamemno, 1, 37, 90 ; (3, 24, 57) ; 3, 26, 62 ; 4, 18, 17 ; 4, 23, 52.
portae Agragantinae, 5, 23, 65.
Aiax, 1, 41, 98 ; 3, 5, 11 ; 3, 29, 71 ; 4, 22, 49 ; 4, 23, 52.
Albinus, *voir* Postumius.
Albucius, Titus, 5, 37, 108.
Alcaeus, 4, 33, 71.
Alcibiades, 3, 32, 77 ; 3, 32, 78.
Alcidamas, 1, 48, 116.
Alcmaeo, 3, 5, 11.
Alei campi, *Z 201*, 3, 26, 63.
Alexander Magnus, 3, 10, 21 ; 4, 37, 79 ; 5, 32, 91 ; 5, 32, 92.
Allienius, M., 4, 22, 50.
Amafinius, C., 4, 3, 6, ; 4, 3. 7.
(Ambracia) Ambraciota, 1, 34, 84.
Amor, 4, 32, 69.
Amphiaraus, 2, 25, 60.
Anacharsis *epist. 5*, 5, 32, 90.
Anacreon, 4, 33, 71.
Anaxagoras, 1, 43, 104 ; 5, 4, 10 ; 5, 23, 66 ; 5, 39, 115 ; *A 33*, 3, 14, 30 ; 3, 24, 58.
Anaxarchus Democritius, 2, 22, 52.
Andromacha, *voir* Ennius.
Anticlea, 5, 16, 46.
Antiochus Ascalonita, 3, 25, 59 ; 5, 8, 21 ; 5, 8, 22 ; 5, 37, 107.
Antipater Cyrenaicus, 5, 38, 112.
Antipater Tarsensis, 5, 37, 107.
Antisthenes, 5, 9, 26.
Antonius, M. cos. 99, 1, 5, 10 ; 2, 24, 57 ; 5, 19, 55.
Apollo, 1, 9, 17 ; 1, 22, 52 ; 1, 30, 73 ; 1, 47, 114 ; 4, 34, 73.
Appius, *voir* Claudius.
Aquilius, M' cos. 101 ; 5, 5, 14.
Aquinius, 5, 22, 63.
Arcesilas, 5, 37, 107 ; 5, 37, 109.
Archelaus, Macedonum rex, 5, 12, 34 ; 5, 12, 35.
Archelaus physicus, 5, 4, 10.
Archilochus, 1, 1, 3.
Archimedes, 1, 25, 63 ; 5, 23, 64.
Archytas, 4, 36, 78 ; 5, 23, 64.
Argiuus, 1, 20, 45 ; 2, 17, 39 ; 3, 22, 53.
Argia sacerdos, 1, 47, 113.
Argo, 1, 20, 45.
Argonautae, 4, 32, 69.
Arion Methymnaeus, 2, 27, 67.
Aristides, 5, 36, 105.
Aristippus Socraticus, 2, 6, 15.
Aristo Chius, 2, 6, 15 ; 5, 9, 27 ; 5, 11, 33 ; 5, 30, 85.
Aristogiton, 1, 49, 116.
Aristomache Dionysi tyranni uxor, 5, 20, 59.
Aristoteles, 1, 4, 7 ; 1, 10, 22 , 1, 18, 41 ; 1, 26, 65 ; 1, 33; 80 ; 2, 3, 9 ; 5, 10, 30 ; 5, 13, 39 ; 5, 31, 87 ; 5, 37, 107 ; *hist. anim. 552 b 18*, 1, 39, 94 ; *Probl. 30, 1*, 1, 28, 70 ; *fr. 53*, 3, 28, 69 ; *fr. 90* = *Anth. Pal. 7, 325*, 5, 35, 101.
Aristoxenus, 1, 10, 19 ; 1, 11, 24 ; 1, 18, 41 ; 1, 22, 51.

Aristus, 5, 8, 22.
Arpinas, 5, 23, 65 ; 5, 26, 74.
Arruns, 4, 22, 50.
Artemisia, 3, 31, 75.
Asclepiades Eretricus philosophus, 5, 39, 113.
Athamas, 3, 5, 11.
Athenae, 1, 48, 116 ; 2, 11, 26 ; 3, 17, 38 ; 5, 8, 22 ; 5, 32, 91 ; 5, 35, 100 ; 5, 36, 104 ; 5, 37, 108 ; 5, 37, 109.
Athenienses, 4, 3, 5.
Atilius, M. poeta *fr. 1*, 4, 11, 25.
Atilius Calatinus A. cos. 258, 254 ; 1, 7, 13 ; 1, 46, 110.
Atilius Regulus, M. cos. 267, 256 ; 5, 5, 14.
Atlans, 5, 3, 8.
Atreus, 1, 44, 106 ; 4, 36, 77 ; 5, 18, 52.
Attici (oratores Romani), 2, 1, 3.
Aufidius, Cn., 5, 38, 112.
Aulis, 1, 48, 116.
Auerni lacus, 1, 16, 37.

Bellerophon, 3, 26, 63.
Bion, 3, 26, 62.
Bito, 1, 47, 113.
(Boeotia) Boeotius, 1, 46, 110.
Brutus, *voir* Junius.

Cadmus, 1, 12, 28.
Caecilius Metellus Macedonicus, Q. cos. 143 ; 1, 35, 85 ; 1, 36, 86.
Caecilius Statius poeta *Syneph. 210*, 1, 14, 31 ; *fr. 259*, 4, 32, 68 ; *fr. 266*, 3, 23, 56.
Caelus, 2, 10, 23.
Caepio, *voir* Seruilius.
Caesar, *voir* Julius.
Calatinus, *voir* Atilius.
Callanus Indus, 2, 22, 52.
Callimachus, *ep. 23*, 1, 34, 84 ; *fr. 363*, 1, 39, 93.
Callipho, 5, 30, 85 ; 5, 31, 87.
Callisthenes, 3, 10, 21 ; 5, 9, 25.
Calpurnius Piso Frugi, L. cos. 133 ; 3, 8, 16 ; 3, 20, 48.
Camillus, *voir* Furius.
Cannae, 1, 37, 89.
porta Capena, 1, 7, 13.
Carbo, *voir* Papirius.
Caria, 1, 38, 92 ; 3, 31, 75.
Carneades, 3, 22, 54 *(bis)* ; 3, 25, 59 ; 4, 3, 5 ; 4, 24, 53 ; 5, 4, 11 ; 5, 29, 83 ; 5, 30, 84 ; 5, 31, 88 ; 5, 37, 107 ; 5, 41, 120.
Carneadeus, 5, 31, 87.
Cato, *voir* Porcius.
Catulus, *voir* Lutatius.
Caucasus, 2, 10, 23 ; 2, 10, 25 ; 2, 22, 52 ; 5, 3, 8 ; 5, 27, 77.
Celtiberi, 2, 27, 65.
Centaurus, 2, 8, 20 (Nessus), 2, 8, 20 ; cf. 1, 37, 90 (Hippocentaurus).
Cepheus, 5, 3, 8.
Cerberus, 1, 5, 10 ; 1, 6, 12 ; (2, 9, 22.)
(Chaeremon, tragicus graecus) *fragm. p. 782*, 5, 9, 25.
Chaldaei, 1, 40, 95.
Charmadas, 1, 24, 59.
Chremes, 3, 27, 65.
Chrysippus, 5, 37, 107 ; *fr. eth. 285*, 4, 24, 53 ; *322*, 1, 45, 108 ; *417*, 3, 22, 52 ; *424*, 4, 10, 23 ; *483*, 4, 5, 9 ; *484*, 4, 29, 63 ; *485*, 3, 25, 61 ; *486*, 3, 31, 76 ; 3, 33, 79 ; *487*, 3, 25, 59 ; *voir aussi* Stoic. vet. fragmenta.
Chrysis, 4, 31, 67.
Cimbri, 2, 27, 65.
Cimbricus, 5, 19, 56.
Cineas, 1, 24, 59.
Cinna, *voir* Cornelius.
(Citium) Zeno Citieus, 5, 12, 34.
Clastidium, 4, 22, 49.

**Claudius Caecus, Ap. cos. 307, 296 ; 4, 2, 4 ; 5, 38, 112.**
**Claudius Centho, C. Caeci filius, cos. 240 ; 1, 1, 3.**
**Claudius Marcellus, M. cos. 222 ; 1, 37, 89 ; 1, 46, 110 ; 4, 22, 49.**
**Claudius Pulcher, Ap. cos. 54 ; 1, 16, 37.**
**Clazomenae, 1, 43, 104.**
**Cleanthes, 2, 25, 60 ; 3, 32, 77 ; 5, 37, 107 ; *fr. 576*, 3, 31, 76 ; *fr. 577*, 3, 32, 77.**
**Cleobis, 1, 47, 113.**
**Cleombrotus, 1, 34, 84.**
**Clitomachus, 3, 22, 54 ; 5, 37, 107.**
**Clitus, 4, 37, 79.**
**Cocytus, 1, 5, 10.**
**Codrus, 1, 48, 116.**
**Com. pall. *inc. fr. 43*, 1, 39, 94 ; *fr. 37 = Trabea fr.*, 4, 15, 35.**
**Corinthus, 1, 10, 21 ; 3, 12, 27 ; 3, 22, 53 ; 5, 37, 109.**
**Corinthii, 3, 22, 53.**
**Corinthium aes, 4, 14, 32.**
**Corinthia vasa, 2, 14, 32.**
**Cornelius Cinna, L. cos. 87-84, 5, 19, 54 et 55.**
**Cornelius Lentulus Lupus, L. cos. 156, 3, 21, 51.**
**Cornelius Scipio, Cn. cos. 222 et P. cos. 218 (duo Scipiones) 1, 37, 89 ; 1, 46, 110.**
**Cornelius Scipio Africanus (maior), P., 1, 46, 110, 5, 17, 49.**
**Cornelius Scipio Africanus (minor), P., 1, 3, 5 ; 1, 33, 81 ; 1, 46, 110 ; 2, 26, 62 ; 4, 4, 5 ; 4, 22, 50.**
**Cornelius Scipio Nasica Corculum, P. cos. 162 et 155, 1, 9, 18.**
**Cornelius Scipio Nasica Serapio, P. cos. 138, 4, 23, 51.**
**Crantor (*Consolatio*), 1, 48, 115 ; 3, 6, 12 ; 3, 29, 71 ; 5, 37, 107.**
**Crassus, *voir* Licinius.**
**Cresphontes, *voir* Euripides.**
**Cretes, 2, 14, 34.**
**Critias, 1, 40, 96.**
**Crito, 1, 43, 103.**
**Critolaus, 5, 17, 51.**
**Cumae, 3, 12, 27.**
**Curius Dentatus, M. cos. 290, 1, 46, 110.**
**Cyclops, 5, 39, 115.**
**Cynicus, 1, 43, 104 ; 5, 32, 92.**
**Cyprus, 2, 22, 52.**
**Cypselus, 5, 37, 109.**
**(Cyrene) Cyrenaeus, 1, 43, 102 ; 4, 3, 5.**
**Cyrenaici, 3, 13, 28 ; 3, 15, 31 ; 3, 22, 52 ; < 3, 31, 76. >**
**Cyrenaicus, 1, 34, 83 ; 5, 38, 112.**

**Damaratus, 5, 37, 109.**
**Damocles, 5, 21, 61, ; 5, 21, 62.**
**Danai, 4, 23, 52.**
**Darius (Codomannus), 5, 34, 97.**
**Decius Mus, P. pater (cos. 340). filius (cos. 312), nepos, (cos. 279), 1, 37, 89 ; 2, 24, 59.**
**Deianira, 2, 80, 20.**
**Delphi, 1, 47, 114 ; 5, 25, 70.**
**Democritii, 1, 34, 82.**
**Democritus, 1, 11, 22 ; 1, 18, 42 ; 4, 19, 44 ; 4, 25, 55 ; 5, 23, 66 ; 5, 39, 115 ; *A 22*, 5, 39, 114 ; *A 160*, 1, 34, 82 ; *B 116*, 5, 36, 104.**
**Demosthenes, 1, 5, 10 ; 3, 26, 63 ; 4, 19, 44 ; 4, 25, 55 ; 5, 36, 103.**
**Deucalion, 1, 10, 21.**
**Diagoras, 1, 46, 111.**
**Dicaearchus, 1, 11, 24 ; 1, 18, 41 ; 1, 22, 51 ; 4, 34, 71.**
**— Κορινθιακοί, 1, 10, 21.**
**— Λεσβιακοί, 1, 31, 77.**
**Dinomachus, 5, 30, 85.**

Dio, 5, 35, 100.
Diodorus Peripateticus, 5, 30, 85 ; 5, 31, 87.
Diodotus Stoicus, 5, 39, 113.
Diogenes Babylonius (Stoicus), 4, 3, 5.
Diogenes Sinopeus (Cynicus), 1, 43, 104. 3, 23, 56 ; 5, 32, 92.
Dionysius, Syracusanorum tyrannus (maior), 5, 34, 98.
Dionysius, Syracusanorum tyrannus (minor), 3, 12, 27 ; 5, 20, 57 ; 5, 22, 63.
Dionysius Heracleotes, *St. fr.*, *1, 432* ; 2, 25, 60 ;*St. fr. 1, 434* ; 3, 9, 18.
Dionysius Stoicus, 2, 21, 26.
me Dius Fidius, 1, 30, 74.
Doris Dionysii uxor, 5, 20, 59.
Drusus, *voir* Livius.

Eleates Zeno, 2, 22, 52.
Elysius, 1, 48, 115.
Empedocles, 1, 9, 19.
Empedocleus, 1, 17, 41.
Endymion, 1, 38, 92.
Ennius, 1, 1, 3 ; 1, 2, 3.
— *Ann. 24*, 1, 12, 27 ; *115*, 1, 12, 28 ; *302*, 1, 20, 45 ; *331*, 1, 9, 18.
— *Alcm. 23*, 4, 8, 19.
— *Andr. aechm. 85*, 3, 19, 44 ; *86*, 3, 19, 44 ; *92-99*, 3, 19, 44, 45 ; 1, 35, 85 ; 3, 22, 53 ; *100*, 1, 44, 105 ; *107*, 1, 21, 48.
— *Eum. 151*, 1, 28, 69.
— *Hect. lytr. 161-172*, 2, 16, 38-39.
— *Iph. 222*, 4, 36, 77.
— *Med. 250*, 1, 20, 45 ; *257*, 3, 26, 63, *278*, 4, 32, 69.
— *Tel. 312*, 3, 13, 28 ; 3, 24, 58.
— *Thyest. 349*, 3, 12, 26 ; *354*, 3, 19, 44 ; *357*, 3, 12, 26 ; *362 sqq*, 1, 44, 107 ; *fr. sc. 376*, 2, 1, 1 ; *392*, 3, 3, 5 ; *395*, 4, 33, 70.
— *Var. 15*, 1, 14, 35 ; *17*, 1, 15, 34, ; 1, 49, 117 ; *21*, 5, 17, 49 ; *inc. 18*, 4, 23, 52.
Epaminondas, 1, 2, 4 ; 1, 15, 33 ; 1, 46, 110 ; 1, 49, 116 ; 2, 24, 59 ; 5, 17, 49.
Ephesii, 5, 36, 105.
Epicharmus, 1, 8, 15 ; *fr. 247* 1, 8, 15.
Epicurus, 2, 3, 8 ; 2, 6, 15 ; 2, 7, 17 ; 2, 7, 18 ; 2, 12, 28 ; 2, 19, 44 ; 3, 15, 32 ; 3, 21, 51, *passim* ; 3, 31, 76 ; 3, 32, 78 ; 5, 9, 26 ; 5, 10, 31 ; 5, 30, 84 ; 5, 31, 87 ; 5, 31, 88 ; 5, 31, 89 sqq. ; 5, 37, 108 ; 5, 37, 109 ; 5, 38, 110 ; 5, 41, 118.
— *Sent. II*, 5, 31, 88 ; *V*, 5, 9, 26 ; *XVI*, 5, 9, 26.
— περὶ τέλους *fr. 67*, 3, 18, 41 ; 3, 20, 46 ; *69*, 3, 18, 42.
— *ep. ad. Herm. fr. 122*, 2, 19, 45 ; 5, 9, 26 ; 5, 31, 88, *p. 89, 7*, 5, 9, 26 ; *fr. 17*, 1, 34, 82 ; *419*, 3, 20, 47 ; *439*, 5, 33, 95 ; *440*, 3, 20, 46 ; 5, 33, 94 ; *444*, 3, 13, 28 ; 3, 15, 32 ; *446*, 2, 19, 44 ; 3, 17, 38 ; *456*, 5, 33, 93 ; *459*, 3, 20, 49 ; 5, 9, 26 ; 5, 34, 97 ; *472*, 5, 32, 89 ; *483*, 4, 33, 70 ; *499*, 5, 40, 117 ; *506*, 3, 20, 49 ; *507*, 3, 20, 48 ; *511*, 5, 26, 73 ; *584*, 3, 20, 49 ; *586*, 5, 36, 103 ; *599*, 5, 38, 110 ; *601*, 2, 7, 17 ; *604*, 5, 26, 73.
Epicurei, 1, 31, 77 ; 3, 15, 33 ; 5, 33, 94.
Epigoni fabula, *Tr. gr. fr. adespote 3*. 2, 25, 60.
Erechtheus, 1, 48, 116.
Erillus, 5, 30, 85.
Erymanthius aper, 4, 22, 50.
Erymanthia belua, 2, 9, 22.
Etrusci, 1, 37, 89.

Euphorion, 3, 19, 45.
Euripides, 3, 14, 30.
*Iph. Aul. 16*, 3, 24, 57.
— *Or. 1-3*, 4, 29, 63.
— *Chrys. p. 632*, 4, 33, 71.
— *Cresph. fr. 449*, 1, 48, 115.
— *Hypsip. fr. 757*. 3, 25, 59.
— *Phrix. fr. 821*, 3, 28, 67; *fr. inc. 964*, 3, 14, 29 ; 3, 24, 58 ; *1018*, 1, 26, 65.
Euripideum carmen, 3, 25, 59.
Europa, 1, 20, 45 ; 1, 39, 94.
Eurotas, 2, 15, 36 ; 5, 34, 98.
Eurypylus, 2, 16, 38 ; 2, 17, 39.
Eurystheus, 2, 8, 20.
Euthynous, 1, 48, 115.

Fabius Maximus Verrucosus Cunctator, Q. cos. primum, 233, 1, 46, 110 ; 3, 28, 70.
Fabius Maximus, Q. Allobrogici filius, Aemiliani nepos, 1, 33, 81.
Fabius Pictor, C. (auus annalium scriptoris), 1, 2, 4.
Fabricius Luscinus, C., cos. 282, 278 ; 1, 46, 110 ; 3, 23, 56.
Fannius, C. histor. *fr. 6*, 4, 17, 40.
Fortuna, 5, 9, 27 ; 5, 25, 72.
Fuluius Nobilior, M. cos. 189, 1, 2, 3.
Furiae, 2, 10, 23 ; 3, 11, 25.
Furius Camillus, M. dict. 396, 1, 37, 90.

Galba, *voir* Sulpicius.
Gallus, 4, 22, 49.
Ganymedes, 1, 26, 65 ; 4, 33, 71.
Geminus, *voir* Seruilius.
Gigantes, 2, 8, 20.
Gorgias, *voir* Plato.
Gracchi (Ti. et C.), 1, 3, 5 ; *voir aussi* Sempronius.
Graeci, 1, 1, 1 ; 1, 1, 3 ; 1, 2, 3 ; 1, 2, 4 ; 1, 3, 5 ; 1, 4, 7 ; 1, 4, 8 ; 1, 5, 10 ; 1, 12, 28 ; 1, 12, 28 ; 1, 18, 41 ; 1, 28, 68 ; 1, 30, 74 ; 1, 40, 96 ; 1, 46, 111 ; 2, 11, 26 ; 2, 15, 35 ; 2, 27, 65 ; 3, 4, 7 ; 3, 5, 11 ; 3, 6, 13 ; 3, 8, 16 ; 3, 10, 23 ; 3, 34, 81 ; 4, 5, 10 ; 4, 15, 34 ; 4, 33, 70; 5, 3, 7; 5, 9, 24 ; 5, 36, 105 ; 5, 40, 116 ; 5, 41, 118.
Graecus, 1, 8, 15 ; 2, 2, 6, ; 3, 5, 10 ; 5, 38, 112.
Graece, 1, 8, 15 ; 4, 9, 21 ; 4, 11, 25 ; 5, 40, 116.
Graeculus, 1, 35, 86.
Graecia, 1, 1, 2 ; 1, 1, 3 ; 1, 2, 4 ; 1, 13, 29 ; 2, 2, 4 ; 2, 2, 5 ; 2, 11, 27 ; 2, 15, 35 ; 2, 15, 36 ; 2, 21, 48 ; 3, 13, 28 ; 4, 1, 1 ; 4, 1, 2 ; 5, 3, 9 ; 5, 4, 10 ; 5, 20, 58 ; 5, 23, 66 ; 5, 36, 103 ; 5, 39, 114.
Magna Graecia, 1, 16, 38.
Graius, 2, 8, 20 ; 3, 18, 39.

Halicarnasus, 3, 31, 75.
Hanno, 5, 32, 90.
Harmodius, 1, 49, 116.
Hector, 1, 44, 105 ; 2, 17, 39 ; 3, 19, 44 ; 4, 8, 17 ; 4, 22, 49 ; 4, 31, 67.
Hecuba, 3, 26, 63.
Hegesias, 1, 34, 83 ; Ἀποκαρτερῶν 1, 34, 84.
Heracleotes Dionysius, *voir* Dionysius.
Heraclides Ponticus, *fr. 78*, 5, 3, 8.
Heraclitus physicus, *B 121*, 5, 36, 105.
Hercules, 1, 12, 28 ; 1, 14, 32 ; 2, 7, 17 ; 2, 7, 19 ; 2, 8, 20 ; 2, 9, 22 ; 4, 22, 50.
Hermodorus, 5, 36, 105.
Herodotus, *1, 31* ; 1, 47, 113.
Hesiodus, 1, 1, 3 ; 1, 41, 98.
Hieronymus Rhodius, 2, 6, 15 ; 5, 31, 87 ; 5, 31, 88 ; 5, 41, 118.

Hippocentaurus, *voir* Centaurus.
Hippodamea, 3, 12, 26.
Hippolytus, 4, 11, 27.
Hispania, 1, 37, 89.
Homerus, 1, 1, 3 ; 1, 16, 37 ; 1, 26, 65 ; 1, 32, 79 ; 1, 41, 98 ; 4, 22, 49 ; 5, 3, 7 ; 5, 39, 114 ; 5, 39, 115 ; *Z 201*, 3, 26, 63 ; *H 211*, 4, 22, 49 ; *I 646-647*, 3, 9, 18 ; *K 15*, 3, 26, 62 ; *T 226*, 3, 27, 65.
Homericus, 3, 26, 62 ; 4, 23, 52.
Hortensius Hortalus, Q. 1, 24, 59 (Ciceronis dialogus, *voir* Tullius).
Hydra, 2, 9, 22.
Hypanis (flumen), 1, 39, 94.
Hyrcania, 1, 45, 108.

Ibycus Reginus, 4, 33, 71.
India, 5, 27, 77 ; 5, 27, 78.
Indus, 5, 22, 52.
Ino Matuta, 1, 12, 28.
Iphigenia, 1, 48, 116.
Isocrates, 1, 4, 7.
Italia, 1, 16, 38 ; 1, 17, 39 ; 1, 35, 86 ; 4, 1, 2 ; 4, 3, 7 ; 5, 4, 10.
Italicus, 5, 35, 100.
Iulius Caesar Strabo, C. *mort* 87, 5, 19, 55.
Iulius Caesar, L., cos. 90, frater Strabonis, 5, 19, 55.
Iunius Brutus, L. cos. 509, 1, 37, 89 ; 4, 1, 2 ; 4, 22, 50.
Iunius Brutus, M., *ad quem Cicero Tusculanas scribit*, 1, 1, 1 ; 2, 1, 1 ; 3, 1, 1 ; 4, 1, 1 ; 5, 1, 1 ; 5, 1, 4 ; 5, 8, 21 ; 5, 10, 30 ; 5, 13, 39 ; 5, 41, 121.
Iuno, 2, 8, 20.
Iuppiter, 1, 26, 65 ; 2, 10, 23 ; 2, 10, 24 ; 2, 10, 25 ; 2, 14, 34 ; 2, 17, 40 ; 3, 12, 26 ; 3, 19, 45 ; 4, 33, 70.
Iuuentas, 1, 26, 65.

Karthago, 3, 22, 54.
Karthaginienses, 3, 22, 53.

Lacedaemon, 2, 20, 46 ; 5, 27, 77.
Lacedaemonius, 1, 42, 100 ; 1, 42, 101 ; 1, 49, 116 ; 2, 24, 59 ; 5, 14, 42 ; 5, 34, 98 ; 5, 34, 99.
Laco, 1, 46, 111 ; 5, 14, 40 ; 5, 17, 49.
Lacaena, 1, 42, 102 ; 2, 15, 36.
Lacydes, 5, 37, 107.
Laelius Sapiens, C. cos. 140, 1, 3, 5 ; 1, 46, 110 ; 4, 3, 5 ; 5, 19, 54 ; 5, 19, 55 ; 5, 19, 56.
Laius, 4, 33, 71.
Lampsacus, 1, 43, 104.
Laomedon, 1, 26, 65.
Latini, 1, 37, 89 ; 2, 3, 8 ; 3, 12, 27.
Latinus, 1, 8, 15 ; 2, 11, 26 ; 3, 5, 10 ; 3, 5, 11 ; 3, 14, 29.
Latinae litterae, 1, 1, 1 ; 1, 3, 5 ; 2, 2, 5.
Latini libri, 1, 3, 6 ; 2, 3, 7.
Latina monumenta, 4, 3, 6.
Latine, 1, 8, 15 ; 3, 9, 20 ; 5, 40, 116.
Latmus, 1, 38, 92.
(Lemnos) Lemnius, 2, 10, 23.
Lentulus, *voir* Cornelius.
Leon, 5, 3, 8.
Leonidas, 1, 42, 101 ; 1, 49, 116.
Lepidus, *voir* Aemilius.
Lerna, 2, 9, 22.
Leucadia (Turpili fabula), *voir* Turpilius.
Leucates (Λευκάτας), 4, 18, 41.
Λευκοθέα 1, 12, 28.
Leuctra, Leuctricus, 1, 46, 110.
Liber, 1, 12, 28.
Libya, 1, 20, 45.
Licinius Crassus, L. cos. 95, 1, 5, 10.

Licinius Crassus, M. triumuiri auus, 3, 15, 31.
Licinius Crassus Diues, P. pater triumuiri, cos. 97 ; 1, 33, 81 ; 5, 19, 55.
Licinius Crassus Diues, M. triumuir, cos. 70, 55, *mort.* 53 ; 1, 6, 12 ; 1, 7, 13 ; 1, 7, 14 ; 5, 40, 116.
Litana, 1, 37, 89.
Liuius Andronicus, 1, 1, 3.
Liuius Drusus, C. iurisconsultus, 5, 38, 112.
(Locri) Locrensis, 5, 20, 59.
Lucani, 1, 37, 89.
Lucilius, C., *fr. 150*, 2, 17, 41 ; *fr. 153*, 4, 21, 48 ; *fr. 1300*, 3, 15, 31.
Luna, 1, 38, 92.
Lutatius Catulus, Q. cos. 102, 5, 19, 56.
Lyco, 3, 32, 78.
Lycurgus, 1, 42, 100 ; 1, 42, 101 ; 2, 14, 34 ; 5, 3, 7.
Lysimachus, 1, 43, 102 ; 5, 40, 117.

[Maccius Plautus, T.], 1, 1, 3.
Macedones, 3, 22, 53.
Maeotis, 5, 17, 49.
Magi, 1, 45, 108.
Manlius Torquatus, T. cos. primum 347, 4, 22, 49.
Marathonius taurus, 4, 22, 50.
Marcellus, *voir* Claudius.
Marius C., 2, 15, 35 ; 2, 22, 53 ; 5, 19, 56.
Mausolus, 3, 31, 75.
Maximus, *voir* Fabius.
Medea, 3, 26, 63 ; 4, 32, 69.
Menocceus, 1, 48, 116.
Metelli, 1, 7, 13.
Metellus, *voir* Caecilius.
Metrodorus Epicureus, 2, 3, 8, 5, 37, 109 ; *fr. 5*, 2, 6, 17 ; *fr. 49*, 5, 9, 27.
Metrodorus Scepsius, 1, 24, 59.
Midas, 1, 48, 114.
Miltiades, 4, 19, 44.
Minerua, 1, 15, 34.
Minos, 1, 5, 10 ; 1, 41, 98 ; 2, 14, 34.
Mulciber, 2, 10, 23.
Musae, 5, 23, 65.
Musaeus, 1, 41, 98.
Mytilenae, 1, 31, 77.

[Naeuius, Cn], 1, 1, 3 ; *Hect. prof.*, *15*, 4, 31, 67.
Neapolis, Neapolitani, 1, 35, 86.
Necessitas, 3, 25, 59.
Nemeaeus leo, 2, 9, 22 ; 4, 22, 50.
Neoptolemus, 2, 1, 1 ; 2, 1, 2.
Neptunus, 1, 46, 110 ; 4, 34, 73 ; equi Neptunii, 2, 27, 67.
Nestor, 5, 3, 7.
Nioba, 3, 26, 64.
Nobilior, *voir* Fuluius.
Numa, 4, 1, 3.

Oceanus, 1, 12, 28 ; 1, 20, 45.
Octauius, Cn. cos. 87 ; 5, 19, 55.
Oeneus, 2, 8, 20.
Oenomaus, 3, 12, 26.
Oeta, 2, 7, 19.
Oileus, 3, 29, 71.
Olympia (locus), 1, 46, 111 ; 2, 20, 46 ; (ludi), 2, 17, 41.
Olympionices, 1, 46, 111.
Iuppiter Olympius, 2, 17, 40.
Orcus, 1, 21, 48.
Orestes, 3, 5, 11.
Orpheus, 1, 41, 98.

Pacideianus, 4, 21, 48.
Pacuuius, M. *Iliona 197 sqq*, 1, 44, 106 ; *202*, 2, 19, 44 ; *Niptra*, *247*, 5, 16, 46 ; *256-269*, 2, 21, 48-50.
Paelignus, 4, 22, 50.
Palamedes, 1, 41, 98.
Panaetius, 1, 18, 42 ; 1, 32, 79 ; 1, 33, 81 ; 4, 2, 4 ; 5, 37, 107.

Papirius Carbo, C. cos. 120, 1, 3, 5.
Parrhasius, 1, 2, 4.
Patricoles, 2, 16, 38 ; 2, 17, 39.
Paulus, *voir* Aemilius.
Peloponnesus, 3, 22, 53.
Pelops, 1, 44, 107 ; 2, 27, 67 ; 3, 12, 26.
Perdiccas, 5, 12, 34.
Peripatetici, 2, 3, 9 ; 3, 10, 22 ; 3, 31, 76 ; 4, 3, 6 ; 4, 5, 9 ; 4, 17, 38 ; 4, 19, 43 ; 4, 21, 47 ; 5, 11, 32 ; 5, 29, 82 ; 5, 30, 85 ; 5, 41, 120.
Perses, 1, 42, 101.
Persae, 1, 45, 108, ; 5, 12, 35 ; 5, 32, 92 ; 5, 34, 99.
Perses Macedonum rex, 3, 22, 53 ; 5, 40, 118.
Phalaridis taurus, 2, 7, 17 ; 2, 7, 18 ; 5, 26, 75 ; 5, 31, 87.
Pherecrates, 1, 10, 21.
Pherecydes Syrius, 1, 16, 38.
Phidias, 1, 15, 34.
Philippus Macedonum rex, 5, 14, 42.
Philo Larisaeus, 2, 3, 9 ; 2, 11, 26 ; 5, 37, 107.
Philoctetes, 2, 7, 19 ; 2, 14, 33 ; 2, 19, 44 ; Philocteteus, 2, 23, 55.
Phlius, Phliasius, 5, 3, 8 ; 5, 4, 10.
(Phthia) Phthiota, 1, 10, 21.
Piso, *voir* Calpurnius.
Plato, 1, 10, 20 ; 1, 10, 22 ; 1, 11, 24 ; 1, 17, 39 ; 1, 21, 49 ; 1, 23, 55 ; 1, 24, 58 ; 1, 25, 63 ; 1, 26, 64 ; 1, 28, 70 ; 1, 32, 79 ; 2, 3, 8 ; 3, 17, 36 ; 3, 8, 43 ; 4, 5, 10 ; 4, 19, 44 ; 4, 22, 55 ; 4, 34, 71 ; 5, 3, 8 ; 5, 4, 11 ; 5, 10, 30 ; 5, 12, 34 ; 5, 12, 36 ; 5, 23, 64 ; 5, 35, 100 ; 5, 37, 109 ; 5, 41, 119.
— *Apologia 40 sqq.*, 1, 40, 97.
— *Epist. 7, p. 326 b*, 5, 35, 100.
— *Gorgias 470 d*, 5, 12, 34.
— *Epitaphius* = *Menexenus 247 c*, 5, 12, 36.
— *Menon 81 e*, 1, 24, 57.
— *Phaedon*, 1, 11, 24 ; 1, 34, 84 ; *67 d*, 1, 31, 75 ; *72 e*, 1, 24, 57 ; *80 sqq.*, 1, 30, 72 ; *80 e*, 1, 30, 74 ; *85 b*, 1, 30, 73 ; *99 d*, 1, 30, 73 ; *115 c*, 1, 43, 103.
— *Phaedrus 245 c*, 1, 22, 53.
— *Resp. 398 a*, 2, 11, 27 ; *400 d*, 5, 16, 47.
— *Timaeus 39*, 1, 25, 63 ; *47 a*, 1, 26, 64.
Poetarum incertorum uersus (*voir aussi* Com. *et* Trag.), 1, 5, 10 ; 4, 21, 48 ; 5, 17, 49.
Polemo, 5, 10, 30 ; 5, 13, 39 ; 5, 31, 87 ; 5, 37, 109.
Polyclitus, 1, 2, 4.
Polyphemus, 5, 39, 115.
Pompeius Magnus, Cn, 1, 6, 12, 1, 35, 86 ; 2, 25, 61 ; 3, 27, 66.
Pontus Euxinus, 1, 20, 45 ; 1, 39, 94.
Porcius Cato Censorius, M. cos. 195, 1, 2, 3 ; 1, 3, 5 ; 1, 46, 110 ; 3, 21, 51 ; 3, 28, 70 ; 4, 2, 3.
— *Orig. fr. 83*, 1, 42, 101 ; *118*, 1, 2, 3 ; 4, 2, 3.
Porcius Cato Uticensis, M. 1, 30, 74 ; 5, 1, 4 ; 5, 11, 32.
Posidonius, 2, 25, 61 ; 5, 37, 107.
Postumius Albinus, L. cos. 234, 239, 1, 37, 89.
Priamus, 1, 35, 85 ; 1, 39, 93 ; 1, 44, 105 ; 3, 9, 44 ; 3, 19, 45.
Prometheus, 2, 10, 23 ; 3, 31, 76 ; 5, 3, 8.
Ptolemaeus Lagi f. 1, 34, 83.
Ptolemaeus (Aegyptiorum rex aliquis), 5, 34, 97.
bellum Punicum, 3, 21, 50.
Puteolani, 1, 35, 86.
Pyrrho, 2, 6, 15 ; 5, 30, 85.
Pyrrhus, 1, 24, 59 ; 1, 37, 89.

Pythagoras, 1, 10, 20 ; 1, 16, 38 ; 1, 17, 39 ; 1, 21, 49 ; 1, 25, 62 ; 3, 17, 36 ; 4, 1, 2 ; 4, 1, 3 ; 4, 5, 10 ; 4, 19, 44 ; 4, 25, 55 ; 5, 3, 8 ; 5, 3, 9 ; 5, 4, 10 ; 5, 10, 30 ; 5, 23, 66.
Pythagorei, 1, 16, 38 ; 1, 17, 39 ; 2, 10, 23 ; 4, 1, 2 ; 4, 1, 3 ; 4, 2, 3 ; 4, 2, 4 ; 5, 22, 63 ; 5, 39, 113.
Pythius Apollo, 1, 9, 17.

Rhadamanthus, 1, 5, 10 ; 1, 41, 98.
Rhodus, 2, 25, 61 ; Rhodius, 1, 46, 111.
Roma, 1, 1, 3 ; 1, 37, 90 ; 3, 22, 53.
populus Romanus, 1, 12, 28 ; 3, 20, 48.
Romulus, 1, 1, 3 ; 1, 12, 28.
Rupilius Lupus, P. cos. 132, 4, 17, 40.

Salamis, Salaminius, 1, 46, 110.
Samnis, 2, 17, 41.
Sapientes septem, 5, 3, 7.
Sardanapallus, 5, 35, 101.
Saturnius Iuppiter, 2, 10, 23.
Scipiones, 1, 7, 13.
Scipiones duo (Cn. Cornelius [Scipio cos. 222 et Publius cos. 218), 1, 37, 89 ; 1, 46, 110 ; *voir aussi* Cornelius.
Scythes, Scythicus, 5, 32, 90.
Semele, 1, 12, 28.
lex Sempronia, 3, 20, 48.
Sempronius Gracchus, C. tr. pl. 123, 122, 1, 3, 5 ; 3, 20, 48.
Sempronius Gracchus T. tr. pl., 133, 1, 3, 5 ; 4, 23, 51.
Sempronius Gracchus, Ti † 213, 1, 37, 89.
Sempronius Tuditanus, M., cos. 240, 1, 1, 3.
Seruilii, 1, 7, 13.
Seruilius Caepio Q. cos. 106, 5, 5, 14.
Seruilius Geminus, Cn. cos. 217, 1, 37, 89.
Seruius Tullius (gentilis iocose dictus a Cicerone), 1, 16, 38.
Siculus, 1, 8, 15.
Sicyonii, 3, 22, 53.
Silenus, 1, 48, 114.
Simonides, 1, 24, 59 ; *fr. 92*, 1, 42, 101.
Sisyphus, 1, 5, 10 ; 1, 41, 99.
Socrates, 1, 4, 8 ; 1, 23, 55 ; 1, 29, 71 ; 1, 30, 74 ; 1, 40, 97 ; 1, 42, 100 ; 1, 93, 102 ; 3, 4, 8 ; 3, 5, 10 ; 3, 15, 31 ; 3, 23, 56 ; 4, 3, 6 ; 4, 29, 63 ; 4, 37, 8; 5, 4, 10 ; 5, 4, 11 ; 5, 9, 26 ; 5, 10, 30 ; 5, 32, 91 ; 5, 34, 97 ; 5, 37, 108 ; 5, 41, 119.
Platonis dialogorum persona, 1, 22, 53 ; 1, 24, 57 ; 5, 12, 34.
— Aeschinis persona, 3, 32, 77.
Socratici, 2, 3, 8.
Socraticus, 2, 6, 15 ; 2, 26, 62 ; 3, 18, 43.
Socratica ratio disserendi, 1, 4, 8.
Socratica medicina, 4, 11, 24.
Socratica conclusio, 5, 16, 47.
Sol, 3, 12, 26.
Solon, 1, 46, 110 ; *fr. 21*, 1, 49, 117.
Sophocles, *Trach. 1046-1102*, 2, 8, 20 ; 2, 9, 22 ; *Niptra*, 2, 21, 49 ; *fr. 666*, 3, 29, 71.
Sparta, 1, 42, 100 ; 1, 42, 101 ; 2, 14, 34.
Spartiatae, 1, 42, 102 ; 2, 15, 36 ; 2, 16, 37 ; 5, 27, 77.
Speusippus, 5, 10, 30 ; 5, 13, 39 ; 5, 31, 87.
Sphaerus, *fr. 628*, 4, 24, 53.
Statius *voir* Caecilius.
Stoici, 1, 31, 77 ; 1, 32, 78 ; 2, 12, 29 ; 2, 18, 42 ; 3, 5, 10 ; 3, 6, 13 ; 3, 10, 22 ; 4, 3, 6 ; 4, 5, 11 ; 4, 6, 12 ; 4,

10, 23 ; 4, 14, 33 ; 4, 16, 36 ; 4, 21, 47 ; 4, 23, 51 ; 4, 24, 53 ; 4, 24, 54 ; 5, 5, 13 ; 5, 7, 18 ; 5, 16, 47 ; 5, 27, 76 ; 5, 28, 82 ; 5, 29, 82 ; 5, 29, 83 ; 5, 30, 84 ; 5, 30, 85 ; 5, 41, 120.
— *St. uet. fr. III, 37*, 5, 15, 43 ; 5, 15, 44 ; *59*, 5, 16, 48 ; 17, 50 ; *198*, 5, 15, 34 ; *279*, 4, 13, 30 ; *379*, 4, 9, 22 ; *380*, 4, 7, 14 ; *385*, 3, 11, 24 ; 3, 31, 75 ; *393*, 4, 7, 14 ; *398*, 4, 9, 21 ; *403*, 4, 9, 20 ; *410*, 4, 8, 19 ; *415*, 4, 7, 16 ; *419*, 3, 34, 84 ; *423*, 4, 12, 27 ; *424*, 4, 10, 23 ; *425*, 4, 13, 28 ; *426*, 4, 14, 31 ; *427*, 4, 11, 26 ; *430*, 4, 14, 32 ; *438*, 4, 6, 12 ; *474 et 488*, 4, 29, 62 ; *570*, 3, 7, 14 ; *652*, 4, 34, 72 ; *653*, 4, 33, 70 ; *665*, 4, 24, 54.
*voir aussi* Aristo, Chrysippus, Cleanthes, Dionysius, Erillus, Sphaerus, Zeno.
Stoicus, 1, 9, 19 ; 2, 11, 26 ; 4, 3, 5 ; 5, 9, 27.
Sulpicius Galba, Ser. cos. 144, 1, 3, 5.
Superbus, *voir* Tarquinius.
Syracusae, 3, 12, 27.
Syracusani, 5, 20, 57 ; 5, 23, 64 ; 5, 23, 65.
Syracusiae mensae, 5, 35, 100.
Syria, 2, 25, 61 ; 5, 35, 101.

XII Tabulae, *t, 5, 7*, 3, 5, 11 ; *t. 8, 1*, 4, 2, 4 ; t, *10, 4*, 2, 23, 55.
Tantalus, 1, 5, 10 ; 3, 12, 26 ; 4, 16, 35.
Tarquinii, 5, 37, 109.
Tarquinius Priscus, L, 5, 37, 109.
Tarquinius Superbus, L. 1, 16, 38 ; 1, 36, 88 ; 3, 12, 27.
(Tartarus) Tartareus, 2, 9, 22.
Telamo, 3, 18, 39 ; 3, 18, 43 ; 3, 24, 58 ; 3, 29, 71.
Terentius Afer, P. *Eun. 59-63*, 4, 35, 76 ; *Heaut. 147, 148, 135*, 3, 27, 65 ; *Phorm. 241-246*, 3, 14, 30.
(Terina) Terinaeus, 1, 48, 115.
Terra, 2, 8, 20.
Teucer, 5, 37, 108.
Thebanus, 1, 49, 116.
Themistocles, 1, 2, 4 ; 1, 14, 33 ; 1, 46, 110 ; 4, 19, 44 ; 4, 25, 55.
Theodectes, 1, 24, 59.
Theodorus Cyrenaicus, 1, 43, 102 ; 5, 40, 117.
Theophrastus, 1, 19, 45 ; 3, 28, 69 ; 5, 30, 85 ; 5, 37, 107 ; *in Callisthene*, 3, 10, 21 ; 5, 9, 25 ; *de uita beata*, 5, 9, 24.
Theramenes, 1, 40, 96 ; 1, 40, 97 ; 1, 42, 100.
Thermopylae, 1, 42, 101.
Theseus, 3, 14, 29 ; 3, 14, 30 ; 3, 24, 58 ; 4, 22, 50.
Thyestes, 1, 44, 107 ; 3, 12, 26 ; 3, 18, 39 ; 4, 36, 77.
Timocreon, 2, 22, 51.
Timon μισάνθρωπος, 4, 11, 25 ; 4, 11, 27.
Timotheus, 5, 35, 100.
Tiresias, 5, 39, 115.
Titanes, 2, 10, 23.
Torquatus, *voir* Manlius.
Trabea, *fr. 1*, 4, 31, 67 ; *fr. 2*, 4, 15, 35.
Tragicorum *fr. inc. fr. 64*, 4, 23, 52 ; *73*, 1, 16, 37 ; *76*, 1, 16, 37 ; *92*, 5, 37, 108 ; *93*, 3, 18, 39 ; *110*, 4, 16, 35 ; *111*, 1, 5, 10 ; *112*, 5, 18, 52 ; *174*, 4, 32, 69 ; *189*, 3, 12, 26 ; *196*, 2, 27, 67 ; *205 sqq*, 2, 15, 36 ; *209*, 2, 14, 34.
Triptolemus, 1, 41, 98.
Troia, 1, 41, 99 ; 3, 13, 28.
Troilus, 1, 39, 93.
Trophonius, 1, 47, 114.

**Tubero,** *voir* **Aelius.**
**Tuditanus,** *voir* **Sempronius.**
**Tullius Cicero, M. ; ex eius libris nominantur.**
**— *Academici libri*, 2, 2, 4.**
**— *Consolatio*, 1, 26, 65 ; 1, 31, 76 ; 1, 34, 83 ; 3, 28, 70 ; 3, 31, 76 ; 4, 29, 63.**
**— *de finibus*, 5, 11, 32 .**
**— *Hortensius*, 2, 2, 4 ; 3, 3, 6.**
**— *de re publica*, 5, 1, 1 ; *6,27*, 1, 23, 53.**
**— *Tusculanae disputationes*, 5, 1, 1 ; 5, 41, 121.**
**Turpilius *Leucadia*, *115*, 4, 34, 72.**
**Tusculanum, 1, 4, 7 ; 1, 49, 119 ; 2, 1, 2 ; 2, 3, 9 ; 3, 3, 6 ; 4, 4, 7 ; 5, 4, 11.**
**Tyndaridae fratres, 1, 12, 28.**
**Tyrus, 3, 27, 66.**

**(Varius) lex Varia, 2, 24, 57.**
**Veientes, 3, 12, 26.**
**Vlixes, 1, 41, 99 ; 2, 21, 49 ; 5, 3, 7 ; 5, 16, 46.**
**Venti, 4, 34, 73.**
**Venus, 4, 34, 73.**
**Venerius, 4, 32, 68 ; 3, 18, 41.**
**Venusia, 1, 37, 89.**
**Virtus, 2, 19, 45.**
**Volcania arma, 2, 14, 33.**

**Xanthippe, 3, 15, 31.**
**Xenocrates, 5, 10, 30 ; 5, 13, 39 ; 5, 18, 51 ; 5, 31, 87 ; 5, 32, 91 ; 5, 37, 107 ; 5, 37, 109 ; *fr*, *67*, 1, 10, 20.**
**Xenophon *Cyr.*, *1*, *2*, *8*, 5, 34, 99 ; *Cyr.* *1*, *6*, *25*, 2, 26, 62.**
**Xerxes, 5, 7, 20.**

**Zeno Citieus, 2, 6, 15 ; 2, 12, 29 ; 2, 25, 60 ; 3, 31, 75 ; 5, 9, 27 ; 5, 11, 32 ; 5, 11, 33 ; 5, 37, 107 ; *fr*. 134, 1, 9, 19 ; *185*, 2, 12, 29 ; *205*, 4, 6, 11 ; 4, 21, 47.**
**Zeno Eleates, 2, 22, 52.**
**Zeno Epicureus, 3, 17, 38.**
**Zopyrus, 4, 37, 80.**

# NOTES COMPLÉMENTAIRES

*Page* 25.

1. Vers d'une tragédie non identifiée.

*Page* 31.

1. L. Cornelius Lentulus Lupus, consul en 156, soutenait contre Caton l'ancien que Rome n'avait pas intérêt à détruire Carthage.

*Page* 32.

1. Corinthe fut détruite en 146 et le premier voyage de Cicéron en Grèce eut lieu en 79.

*Page* 33.

1. Clitomaque, originaire de Carthage, succéda à Carnéade dans la direction de l'Académie.

*Page* 34.

1. Il n'y a pas de contradiction entre ce développement et celui qui précède § 52 : sed cum diligenter... uideri subita majora. Le second : ergo ista... non quia repentina développe le premier, en spécifiant que l'on exagère les maux subits, non parce qu'ils surprennent, mais parce qu'ils sont nouveaux ; cette explication est d'ailleurs implicitement contenue dans la phrase : primum quod quanta sint quae accidunt considerandi spatium non datur. C'est l'objection du début du § 55 qui a conduit Cicéron à préciser sa pensée.

2. C'est le fameux Fabricius qui refusa les présents de Pyrrhus (280 avt. J.-C.) ; dans les écoles de rhétorique, il personnifie le mépris des richesses.

*Page* 37.

1. *Iliade*, X, 14.
2. *Contre Ctésiphon*, 77.

*Page* 54.

1. La légende qui faisait de Numa un élève de Pythagore a en réalité pour source une falsification littéraire ; il existait de prétendus commentaires du roi Numa qui sont souvent cités dans la littérature ; cf. Tite-Live, I, 31, 8 ; Pline, *Histoire naturelle*, 28, 14.

*Page* 55.

1. Cf. I, 2, 3 et la note.
2. Le poème auquel Cicéron fait allusion était un recueil de sentences, qui paraissent avoir été empruntées non à Pythagore, mais aux poètes comiques grecs.
3. Il s'agit de la fameuse ambassade des trois philosophes, en 155 avt. J.-C. ; le troisième était le péripatéticien Critolaüs.

*Page* 60.

1. Il s'agit des passions fondamentales que les stoïciens subdivisaient en une foule d'espèces ; cf. plus bas, 8, 17. *Constantiae* = εὐπάθειαι des stoïciens ; cf. Diogène Laërce, VII, 115.

*Page* 65.

1. Atilius, auteur de *palliatae*, occupe le cinquième rang dans le canon des poètes comiques de Volcacius Sedigitus. Sa comédie du *Misogyne* était imitée de Ménandre.
2. Contemporain de Socrate. Un des meilleurs dialogues de Lucien lui est consacré.

*Page* 66.

1. Fils de Thésée et beau-fils de Phèdre. Dans la tragédie d'Euripide qui porte son nom, ainsi que dans la *Phèdre* de Sénèque, il est représenté comme misogyne.

*Page* 71.

1. Un personnage d'une comédie de Trabea ; cf. *De finibus*, II, 4, 13.
2. Fragment d'une tragédie non identifiée.

*Page* 82.

1. Accius, *Atrée*.

*Page* 86.

1. Cf. notamment III, 34, 82.
2. C'est la première des deux méthodes qui s'attaquent à la passion particulière, celle qui consiste à montrer, par ex., que la pauvreté n'est pas un mal. Pour le sens de *ratio et oratio*, cf. p. 73, n. 1.

*Page* 87.

1. C'est la première des trois méthodes dont Cicéron a parlé au § 59, celle qui consiste à s'attaquer à la passion en général, en montrant qu'elle est un refus d'obéir à la raison ou un élan trop violent.

*Page* 90.

1. IV, 6, 13 et 14.
2. Fragment du *Départ d'Hector*.
3. Trabea tient le huitième rang dans le canon des poètes comiques de Volcacius Sedigitus.

*Page* 91.

1. Ennius, *Médée en exil*.

*Page* 92.

1. Sans doute Accius, qui avait écrit une *Médée*.
2. Dans la tragédie perdue de *Chrysippe*.

*Page* 93.

1. *La jeune fille de Leucas*, comédie de Sextus Turpilius.

*Page* 96.

1. Philosophe pythagoricien contemporain de Platon. Cicéron loue chez lui la science et la sagesse ; cf. V, 23, 64.

*Page* 113.

1. C'est le fameux Regulus.
2. Vaincu par les Cimbres en 106, Servilius Caepio fut condamné à l'exil et serait mort dans la misère.
3. Légat consulaire en Asie, Aquilius fut fait prisonnier par Mithridate et périt dans les supplices.

*Page* 129.

1. Cicéron a confondu la mère d'Ulysse, Anticlée, avec sa nourrice, Euryclée ; cf. *Odyssée*, XIX, 380.

2. Citation de Pacuvius, *Niptra*.

*Page* 133.

1. C. Laelius, l'ami de Scipion Emilien, fut consul en 140.

2. L. Cornelius Cinna, consul en 87, l'un des chefs du parti démocratique, fut expulsé de Rome par son collègue Cn. Octavius, mais y rentra avec Marius, revêtit le consulat en 86, 85 et 84, et se signala par de terribles proscriptions.

3. Le père du triumvir.

4. L. Julius Caesar Strabo, consul en 90.

5. L'orateur Antoine fut l'un des maîtres de Cicéron, qui a caractérisé son éloquence dans le *Brutus*, 37, 139.

6. C. Julius Caesar Strabo, orateur et poète tragique, cf. *Brutus*, 48, 177. C'est lui qui expose dans le *de Oratore* la théorie du rire.

*Page* 137.

1. Damon et Phintias.

2. Ce poète, raillé aussi par Catulle, 14, 18, n'est pas autrement connu.

*Page* 138.

1. Archimède, né en 287, mourut en 212.

2. A Lilybée, en 75 avt. J.-C.

3. L'un des ouvrages les plus célèbres d'Archimède était intitulé *Sur la sphère et le cylindre*.

*Page* 139.

1. La physique, la morale (théorique et pratique), la dialectique.

*Page* 140.

1. Cf. *De republica*, VI, 12 : nam ea, quae est media et nona, tellus, neque movetur et infima est, et in eam feruntur omnia nutu suo pondera.

*Page* 154.

1. *Cyropédie*, I, 2, 8.

2. *Lettres*, p. 326 B.

*Page* 158.

1. Fragment d'une tragédie inconnue.

2. Condamné pour concussion dans son gouvernement de Sardaigne (103), il se fixa à Athènes et écrivit sur la philosophie. Lucilius s'est moqué fort spirituellement de sa grécomanie ; cf. *De finibus*, I, 3, 9.

*Page* 160.

1. Orateur distingué de l'époque des Gracques. Devenu aveugle, il se consacra à la jurisprudence.

*Page* 161.

1. *Odyssée*, IX, 447.

2. Le triumvir.

*Page* 162.

1. Une autre réponse de Théodore de Cyrène au roi de Thrace Lysimaque est rapportée plus haut, I, 43, 102.

*Page* 163.

1. Hiéronyme de Rhodes (IIIe siècle) faisait consister le souverain bien dans l'absence de douleur ; cf. V, 30, 85. C'est l'un des philosophes dont Cicéron a confondu la cause avec celle d'Epicure, V, 31, 88.

# TABLE DES MATIÈRES

Livre Troisième ............ 1
Livre Quatrième ............ 51
Livre Cinquième ............ 101
Nomina Propria ............ 165
Notes ............ 177

*Ce volume,*
*le soixante-cinquième*
*de la série latine*
*de la Collection des Universités de France,*
*publié aux Éditions Les Belles Lettres,*
*a été achevé d'imprimer*
*en janvier 2011*
*sur presse rotative numérique*
*de Jouve*
*11, bd de Sébastopol, 75001 Paris*

N° d'édition : 7186
Dépôt légal : février 2011

*Imprimé en France*